编辑委员会

余杭凤凰山汉六朝墓

杭州市文物考古研究所 编著

李 坤 主编

文物出版社

图书在版编目（CIP）数据

余杭凤凰山汉六朝墓 / 杭州市文物考古研究所编著；
李坤主编. -- 北京：文物出版社，2020.9
ISBN 978-7-5010-6815-9

Ⅰ.①余… Ⅱ.①杭… ②李… Ⅲ.①墓葬（考古）—
发掘报告—余杭区 Ⅳ.①K878.85

中国版本图书馆CIP数据核字（2020）第179738号

余杭凤凰山汉六朝墓

编　　著：杭州市文物考古研究所

主　　编：李　坤

封面设计：程星涛

责任编辑：谷艳雪

责任印制：张　丽

出版发行：文物出版社

社　　址：北京市东城区东直门内北小街2号楼

邮　　编：100007

网　　址：http://www.wenwu.com

经　　销：新华书店

印　　刷：北京鹏润伟业印刷有限公司

开　　本：889mm×1194mm　1/16

印　　张：23.5

插　　页：1

版　　次：2020年9月第1版

印　　次：2020年9月第1次印刷

书　　号：ISBN 978-7-5010-6815-9

定　　价：480.00元

The Han and Six Dynasties Tombs of Fenghuangshan in Yuhang

(With an English Abstract)

by

Hangzhou Municipal Institute of Cultural Relics and Archaeology

Cultural Relics Press

目　录

插图目录

彩版目录

第一章　概　况

第一节　地理环境与历史沿革

一　地理环境

　　杭州市余杭区位于杭嘉湖平原南端，西依天目山，南濒钱塘江，是长江三角洲的圆心地。地理坐标为北纬30°09′~30°34′、东经119°40′~120°23′，东西长约63千米，南北宽约30千米，总面积约1220平方千米。余杭区从东、北、西三面呈弧形拱卫杭州中心城区，东面与海宁市接壤，东北与桐乡市交界，北面与德清县毗连，西北与安吉县相交，西面与临安区为邻，西南与富阳区相接。

　　余杭区跨越钱塘江和浙北杭嘉湖平原两个地层分区，宏观构造特征大体可分为西部山地丘陵区和东部平原区，地势由西北向东南倾斜，大致以东苕溪为界，西部为山地丘陵河谷，东部为水网平原、滩涂。区境西北与西南部属天目山东麓和千里岗山脉之余脉。东北部为水网平原，主要分布在京杭大运河流域，东南部为滩涂平原，地势略高亢平坦、土层深厚。平原面积8.62万公顷，占全区面积的70.31%。余杭地处北亚热带南缘季风气候区，冬夏长、春秋短，温暖湿润，四季分明，光照充足，雨量充沛。年平均气温15.3℃~16.2℃，年平均雨量1391.8毫米。境内自然资源丰富，已探明的矿物有22种，磁铁、锰、铜、锡、萤石、重晶石、天然气等资源充裕。余杭交通便利，穿境而过的两条铁路、五条高速公路、两条国道、五条省道和两条主要河流，把余杭和长江三角洲各大城市紧紧相连。

　　凤凰山墓地位于余杭区西部的余杭街道，城南路与禹航路西南侧，西距余杭南湖景区约1千米。墓地南侧为福田假日小区，北侧为余杭区凤凰小学（城南校区）和方汇花苑小区，南临G329高速。（图1-1）。墓地所在区域为低矮山包，由两座小的山头组成，海拔高度11~24米。山体上原种植茶树和景观苗木，现为杂草、灌木等植被覆盖。

二　历史沿革

　　余杭之名，春秋时已见诸史籍。余杭历史源远流长，境内吴家埠、荀山、小古城等遗址的发掘表明，早在距今7000~6000年间的马家浜文化时期，已有先民在此生息繁衍。四五千年前，成了良渚文化的发祥地，孕育了中华文明的曙光。

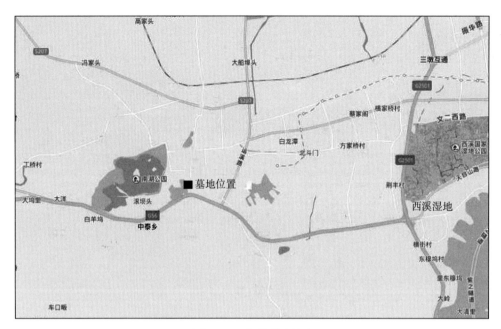

图 1-1　墓地位置图

今余杭区地，春秋时初属越，后属吴。战国初（前473年），勾践灭吴后复属越。公元前334年，楚收越，尽取吴地至浙江，又属楚。

秦王政二十五年（前222年），秦平定江南诸国，于故吴地置会稽郡。余杭、钱唐两县自此始设，属会稽郡。

西汉余杭、钱唐两县仍属会稽郡，钱唐为会稽郡西部都尉治。元封五年（前106年），置十三州刺史部，会稽郡隶扬州刺史部。

新莽时（9~23年）改余杭县为进睦，钱唐县名为泉亭。

东汉建武元年（25年），复名余杭、钱唐。六年（30年），撤销西部都尉，并钱唐县入余杭县。永建四年（129年），分会稽郡浙江以西地置吴郡，余杭县属吴郡，仍隶扬州刺史部。光和二年（179年），汉灵帝封朱俊为钱唐侯，恢复钱唐县。建安十六年（211年），析余杭县西部地置临水县。

三国时，余杭、钱唐均入吴国版图，仍属吴郡，隶扬州，钱唐县为吴郡都尉治。吴黄武五年（226年），于富春县置东安郡，余杭县属之；七年（228年），废东安郡，余杭县仍属吴郡。宝鼎元年（266年），于乌程（今湖州）置吴兴郡，余杭县改属吴兴郡，钱唐县仍属吴郡，均仍隶扬州。

两晋，两县隶属不变。

南北朝，梁太清三年（549年），侯景以钱唐为临江郡，寻废。陈祯明元年（587年），于钱唐县置钱唐郡，余杭仍属吴兴郡。

隋开皇九年（589年），废钱唐郡，改置杭州，州治初设余杭，次年移钱唐。大业三年（607年），又改杭州为余杭郡，钱唐、余杭仍为所属。

唐武德四年（621年），复余杭郡为杭州，为避国号讳，改钱唐为钱塘；七年（624年），并盐官县入钱塘。 贞观元年（627 年），设江南道，杭州隶江南道；四年（630 年），分钱塘县东部恢复盐官县。开元二十一年（733 年），设江南东道，杭州属之。天宝元年（742 年），改杭州为余杭郡。乾元元年（758 年），复为杭州，余杭郡从此不再设置。

五代后梁龙德二年（922 年），划钱塘、盐官、富春三县置钱江县，与钱塘县同城设治。

北宋太平兴国四年（979 年），钱江县更名仁和县。至道三年（997 年），分天下为十五路，杭州隶两浙路并为路治。

南宋建炎三年（1129 年），升杭州为临安府，属两浙西路。绍兴八年（1138 年），定都临安，称"行在所"。钱塘、仁和升赤，余杭升畿。

元至元十五年（1278 年），改为杭州路；二十一年（1284 年），杭州为江浙行省治所。钱塘、仁和、余杭属杭州路。至正二十六年（1366 年），朱元璋攻占杭州，改杭州路为杭州府。

明清两代，仍称杭州府，并为明浙江承宣布政使司、清浙江省治所，余杭、钱塘、仁和属之。

民国初，废杭州府，置钱塘道。并钱塘、仁和两县为杭县，与余杭县同属钱塘道。十六年（1927年）废道制，实行省、县二级制，划杭县城区、西湖、会堡、江干、皋塘、湖墅六个区，置杭州市。二十四年（1935 年），浙江省设行政督察区，余杭属第一行政督察区，杭县属第二行政督察区。二十九年（1940 年），调整行政督察区，杭县、余杭均属第一行政督察区。三十六年（1947 年），杭县改为省直属县；余杭仍属第一行政督察区，7 月，改属第九行政督察区。

1949 年 5 月 2 日，余杭县解放；次日，杭州市、杭县解放，余杭县属临安专区，为专区驻地。1950 年 3 月，专区迁临安。1953 年，改属嘉兴专区；1957 年，改属建德专区。

1958 年 4 月，杭县撤销，划为杭州市郊区；10 月，余杭县撤销，并入临安县。

1959 年 3 月，杭州市郊区分成半山、拱墅两个联社；1960 年 1 月，合并为钱塘联社（县级）。1961 年 3 月，原余杭县地域从临安县析出，并入钱塘联社；4 月，改为县建制，定名余杭县，县治设临平镇，属杭州市。

1994 年 4 月，撤销余杭县，设立余杭市。2001 年 3 月，撤销余杭市，设立杭州市余杭区。

第二节 发现与发掘情况

2017 年 12 月，杭州市文物考古研究所受杭州市园林文物局委托，对凤凰山所在的余政储出（2017）11 号地块进行考古勘探，以便了解地下文物埋藏情况。接到通知后，我所迅速组织力量对该开发地块中凤凰山部分山体区域进行前期考古勘探，勘探采用洛阳铲钻探的形式。由于山上植被茂密且没有道路（图 1-2），给勘探工作带来了很多的不便，工作人员只能在树木和植被缝隙处寻找勘探点。经过一个多月的钻探，在山体不同方位均发现大量墓葬遗迹现象，初步探明墓葬类型包含土坑墓和砖室墓等，由此我们确定该区域为古代重要的墓葬埋藏区。根据勘探情况，我们于 2018 年 1 月 5 日出具了勘探报告，对勘探发现墓葬情况进行详细说明，划定了墓葬埋藏区的范围，提出下一步需进行正式的考古发掘工作，并将考古勘探报告和意见提交至杭州市园林文物局。

勘探工作完成后，我们积极与文物行政部门和建设单位沟通，确定了考古发掘工作方案，明

图 1-2　发掘前墓地地貌

确在正式考古发掘前由建设单位先期完成山体之上的植被清理和现代坟墓的迁移等工作，为考古发掘创造必要条件。在正式考古发掘前，为保护勘探出来的墓葬不被盗掘，我们还专门派人值班看守。2018 年 5 月，完成山体的清表工作后，在获得国家文物局批准的情况下，我所正式开展考古发掘工作。

由于该山体北面、南面和东面均遭到后期破坏，北面和南面紧靠山体建造有现代居住小区，将山体从半山腰处截断，山体边缘与小区地面的高度落差在 6 米左右，给发掘造成了很大的安全隐患，同时也带来了很多不便；加上西北侧区域山下正在施工建设，发掘时的大量堆土无法直接向山下倾倒，只能全部用人工挑到山体东侧，工作量成倍增加。

发掘过程中，考虑到夜晚的文物安全问题，我们坚持单个正在发掘的墓葬当天完成发掘的原则，发掘工作尽量不延长到第二天，不管是下雨还是刮风，只要墓葬已经开始发掘就不停歇，加班加点，集中力量完成。晚上还安排两名值班人员巡视。墓葬中出土的器物先暂时存放在工地旁的临时库房，利用雨天等时间进行初步清理后再运到单位库房集中保管。

发掘过程中发现多个有叠压打破关系的墓葬，我们在完成晚期墓葬的发掘和各类记录、测绘后将其清除，再进行下面早期墓葬的发掘。部分墓葬由于临近断崖处，距南面的居住小区非常近，为确保安全，墓葬靠近南侧的封门及排水沟等部分没有完全清理。2018 年 7 月底，全部墓葬发掘完毕，我们对整个墓地进行了测绘和航拍。（图 1-3；彩版一）

本次考古发掘领队为李坤，其他参与发掘人员有彭颂恩、李英位和贾来根。

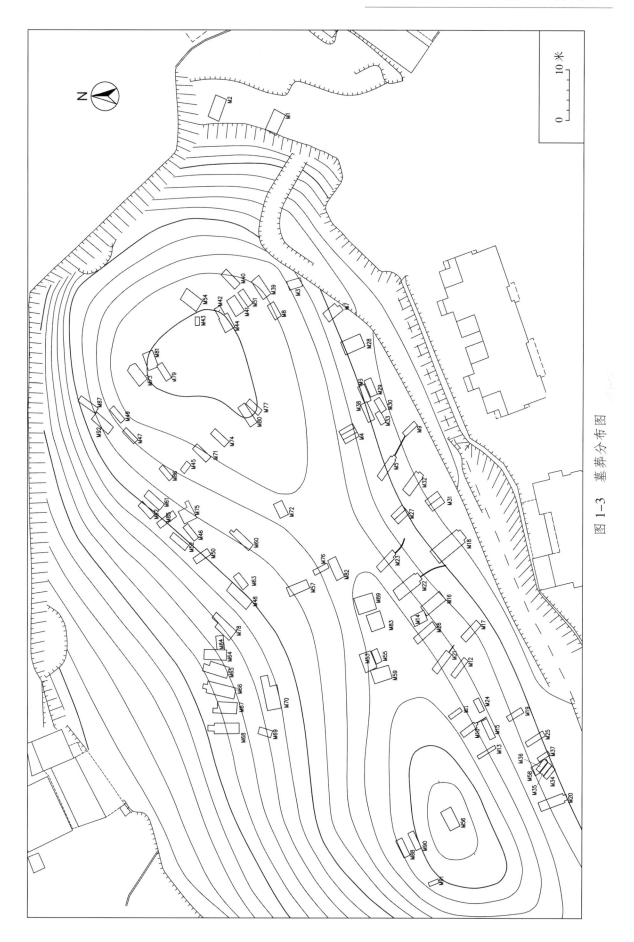

图 1-3 墓葬分布图

第三节　报告整理与编写

发掘过程中，我们完成了田野考古需要的各类文字、表格、图纸和电子数据等资料的记录，为后期的整理和研究奠定了基础。发掘出土的器物，第一时间运到萧山工作站，由于野外考古工作任务重，只能利用寒暑假时间请高校学生帮助进行整理工作。自 2018 年至 2020 年，先后有吉林大学的硕士研究生岳江伟、邓梅格、崔明旻、王珏、赵妍、史长秋、韦立慧、吴慧、张洵、潘雨娟、娄莉等同学到萧山工作站参与整理，完成了出土器物的拼对、器物线图的绘制、墓葬线图的电脑绘制等基础工作。

报告中器物的编号以现场发掘时的标注为主。因部分墓葬尤其是汉代土坑墓中随葬器物存在不同程度的破损或锈蚀，使得发掘时对出土器物的器形和数量一时无法准确判断，我们在后期整理过程中又在原编号基础上对新修复或重号等情况进行统一处理。

2019 年 12 月，开始报告编写工作，至 2020 年 5 月完成。本次发掘的 92 座墓葬中，77 座时代为汉六朝时期，15 座为隋、唐、明等时期。

本次材料整理和报告编写由李坤负责，器物拍摄由何国伟完成，出土金属器的修复由李迎完成。本报告执笔为李坤。

第二章　两汉墓葬

第一节　墓葬分述

两汉时期的墓葬包括土坑墓、砖椁墓和砖室墓三种形制，均为中小型墓葬，为浙江地区两汉时期墓葬的主要类型。其中土坑墓 42 座、砖椁墓 6 座、砖室墓 8 座。

一　土坑墓

M6

M6 位于凤凰山南坡略偏东，长方形竖穴土坑墓，方向 252°，西北角被 M38 打破。墓底距地表 0.85 米，墓室开口于表土层下，打破生土层。墓室长 3.3、宽 1.3、深 0.25 米。墓室壁竖直，底部平坦，裸露黄褐色生土及岩石风化纹理。（图 2-1A；彩版二，1）

墓内填土为五花土。未见人骨、葬具痕迹。出土随葬品 7 件，位于墓室东西两端，呈排状分布，包括釉陶（为有别于低温铅釉的高温釉陶。下同）罐 3 件以及印纹硬陶罍、釉陶钵、釉陶熏炉、陶片各 1 件。

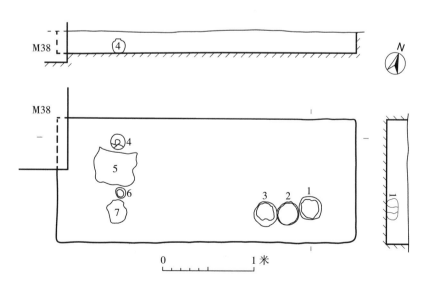

图 2-1A　M6 平、剖面图

1. 釉陶熏炉　2~4. 釉陶罐　5. 印纹硬陶罍　6. 釉陶钵　7. 陶片

釉陶罐 3件。

M6:4，直口微敞，方唇，矮颈，鼓腹，平底。上腹饰四道凹弦纹。上部灰黑胎，下部砖红胎，夹砂。脱釉。口径 8.9、腹径 16.8、底径 10.4、高 12.8 厘米。（图 2-1B；彩版二，2）

另两件口部残缺。鼓腹，平底。夹砂灰胎。

M6:2，内底有螺旋纹。上腹有釉。底径 12.8、残高 13.9 厘米。（图 2-1B）

M6:3，肩及上腹饰三组弦纹，弦纹间饰水波纹，内底有螺旋纹。上腹有釉。腹径 25.4、底径 11.4、残高 17.6 厘米。（图 2-1B）

印纹硬陶罍 1件。

M6:5，口、腹部残。灰陶。底径 21.1、残高 16.6 厘米。（图 2-1B）

釉陶钵 1件。

M6:6，敛口，方唇，斜弧腹，平底。素面。夹砂红陶。轮制。脱釉。口径 12.8、底径 8.5、高 6.8 厘米。（图 2-1B；彩版二，3）

釉陶熏炉 1件。

M6:1，口残。鼓腹，平底，底部附三个矮瓦足。腹部饰两组弦纹。夹砂灰胎。轮制。上腹有釉，局部脱落。内外壁均有烧结起泡现象。腹径 25.5、底径 16、残高 13.8 厘米。（图 2-1B）

陶片 1件。

M6:7，残碎。

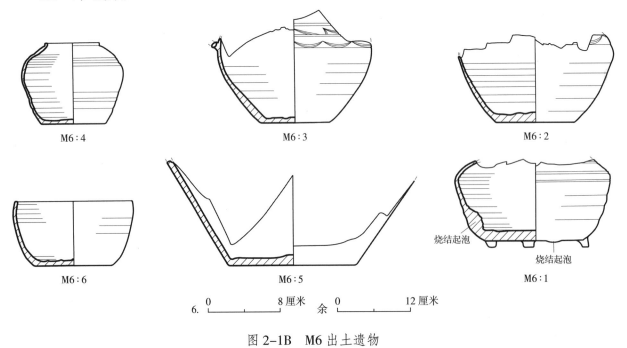

图 2-1B　M6 出土遗物

M8

M8 位于凤凰山南坡东部，长方形竖穴土坑墓，方向 61°。墓底距地表 0.6~1 米，墓室开口于表土层下，打破生土层。墓室长 4、宽 1.9~2、深 0.4 米。墓室壁竖直，底部平坦，裸露黄褐色生土及岩石风化纹理。（图 2-2A；彩版三，1）

墓内填土为五花土。未见人骨、葬具痕迹。出土随葬品 10 件，位于墓室北部中间，呈双行

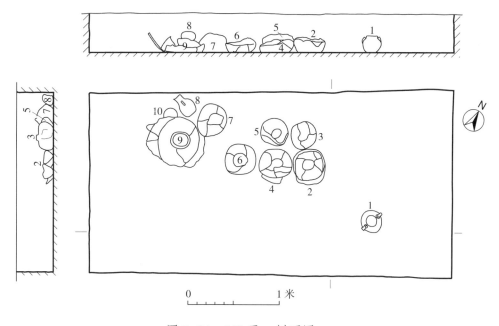

图 2-2A　M8 平、剖面图

1. 釉陶瓿　2、9. 印纹硬陶罍　3~8. 釉陶壶　10. 铜镜

顺向排列，包括釉陶壶 6 件、印纹硬陶罍 2 件、釉陶瓿 1 件，铜镜 1 件。

釉陶壶　6 件。

M8：8，敞口，圆唇，束颈，弧肩，上腹圆鼓，下腹弧收，平底，圈足外撇。肩部附对称半环耳一对，耳饰叶脉纹。颈部、肩部饰三组水波纹，水波纹上下饰弦纹，下腹部饰六道旋纹。红褐胎。口部及上腹部覆釉，脱釉严重。口径 10.2、腹径 21、足径 14、高 23.8 厘米。（图 2-2B；彩版三，2）

其余五件，口、颈部残。弧肩，上腹圆鼓，下腹弧收，平底，矮圈足。上腹部饰三组弦纹，弦纹间饰水波纹。灰胎。口部至上腹部覆釉，脱釉严重。

M8：3，底残。肩部贴塑对称铺首衔环耳一对，耳上部饰兽面纹，下部为圆环。腹径 28 厘米。

M8：4，肩部贴塑对称铺首衔环耳一对，耳上部饰兽面纹，下部为圆环。腹径 28.1、足径 15.1、残高 25.7 厘米。（图 2-2B）

M8：5，肩部贴塑对称铺首衔环耳一对，耳上部饰兽面纹，下部为圆环。腹径 28.8、足径 14.9、残高 25.8 厘米。（图 2-2B）

M8：6，耳残。腹径 28、足径 15.6、残高 23.6 厘米。（图 2-2B）

M8：7，肩部贴塑对称铺首衔环耳一对，耳上部饰兽面纹，下部为圆环。腹径 30.1、足径 15.4、残高 29.1 厘米。（图 2-2B）

釉陶瓿　1 件。

M8：1，敛口，方唇，矮颈，广肩，鼓腹，下腹弧收，平底。肩部附对称铺首耳一对，耳上部饰兽面纹，下部饰栉齿纹。肩部及上腹部饰三组弦纹，弦纹之间饰水波纹，下腹部饰弦纹。红褐胎。肩部及上腹部覆釉，脱釉严重。口径 11.2、腹径 22.6、底径 13.2、高 18.4 厘米。（图 2-2B；彩版四，1）

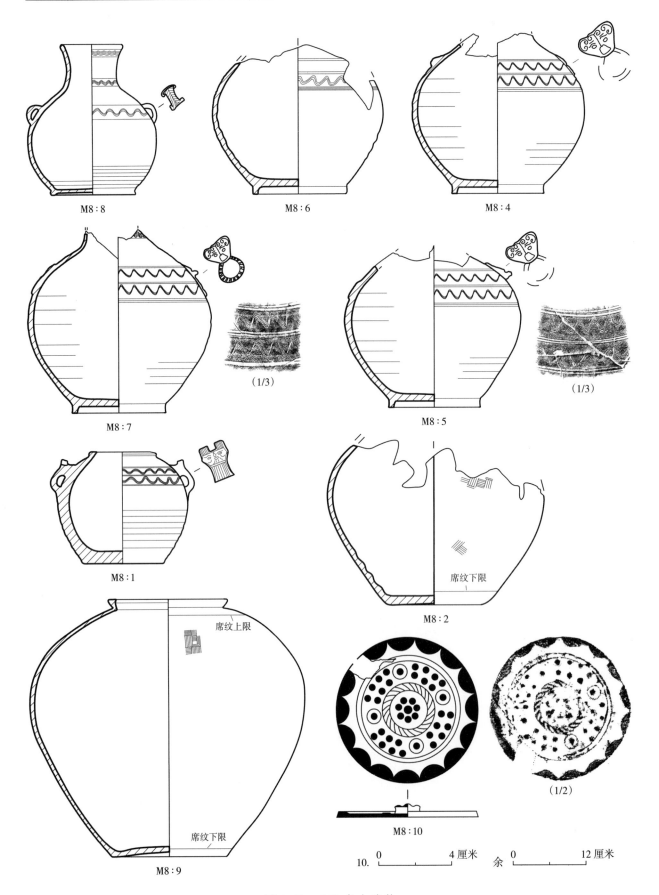

M8：8

M8：6

M8：4

M8：7

（1/3）

M8：5

（1/3）

M8：1

席纹下限

M8：2

席纹上限

席纹下限

M8：9

（1/2）

M8：10

10. 0　　　　　4 厘米　　余　0　　　　　12 厘米

图 2-2B　M8 出土遗物

印纹硬陶罍　2 件。灰陶。

M8:2，口、肩部残，鼓腹，下腹斜收较甚，平底。通体拍印席纹。腹径 35.6、底径 15.3、残高 26.4 厘米。（图 2-2B）

M8:9，直口，方唇，矮束颈，广弧肩，上腹圆鼓，下腹弧收，平底内凹。肩部至下腹部满饰席纹。灰胎。内壁有明显指窝、拳窝痕迹。脱釉。口径 19.7、腹径 45.4、底径 20、高 40.7 厘米。（图 2-2B；彩版四，2）

铜镜　1 件。

M8:10，星云镜。拼对后局部残缺，正、背面均闪露青黑色金属光泽，局部有绿锈侵入镜体。圆形铜镜，镜面微弧。连峰式纽，圆纽座。座外饰两周弦纹夹栉齿纹。外区以乳丁划为四等份，其间饰七星。镜缘面饰内向十六连弧纹。直径 7.7、高 0.7 厘米。（图 2-2B）

M29

M29 位于凤凰山南坡略偏东，长方形竖穴土坑墓，方向 42°。墓底距地表 1~1.1 米，墓室开口于表土层下，打破生土层。墓室长 3.3、宽 1.7~1.9、深 0.55 米。墓室壁竖直，底部平坦，裸露黄褐色生土及岩石风化纹理。（图 2-3A；彩版五，1）

墓内填土为黄褐色黏土，内含红烧土块。未见人骨、葬具痕迹。出土随葬品 5 件，釉陶纺轮 3 件位于墓室西部，釉陶瓿和釉陶壶各 1 件位于墓室东部。

釉陶壶　1 件。

M29:2，敞口，宽沿上斜，束颈，溜肩，下腹弧收，平底，高圈足，足沿上斜。肩部饰三组弦纹，弦纹间饰两组水波纹。肩部附对称半环耳一对，耳饰鬼眼纹和叶脉纹。夹砂灰胎。口

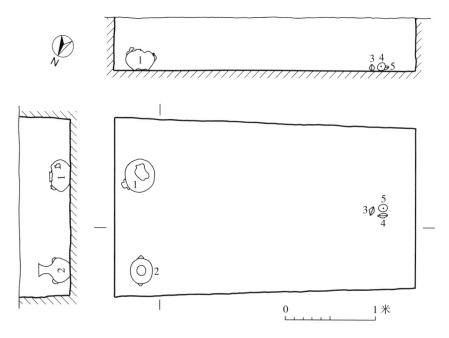

图 2-3A　M29 平、剖面图

1. 釉陶瓿　2. 釉陶壶　3~5. 釉陶纺轮

部至上腹部覆青釉，脱釉严重。口径 12、腹径 19.9、足径 12.2、高 27.6 厘米。（图 2-3B；彩版五，2）

釉陶瓿 1 件。

M29：1，敛口，方唇，矮颈，弧肩，上腹圆鼓，下弧斜收，底部附三个矮瓦足。肩部饰三组弦纹，弦纹间饰两组水波纹。肩部附对称铺首耳一对，耳上翘，高于口唇，耳主体饰兽面纹，上、下饰栉齿纹。夹砂灰胎。内、外壁均有轮制痕迹。脱釉严重。口径 9.2、腹径 24.4、底径 15.5、高 16.6 厘米。（图 2-3B；彩版五，3）

釉陶纺轮 一组 3 件。形似两个圆锥上下扣合在一起，中心有穿孔。灰胎。脱釉。

M29：3，直径 3.3、高 2.6 厘米。（图 2-3B；彩版六，1）

M29：4，直径 3、高 3 厘米。（图 2-3B；彩版六，2）

M29：5，直径 3.2、高 3.4 厘米。（图 2-3B；彩版六，3）

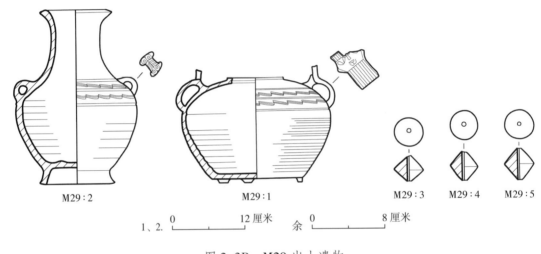

图 2-3B　M29 出土遗物

M30

M30 位于凤凰山南坡略偏东，长方形竖穴土坑墓，方向 75°，西北角打破 M33。墓底距地表约 1 米，墓室开口于表土层下，打破生土层。墓室长 2.7、宽 1.5、深 0.4 米。墓室壁竖直，底部平坦，裸露黄褐色生土及岩石风化纹理。（图 2-4A；彩版七）

墓内填土为五花土。未见人骨、葬具痕迹。出土随葬品 7 件，位于墓室西南角，均为釉陶壶。

釉陶壶 7 件。

M30：5，盘口，弧肩，鼓腹，平底，矮圈足。肩部附对称铺首衔环耳一对，耳上部为兽面纹，下部为圆环。口部、颈部各饰两组弦纹，弦纹间饰水波纹，上腹饰两组弦纹。灰胎。脱釉严重。腹径 21.7、足径 11.5、高 24.8 厘米。（图 2-4B）

四件口残。弧肩，鼓腹，平底，矮圈足。灰胎。口部及上腹部覆青釉。

M30：1，口残，束颈。颈部下方饰两组弦纹，弦纹间饰水波纹，上腹饰三组弦纹。肩部附对称半环耳一对，耳主体饰叶脉纹。釉面脱落严重。腹径 20.4、足径 12.0、残高 24.5 厘米。（图 2-4B；彩版八，1）

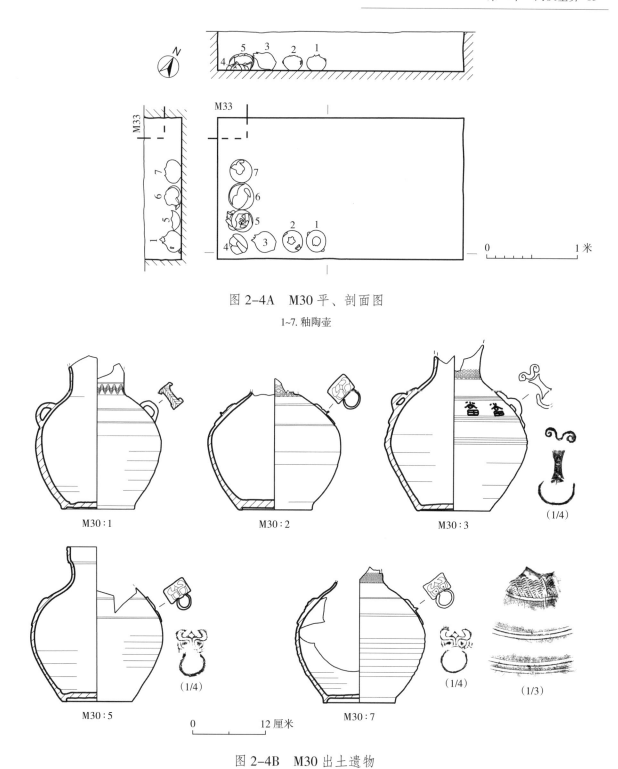

图 2-4A　M30 平、剖面图

1~7. 釉陶壶

图 2-4B　M30 出土遗物

M30:2，口残，颈部残。颈部下方饰一组弦纹，弦纹以上饰水波纹，上腹饰两组弦纹。肩部贴塑对称铺首衔环耳一对，耳上部为兽面纹，下部为圆环。腹径21.8、足径12、残高21厘米。（图2-4B；彩版八，2）

M30:3，口残。束颈。颈部下方饰一道弦纹，弦纹以上饰水波纹，上腹饰三组弦纹。肩部附对称铺首衔环耳一对，耳上端贴塑鬼眼状铺首，下端接圆环。釉面保存较好，有开片现象。上腹部刻"小富小富"四字，下腹部刻"小富"两字。有烧制起泡现象。腹径23.8、足径12.2、残高26.3厘米。（图2-4B；彩版八，3）

M30：7，口残，颈部残。颈部下方饰一道弦纹，弦纹以上饰水波纹，上腹饰两组弦纹。肩部贴塑对称铺首衔环耳一对，耳上部为兽面纹，下部为圆环。腹径21.4、足径11.8、残高21.6厘米。（图2-4B）

另有两件残碎，为M30：4、M30：6。

M33

M33位于凤凰山南坡略偏东，长方形竖穴土坑墓，方向60°，东南角被M30打破。墓底距地表0.7~0.9米，墓室开口于表土层下，打破生土层。墓室长2.7、宽1.5~1.6、深0.4米。墓室壁竖直，底部平坦，裸露黄褐色生土及岩石风化纹理。（图2-5A；彩版九，1）

墓内填土为五花土。未见人骨、葬具痕迹。出土随葬品2件，位于墓室东部，包括釉陶瓿和釉陶卮各1件。

釉陶瓿 1件。

M33：2，直口，方唇，弧肩，斜弧腹，平底微凹。上腹部饰三组弦纹，弦纹之间饰两组细密水波纹。肩部附对称铺首耳一对，耳上翘，高于口唇，耳部主体饰兽面纹，上、下饰栉齿纹。灰胎。耳为模制，其余部位为轮制。口部及上腹部覆青黄釉，脱釉严重。口径10、腹径24.8、底径12.8、高20.4厘米。（图2-5B；彩版九，2）

釉陶卮 1件。

M33：1，直口，方唇，深直腹，平底。腹中部附一半环耳，外壁近底部附三足，足突出底部的部分已残缺。腹中上部饰三组弦纹，弦纹之间饰两组细密水波纹，内壁中下部饰弦纹。灰胎。

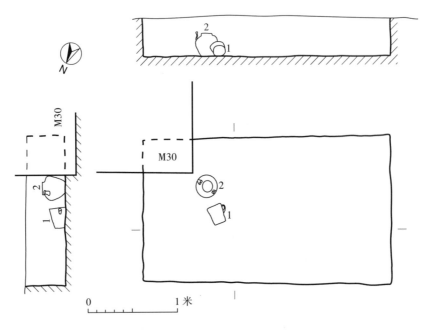

图2-5A　M33平、剖面图

1. 釉陶卮　2. 釉陶瓿

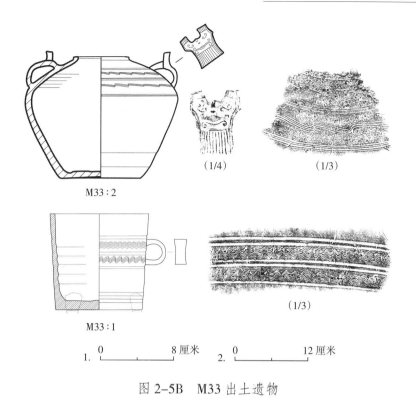

M33：2

(1/4)　　(1/3)

M33：1

(1/3)

1. 0 ——— 8厘米　2. 0 ——— 12厘米

图 2-5B　M33 出土遗物

轮制。脱釉严重。口径 10.7、底径 9.4、高 10.3 厘米。（图 2-5B；彩版九，3）

M38

M38 位于凤凰山南坡中部略偏东，长方形竖穴土坑墓，方向 61°，东南角打破 M6。墓底距地表约为 1.4 米，墓室开口于表土层下，打破生土层。墓室长 3.4、宽 1.6~1.78、深 0.4 米。墓室壁竖直，底部平坦，裸露黄褐色生土。（图 2-6A；彩版一〇，1）

墓内填土为五花土。未见人骨、葬具痕迹。出土随葬品 11 件，位于墓室中间，东西向一字排开，包括釉陶壶 7 件、釉陶罐和釉陶瓿各 1 件，铁鼎和铁剑各 1 件。

釉陶壶　7 件。

六件敞口。束颈，弧肩，鼓腹，矮圈足。颈部下方饰两组弦纹，弦纹间饰水波纹。肩部附对称半环耳一对。夹砂灰胎。器身轮制而成，内、外壁均有轮制痕迹。

M38：4，方唇，平底微凹。口部外壁饰四道弦纹，上腹饰三组细弦纹，下腹饰粗旋纹，耳中部饰一道粗弦纹。口部及上腹部覆青釉，流釉现象明显。口径 13.5、腹径 22.8、足径 12.4、高 28.3 厘米。（图 2-6B；彩版一〇，2）

M38：5，圆唇，平底微凹。口部饰两道弦纹，颈部水波纹细密、错乱，上腹饰三组细弦纹，下腹饰粗旋纹，耳中部饰一道粗弦纹。口部及上腹部覆青釉，有流釉、脱釉现象。口径 13.4、腹径 22.6、足径 11.7、高 28.4 厘米。（图 2-6B；彩版一〇，3）

M38：6，圆唇，平底。口部饰有水波纹，上腹饰三组细弦纹，下腹饰粗旋纹，耳主体饰叶脉纹，上端接塑鬼眼纹。脱釉。口径 14.3、腹径 24.5、足径 12.1、高 30.2 厘米。（图 2-6B；彩版一一，1）

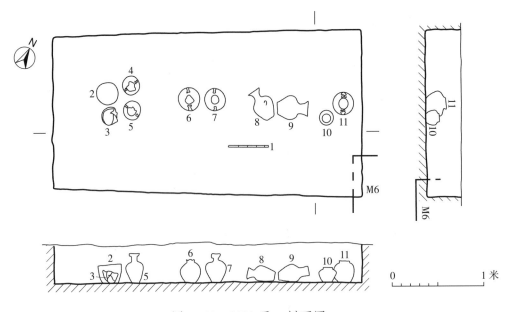

图 2-6A M38 平、剖面图

1.铁剑 2.铁鼎 3~9.釉陶壶 10.釉陶罐 11.釉陶瓿

　　M38：7，方唇，唇外侧中部微内凹，平底。口部饰一道弦纹，上腹饰两组细弦纹，下腹饰粗旋纹，耳部主体饰叶脉纹。口部及上腹部覆青釉，脱釉严重。口径 12.8、腹径 23.4、足径 11.8、高 28.6 厘米。（图 2-6B；彩版一一，2）

　　M38：8，圆唇，平底。口部饰水波纹，上腹饰三组细弦纹，下腹饰粗旋纹，耳主体饰叶脉纹，上端接塑鬼眼纹。脱釉。口径 15.7、腹径 25.4、足径 12.1、高 33 厘米。（图 2-6B；彩版一一，3）

　　M38：9，圆唇，平底。口部饰水波纹，上腹饰三组细弦纹，下腹饰粗旋纹，耳主体饰叶脉纹，上端接塑鬼眼纹。脱釉。口径 15.3、腹径 26.1、足径 11.4、高 32.9 厘米。（图 2-6B；彩版一二，1）

　　另有一件残碎，为 M38：3。

　　釉陶罐 1 件。

　　M38：10，侈口，圆唇，矮束颈，弧肩，上腹微鼓，下腹斜收，平底。腹部满饰弦纹。夹砂红陶。轮制。脱釉。口径 12.1、腹径 18.6、底径 8.7、高 15.9 厘米。（图 2-6B；彩版一二，3）

　　釉陶瓿 1 件。

　　M38：11，敛口，宽平沿，斜方唇，矮束颈，弧肩，鼓腹，平底。上腹饰三组凸弦纹。肩部贴塑对称铺首衔环耳一对，耳上部饰兽面纹，下部饰栉齿纹，上端接塑鬼眼纹，下端为圆环。灰胎。口部及上腹部覆青釉，脱釉严重。口径 11、腹径 24.8、底径 13.1、高 19.8 厘米。（图 2-6B；彩版一二，2）

　　铁鼎 1 件。

　　M38：2，锈蚀严重。敞口，腹壁上部较直，下腹弧收，圜底，下腹部附三足。高 15.6、腹径 22.4 厘米。（图 2-6B；彩版一二，4）

　　铁剑 1 件。

　　M38：1，残碎，锈蚀严重。

M38：2

M38：4

M38：5

烧结起泡

M38：6

(1/4)

M38：7

M38：8

M38：9

M38：10

M38：11

0　　　　　　12厘米

图 2-6B　M38 出土遗物

M39

M39 位于凤凰山南坡东部，刀把形竖穴土坑墓，方向 253°。墓底距地表约 1 米，墓室开口于表土层下，打破生土层。墓室长 4.2、宽 1.64~2.4、深 0.4 米。墓室壁竖直，底部平坦，裸露黄褐色生土及岩石风化纹理。（图 2-7A；彩版一三，1）

墓内填土为五花土。未见人骨、葬具痕迹。出土随葬品 14 件，位于墓室北半部及西半部，包括釉陶罐 4 件，釉陶瓿和釉陶钵各 2 件，釉陶壶、釉陶卮、釉陶杯、釉陶勺、釉陶熏炉和釉陶璧各 1 件。

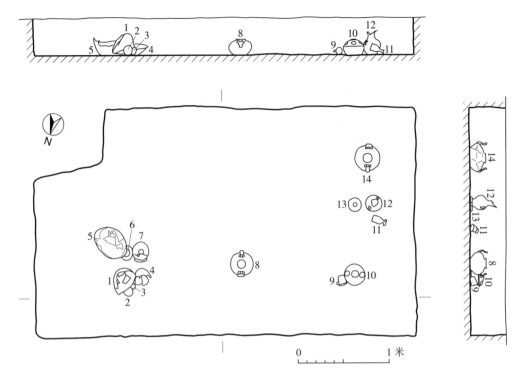

图 2-7A M39 平、剖面图

1、4、5、7. 釉陶罐　2、6. 釉陶钵　3. 釉陶勺　8、14. 釉陶瓿　9. 釉陶卮　10. 釉陶熏炉　11. 釉陶杯　12. 釉陶壶　13. 釉陶璧

釉陶壶　1件。

M39:12，敞口，尖唇，束颈，弧肩，鼓腹，平底，圈足。肩部附对称半环耳一对，耳主体饰叶脉纹。上腹饰三组弦纹，弦纹间饰水波纹。灰胎。脱釉。口径 10.1、腹径 18.4、足径 11.6、高 24 厘米。（图 2-7B、2-7C；彩版一三，2）

釉陶罐　4件。脱釉。

M39:4，直口微侈，方唇，矮束颈，弧肩，上腹微鼓，下腹弧收，平底。灰白胎。口径 8.9、腹径 16.8、底径 9.4、高 13.4 厘米。（图 2-7B；彩版一三，3）

另三件残碎，为 M39:1、M39:5、M39:7。

釉陶瓿　2件。侈口，口内壁中间略凹，方唇，平沿，矮束颈，广弧肩，鼓腹，平底。肩部附对称铺首耳一对，耳上翘，高于口部。上腹饰三组弦纹，弦纹间饰水波纹。灰胎。脱釉严重。

M39:8，耳上部饰兽面纹，下部饰栉齿纹。口径 10.4、腹径 24.4、底径 15.1、高 16.8 厘米。（图 2-7B、2-7C；彩版一四，1）

M39:14，耳上部纹饰模糊，仅可辨识四组卷云纹，下部饰栉齿纹。口部及上腹部覆青釉，脱釉严重。口径 11.2、腹径 24.9、底径 13.4、高 16.3 厘米。（图 2-7B、2-7C；彩版一四，2）

釉陶卮　1件。

M39:9，直口，圆唇，直腹，平底，下附三铲形足。附单耳，耳已残。腹中上部饰两组弦纹。灰白胎。轮制。口沿及内壁覆青釉，脱釉严重。口径 10、底径 9.2、高 10.2 厘米。（图 2-7B；彩版一三，4）

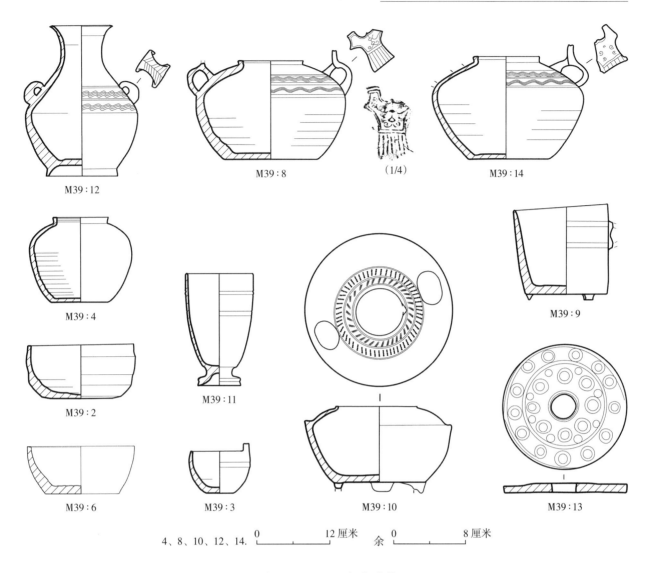

图 2-7B　M39 出土遗物

釉陶钵　2 件。敛口，方唇，弧腹，平底。素面。轮制。脱釉。

M39：2，灰白胎。口径 11.5、底径 8.5、高 5.5 厘米。（图 2-7B；彩版一五，1）

M39：6，灰胎。口径 12.3、底径 9.1、高 5.2 厘米。（图 2-7B；彩版一五，2）

釉陶杯　1 件。

M39：11，敞口，尖圆唇，斜弧腹，矮柄，圈足。腹部饰两组弦纹。灰胎。轮制。口沿及内壁覆青釉，脱釉严重。口径 7.6、足径 4.9、圈足高 0.6、柄高 1.2、通高 12.1 厘米。（图 2-7B；彩版一五，3）

釉陶勺　1 件。

M39：3，敛口，圆唇，上腹微弧，下腹斜收，平底。口沿上竖单立耳。外壁上腹饰两道弦纹，内壁下腹饰一道弦纹。灰胎。轮制。口沿及内壁覆青釉，脱釉严重。口径 6.3、底径 2.9、高 5.2 厘米。（图 2-7B；彩版一五，4）

釉陶熏炉　1 件。

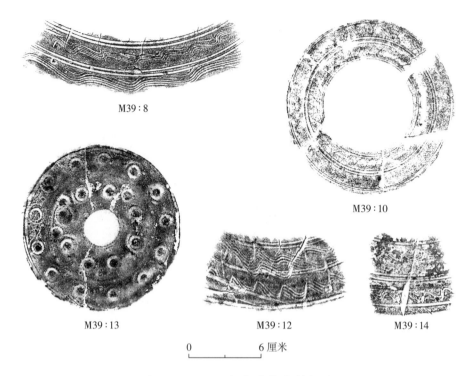

M39：8

M39：10

M39：13　　　M39：12　　　M39：14

0　　　　　6 厘米

图 2-7C　M39 出土遗物纹样拓片

　　M39：10，盖与器身合为一体。覆钵形盖，盖顶中间为圆孔，盖身有两个圆形镂孔。器身斜直沿，斜弧腹，平底微凹，底部附三个小瓦足。盖面饰三组弦纹，弦纹间自上而下依次饰梳状纹、戳印篦点纹。红褐胎。轮制。盖面及盖顶部覆釉，脱釉严重。盖顶孔径 7.5、器身直径 24、底径15、高 13.4 厘米。（图 2-7B、2-7C；彩版一五，5）

　　釉陶璧　1 件。

　　M39：13，圆饼形，中间有孔。正面饰三组弦纹，内圈弦纹之间刻划一圈单圆圈纹和一圈双圆圈纹，外圈弦纹之间刻划一圈双圆圈纹。灰胎。正面及边缘满覆青釉，脱釉较严重。外径13.6、孔径 2.8、厚 0.8~1 厘米。（图 2-7B、2-7C；彩版一五，6）

　　M40

　　M40 位于凤凰山南坡东部，长方形竖穴土坑墓，方向 236°。墓底距地表 1.9 米，墓室开口于表土层下，打破生土层。墓室长 4.4、宽 2.1、深 1.3 米。墓室壁竖直，底部平坦，裸露黄褐色生土。（图 2-8A；彩版一六，1）

　　墓内填土为青膏泥，呈块状，结构致密，内含烧土块及炭屑。未见人骨、葬具痕迹。出土随葬品 9 件，位于墓室中间及东南角，包括釉陶钵 3 件、釉陶罐和釉陶币各 2 件、釉陶壶和釉陶瓴各 1 件。

　　釉陶壶　1 件。

　　M40：1，口残。束颈，弧肩，深弧腹，平底，圈足。肩部饰两组弦纹，弦纹间饰水波纹。肩部附对称半环耳一对，耳饰叶脉纹。灰胎。耳为手制，其余部位为轮制，内、外壁均有轮制痕迹。上腹部覆青釉，脱釉严重。内壁有烧结起泡现象，外底有烟熏痕迹。腹径 19、足径 10.2、残高

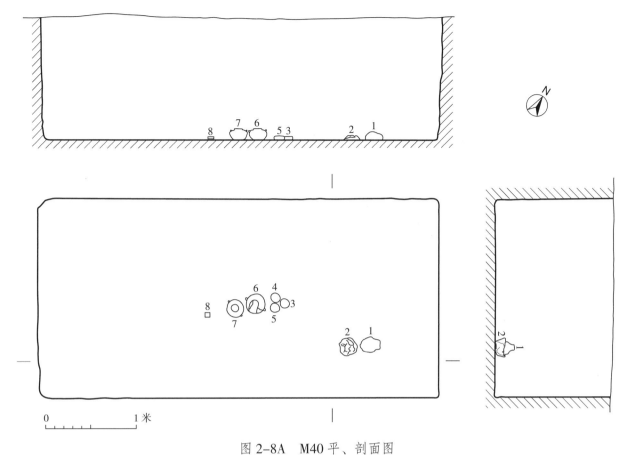

图 2-8A M40 平、剖面图

1. 釉陶壶 2. 釉陶瓿 3~5. 釉陶钵 6、7. 釉陶罐 8. 釉陶币

24.2 厘米。（图 2-8B；彩版一六，2）

釉陶罐 2件。敛口，方唇，矮束颈，弧肩，鼓腹，平底微凹。肩部附对称半环耳一对，耳饰叶脉纹。耳部为手制，其余部位为轮制，内、外壁均有轮制痕迹。脱釉严重。

M40：6，肩及上腹饰两组细弦纹。灰黄胎。口径 10.4、腹径 17.6、底径 8.2、高 12.6 厘米。（图 2-8B；彩版一六，3）

M40：7，肩及上腹饰一组细弦纹。灰胎。口径 8.2、腹径 16.2、底径 8.6、高 12.8 厘米。（图 2-8B；彩版一六，4）

釉陶瓿 1件。

M40：2，直口微敛，方唇，矮竖颈，弧肩，鼓腹，平底微凹。肩部及腹部饰凹弦纹。肩部附对称铺首半环耳一对，耳上部饰兽面纹，下部饰栉齿纹。灰胎。耳为手制，其余部位为轮制，内、外壁均有轮制痕迹。脱釉严重。口径 8.4、腹径 22.9、底径 12.8、高 17.4 厘米。（图 2-8B；彩版一七，1）

釉陶钵 3件。敛口，斜方唇，弧腹，平底微凹。夹砂灰胎。轮制。脱釉严重。

M40：3，口径 10.8、底径 7.6、高 5.1 厘米。（图 2-8B；彩版一七，2）

M40：4，口径 12.1、底径 8.0、高 5.1 厘米。（图 2-8B；彩版一七，3）

M40：5，口径 11.3、底径 8.2、高 5.0 厘米。（图 2-8B；彩版一七，4）

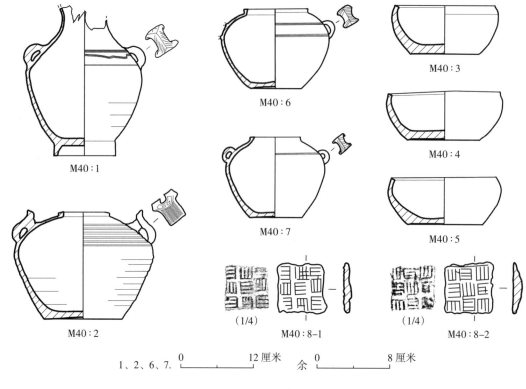

图 2-8B　M40 出土遗物

釉陶币　一组 2 件。

M40：8，方形，边缘不规整。正面较平，背面下凸，有指痕。正面饰凸起的梳状纹。正面覆青釉，脱釉严重。边长 4.7~5.2、厚 0.4~1.2 厘米。（图 2-8B；彩版一七，5）

M41

M41 位于凤凰山南坡东部，距山顶 15 米，长方形竖穴土坑墓，方向 63°。墓底距地表 0.7~1.1 米，墓室开口于表土层下，打破生土层。墓室长 4.1、宽 2.6、深 0.7~1 米。墓室壁竖直，底部平坦，裸露黄褐色生土和基岩。（图 2-9A；彩版一八，1）

墓内填土为五花土。未见人骨、葬具痕迹。出土随葬品 22 件，位于墓室西南角及南壁一侧，包括釉陶壶 10 件、釉陶纺轮 4 件、釉陶瓿和印纹硬陶罍各 2 件、釉陶熏炉 1 件，铁釜 1 件，铜器 1 件、铜钱 1 组。

釉陶壶　10 件。敞口，束颈，弧肩，鼓腹，平底，矮圈足。颈上部及下部各饰两组弦纹，弦纹间饰水波纹。夹砂灰胎。耳为手制，其余部位为轮制。口部及上腹部覆青黄釉。

M41：5，方唇。肩部至上腹部饰三道绹索纹。肩部贴塑对称铺首衔环耳一对，耳上部饰兽面纹，下部为圆环，圆环饰线段状篦点纹。口径 13.6、腹径 29、足径 14.6、高 34.6 厘米。（图 2-9B；彩版一八，2）

M41：6，口残。肩部至上腹部饰三道绹索纹。肩部贴塑对称铺首衔环耳一对，耳上部饰兽面纹，下部为圆环，圆环饰线段状篦点纹。腹径 29.4、足径 13.7、残高 35.2 厘米。（图 2-9B；彩版一九，1）

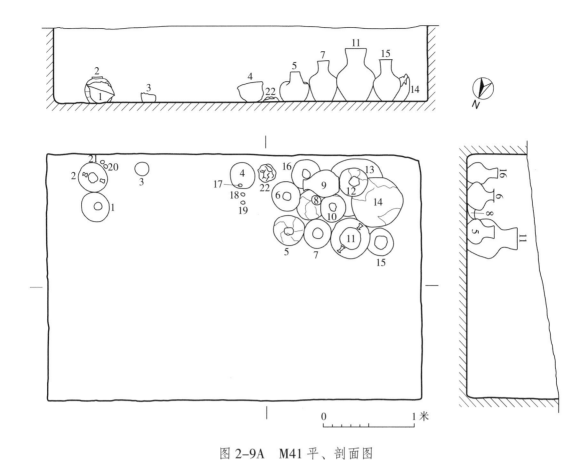

图 2-9A　M41 平、剖面图

1. 釉陶熏炉　2. 釉陶瓿　3. 铜器　4. 铁釜　5~12、15、16. 釉陶壶　13、14. 印纹硬陶罍　17、18、20、21. 釉陶纺轮
19. 铜钱　22. 釉陶瓿

　　M41：7，方唇。肩部至上腹部饰三道绹索纹。肩部贴塑对称铺首衔环耳一对，耳上部饰兽面纹，下部为圆环，圆环饰线段状篦点纹。口径 13.6、腹径 29.8、足径 15.6、高 34.8 厘米。（图 2-9B；彩版一九，2）

　　M41：8，方唇。肩部至上腹部饰三道绹索纹。肩部贴塑对称铺首衔环耳一对，耳上部饰兽面纹，下部为圆环，圆环饰线段状篦点纹。口径 13.8、腹径 29、足径 15.6、高 34.7 厘米。（图 2-9B；彩版一九，3）

　　M41：9，口残。方唇。肩部至上腹部饰三道绹索纹。肩部贴塑对称铺首衔环耳一对，耳上部饰兽面纹，下部为圆环，圆环饰线段状篦点纹。腹径 31、足径 14.1、高 35.6 厘米。（图 2-9B；彩版一九，4）

　　M41：10，方唇。肩部至上腹部饰三道绹索纹。肩部贴塑对称铺首衔环耳一对，耳上部饰兽面纹，下部为圆环，圆环饰线段状篦点纹。口径 13.1、腹径 32.4、足径 15.2、高 37 厘米。（图 2-9B；彩版二〇，1）

　　M41：11，圆唇。肩部饰三道弦纹，第一、二道弦纹间饰水波纹，第二、三道弦纹间饰绹索纹、水波纹。腹中部饰三道弦纹，弦纹间饰水波纹。肩部贴塑对称半环耳一对，耳部主体饰叶脉纹，下部为圆环，圆环饰线段状篦点纹。口径 21.3、腹径 43.9、底径 20.7、高 50.6~52 厘米。（图

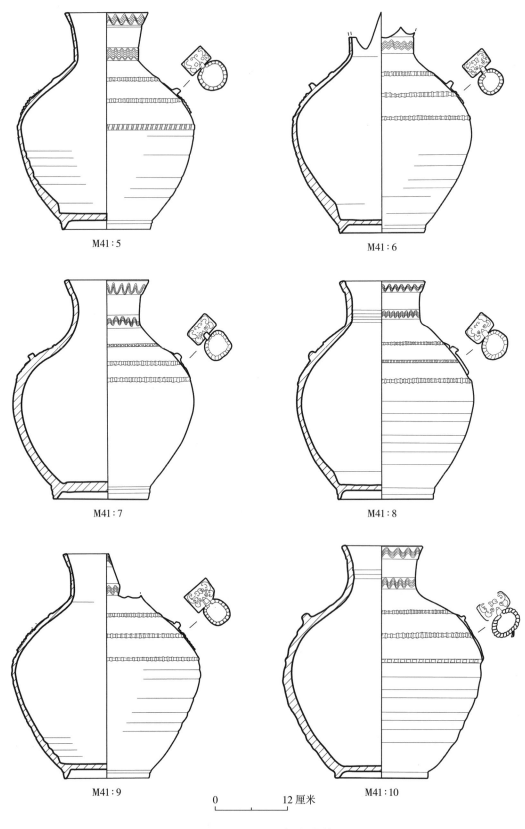

M41:5

M41:6

M41:7

M41:8

M41:9

M41:10

0   12 厘米

图 2-9B   M41 出土遗物

2-9C；彩版二〇，2）

M41：12，方唇。肩部至上腹部饰三道绹索纹。肩部贴塑对称铺首衔环耳一对，耳上部饰兽面纹，下部为圆环，圆环饰线段状篦点纹。近底部有一道凸棱。口径13.6、底径15.7、高34.3厘米。（彩版二〇，3）

M41：15，方唇。肩部至上腹部饰三道绹索纹。肩部贴塑对称铺首衔环耳一对，耳上部饰兽面纹，下部为圆环，圆环饰线段状篦点纹。口径13.4、腹径28.8、足径14.4、高34.4厘米。（图2-9C；彩版二一，1）

M41：16，方唇。肩部至上腹部饰三道绹索纹。肩部贴塑对称铺首衔环耳一对，耳上部饰兽面纹，下部为圆环，圆环饰线段状篦点纹。口径12.8、腹径30.2、足径14.8、高36.6厘米。（图2-9C；彩版二一，2）

釉陶瓿 2件。敛口，方唇，矮颈，溜肩，鼓腹，平底。肩及上腹饰三组链条压印纹。夹砂陶。耳为手制，其余部位为轮制。口部及上腹部覆青黄釉。

M41：2，颈部至第一组链条压印纹间饰叶脉纹，下腹满饰弦纹。肩部贴塑对称半环耳一对，耳上端贴饰羊角形卷云纹，下端饰衔环，耳主体上部饰兽面纹、中部饰叶脉纹、下部饰栉齿纹。灰褐胎。口径10.6、腹径28.4、底径14.2、高25.8厘米。（图2-9C；彩版二二，1）

M41：22，肩部贴塑对称兽面衔环耳一对，耳上端贴饰兽面纹，下端饰衔环，耳主体饰兽面纹。灰褐胎。口径12.1、腹径40.2、底径17.6、高32.4厘米。（图2-9C；彩版二二，2）

印纹硬陶罍 2件。

M41：13，敛口，方唇，矮束颈，广弧肩，鼓腹，平底微凹。腹部满饰席纹。夹砂灰陶。口部及上腹部覆釉，脱釉严重。口径25.6、腹径51.2、底径22.6、高44.1厘米。（图2-9D；彩版二一，3）

M41：14，残碎。

釉陶熏炉 1件。

M41：1，釜形。小侈口，斜肩，腹壁斜收，肩、腹之间有一周宽沿，平底，平底外缘附三个低矮的蹄形足。肩部由上而下饰一组弦纹和三组链条压印纹，并有上下三排烟孔，烟孔有三角形、圆形两种。弦纹和第一组链条压印纹间饰叶脉纹。宽沿以上器身满覆青黄釉。口径8.2、腹沿径30、底径14.6、高24.8厘米。（图2-9D；彩版二三，1）

釉陶纺轮 4件。算珠状，上下弧曲，中间呈脊状外鼓，设圆形穿孔。夹砂陶。手制。脱釉。

M41：17，直径3.7、高2.7厘米。（图2-9D；彩版二三，2）

M41：18，直径3.8、高2.8厘米。（图2-9D；彩版二三，3）

M41：20，直径3.6、高2.7厘米。（图2-9D；彩版二三，4）

M41：21，直径3.7、高2.9厘米。（图2-9D；彩版二三，5）

铁釜 1件。

M41：4，铁质，锈残。直口微敛，上腹直，下腹弧收，平底。口部附两个对称耳，耳残。口径27.4、残高20.2厘米。（图2-9D；彩版二三，6）

铜器 1件。

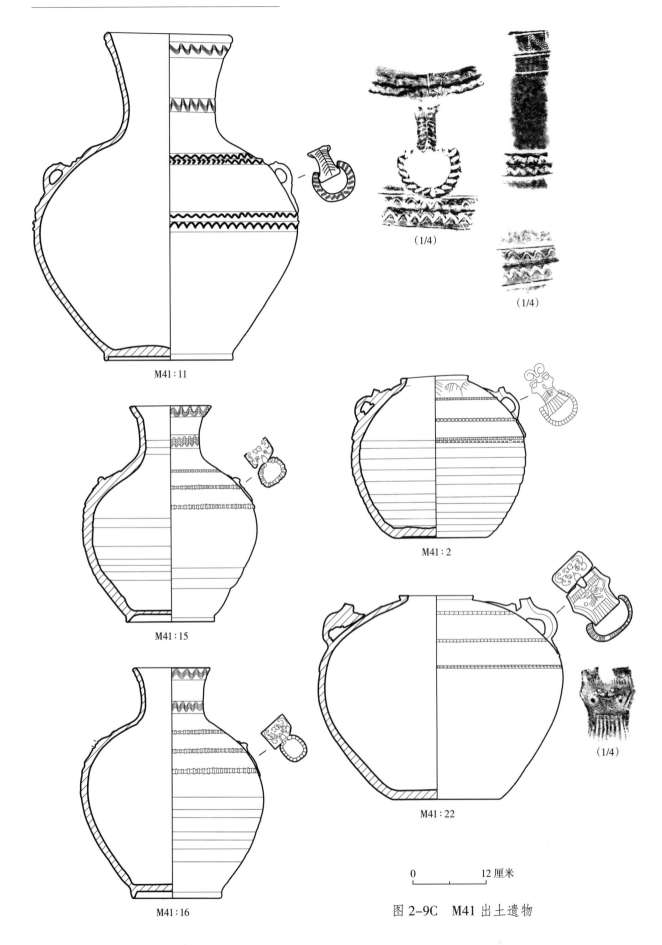

M41：11

（1/4）

（1/4）

M41：15

M41：2

M41：16

M41：22

（1/4）

0   12厘米

图2-9C　M41 出土遗物

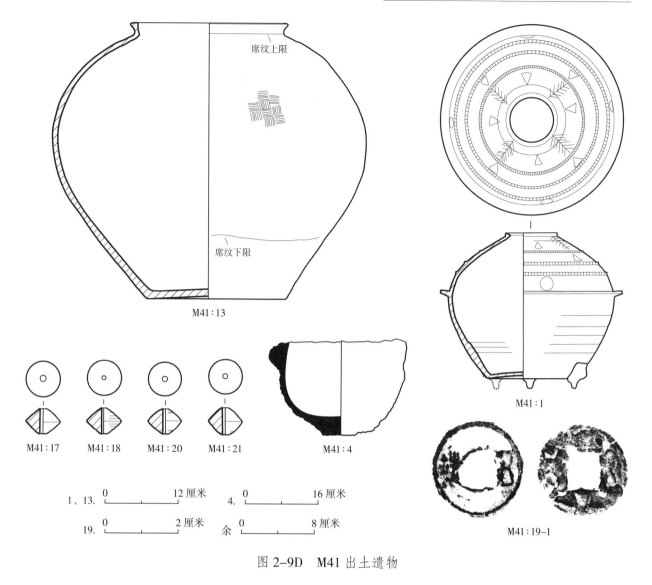

M41:13

M41:17　　M41:18　　M41:20　　M41:21

M41:4

M41:1

M41:19-1

1、13. ⊢0————————12 厘米　4. ⊢0————————16 厘米

19. ⊢0————2 厘米　余 ⊢0————8 厘米

图 2-9D　M41 出土遗物

M41：3，残碎，锈蚀严重。

铜钱　1组数枚。多锈蚀残碎，部分粘连。

M41：19-1，钱正、背面均有内郭，正面篆文"五铢"二字，字体略宽。直径2.5厘米。（图2-9D；彩版二三，7）

M42

M42位于凤凰山南坡东部，长方形竖穴土坑墓，方向60°，西半部被M44打破，墓底比M44高0.1米。墓底距地表1米，墓室开口于表土层下，打破生土层。墓室长2.7、宽1.2、深0.4米。墓室壁竖直，为黄褐色生土，含有山岩；底部平坦，裸露黄褐色生土及岩石风化纹理。（图2-10A；彩版二四，1）

墓内填土为五花土。未见人骨、葬具痕迹。出土随葬品2件，位于墓室北部，包括釉陶瓿和釉陶盒（无盖）各1件。

釉陶盒　1件。

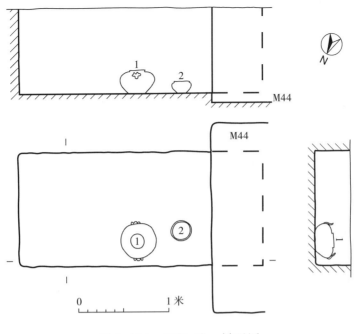

图 2-10A M42 平、剖面图

1. 釉陶瓿 2. 釉陶盒

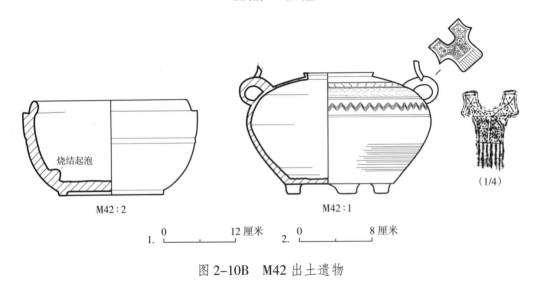

图 2-10B M42 出土遗物

M42：2，仅余盒身部分，子母口，母口向内微斜，子口内敛，斜弧腹，平底，矮圈足。腹部饰两道凹弦纹。夹砂灰陶。轮制。脱釉。下腹近底处有烟熏痕迹。内壁多处烧结起泡。口径19.2、足径11.6、高9.9厘米。（图 2-10B；彩版二四，2）

釉陶瓿 1件。

M42：1，敛口，方唇，矮束颈，广弧肩，鼓腹，平底，底部附三个瓦足。肩及上腹共饰四组凹弦纹，上部弦纹间饰倒“V”形纹饰，中部弦纹间饰斜线状篦点纹，下部弦纹间饰水波纹。肩部附对称铺首半环耳一对，耳上翘，高于口唇，耳上部饰方格斜线圆点纹，下部饰栉齿纹。灰胎。足为手制，耳为模制，其余部位为轮制，内、外壁均有轮制痕迹。脱釉。口径11.5、腹径30.2、底径17.5、高21.0厘米。（图 2-10B；彩版二四，3）

M43

M43 位于凤凰山南坡东部，长方形竖穴土坑墓，方向 90°。墓底距地表 0.6 米，墓室开口于表土层下，打破生土层。墓室长 1.94、宽 0.6~1、深 0.3 米。墓室东窄西宽，墓室壁竖直，底部平坦，裸露黄褐色生土及青灰色岩石风化纹理。（图 2-11）

墓内填土为五花土。未见人骨、葬具痕迹。未见随葬品。

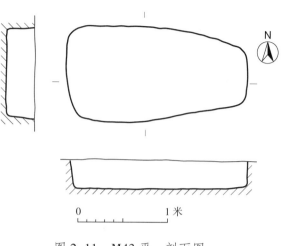

图 2-11　M43 平、剖面图

M44

M44 位于凤凰山南坡东部，长方形竖穴土坑墓，方向 62°，东部打破 M42，南与 M41 相距 1.5 米。墓底距地表 0.7~1 米，墓室开口于表土层下，打破生土层。墓室长 3.35、宽 2、深 0.4~1 米。墓室壁竖直，底部平坦，裸露黄褐色生土及岩石风化纹理。（图 2-12A；彩版二四，1）

墓内填土为五花土。未见人骨、葬具痕迹。出土随葬品 3 件，位于墓室西南角，包括印纹硬陶罍、釉陶罐和釉陶钵各 1 件。

釉陶罐　1 件。

M44:2，直口微敞，方唇，矮束颈，鼓肩，斜弧腹，平底微凹。夹砂灰胎。轮制，内外壁均有轮制痕迹。口部及上腹部覆釉，脱釉严重。口径 9.6、腹径 16.2、底径 9.4、高 12.8 厘米。（图

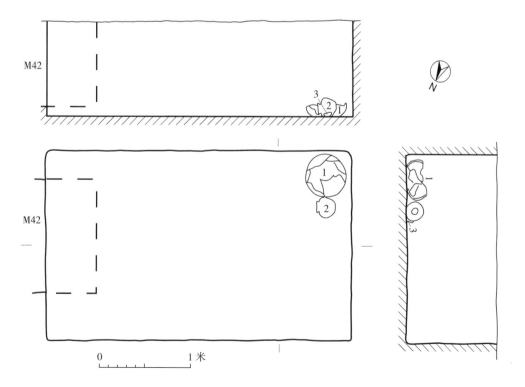

图 2-12A　M44 平、剖面图

1. 印纹硬陶罍　2. 釉陶罐　3. 釉陶钵

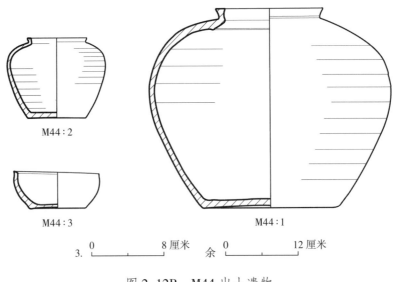

M44：2

M44：3

M44：1

3. 0 ___ 8厘米　余 0 ___ 12厘米

图 2-12B　M44 出土遗物

2-12B；彩版二五，1）

印纹硬陶罍 1件。

M44：1，敛口，方唇，矮束颈，弧肩，鼓腹，平底微凹。口部下方饰一道弦纹。灰白胎。轮制，内外壁均有轮制痕迹。脱釉严重。口径 17.4、腹径 39.4、底径 21.8、高 31.8 厘米。（图 2-12B；彩版二五，3）

釉陶钵 1件。

M44：3，敛口，斜方唇，弧腹，平底微凹。夹砂红陶。轮制。脱釉严重。口径 9.5、底径 6.2、高 3.7~4 厘米。（图 2-12B；彩版二五，2）

M45

墓葬位于凤凰山北坡中段，长方形竖穴土坑墓，方向 314°。墓底距地表 1~1.6 米，墓室开口于表土层下，打破生土层。墓室长 2.3、宽 1.04~1.14、深 0.48 米。墓室壁竖直，底部平坦，裸露黄褐色生土及岩石风化纹理。（图 2-13A；彩版二六，1）

墓内填土为五花土。未见人骨、葬具痕迹。出土随葬品 2 件，位于墓室北壁偏东，包括釉陶瓿和釉陶杯各 1 件。

釉陶瓿 1件。

M45：1，口残。弧肩，鼓腹，平底，底部附三个小瓦足。肩部附对称铺首半环耳一对，仅存一只。耳上部饰人面纹，下部饰栉齿纹。红褐色胎。耳为模制，器身为轮制，内、外壁均有轮制痕迹。脱釉严重。腹径 25.6、底径 14、高 19.8 厘米。（图 2-13B；彩版二六，2）

釉陶杯 1件。

M45：2，敛口，圆唇，腹斜直内收，凹底，矮柄，矮圈足。腹部饰两组弦纹。灰白胎。轮制。口部及上腹部覆釉，脱釉严重。口径 8.4、足径 4.8、足高 0.8、通高 11.6 厘米。（图 2-13B；彩版二六，3）

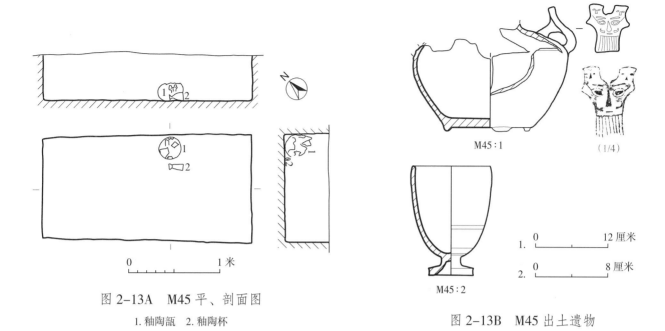

图 2-13A　M45 平、剖面图

1. 釉陶瓿　2. 釉陶杯

图 2-13B　M45 出土遗物

M46

M46 位于凤凰山北坡中下部，长方形竖穴土坑墓，方向 73°。墓底距地表 1.9 米，墓室开口于表土层下，打破生土层。墓室长 3.4、宽 1.7、深 1 米。墓室壁竖直，底部平坦，裸露黄褐色生土及岩石风化纹理。（图 2-14A；彩版二七，1）

墓内填土为青膏泥。未见人骨、葬具痕迹。出土随葬品 12 件，位于墓室西北角及东壁中部，

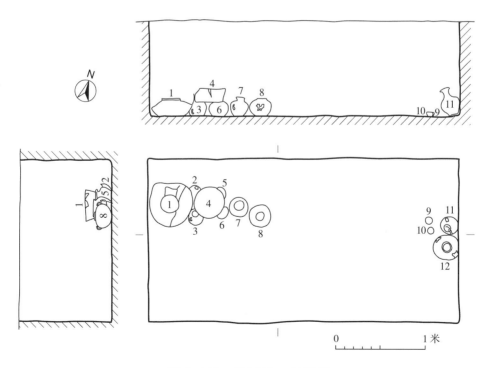

图 2-14A　M46 平、剖面图

1. 印纹硬陶瓿　2、3、5~7. 釉陶罐　4. 釉陶盆　8、12. 釉陶瓿　9、10. 陶钵　11. 釉陶壶

包括釉陶罐5件，釉陶瓿和釉陶钵各2件，釉陶壶、印纹硬陶罍和釉陶盆各1件。

釉陶壶 1件。

M46：11，敞口，内壁近口部内凹，尖圆唇，束颈，弧肩，鼓腹，平底，圈足。上腹饰两道弦纹。肩部附对称半环耳一对，耳饰叶脉纹。夹砂黑胎。耳为手制，其余部位为轮制，内、外壁均有轮制痕迹。口部及上腹部覆青釉，釉面保存较好。内、外壁有多处烧结起泡现象。口径9.9、腹径21.8、足径12.6、高25.9厘米。（图2-14B；彩版二七，2）

釉陶罐 5件。

敛口者四件。均方唇，矮束颈。肩部附对称半环耳一对，耳为手制，其余部位为轮制，内、外壁均有轮制痕迹。脱釉严重。

M46：2，鼓肩，斜弧腹，平底。肩及上腹部饰两组弦纹。耳主体饰叶脉纹，上、下各饰一组鬼眼纹。夹砂灰胎。内壁有烧结起泡现象。口径9.7、腹径18.9、底径13.2、高14.2厘米。（图2-14B；彩版二八，1）

M46：3，弧肩，鼓腹，平底。肩及上腹部饰两组弦纹。耳主体饰叶脉纹。夹砂灰褐色胎。口部及上腹部覆青釉。内壁有多处烧结起泡现象。口径9.6、腹径19.3、底径13、高14.9厘米。（图2-14B；彩版二八，2）

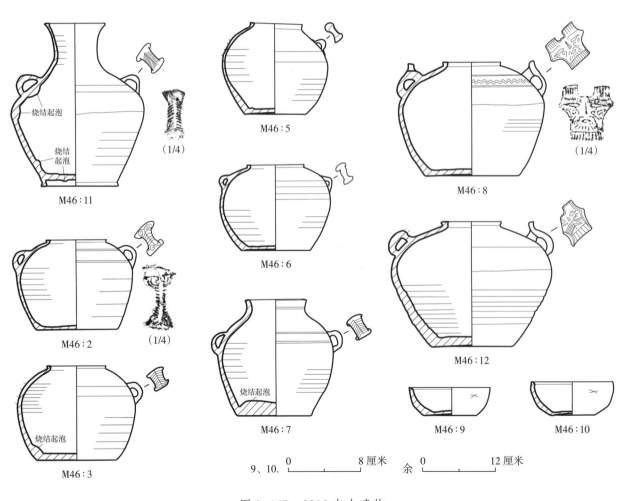

图2-14B M46出土遗物

M46：5，弧肩，鼓腹，平底微凹。上腹饰两组弦纹。夹砂红胎。口径 8.6、腹径 17.4、底径 10.2、高 14.7 厘米。（图 2-14B；彩版二八，3）

M46：6，弧肩，鼓腹，平底微凹。上腹饰四组弦纹。夹砂灰胎。口径 9.4、腹径 18.2、底径 11.2、高 13.6 厘米。（图 2-14B；彩版二八，4）

敞口者一件。

M46：7，敞口，束颈，弧肩，鼓腹，平底。肩部附对称半环耳一对，耳饰叶脉纹。夹砂灰胎。耳部为手制，其余部位为轮制，内、外壁均有轮制痕迹。上口部及上腹部覆青釉，脱釉严重。外壁下腹、底部有过烧痕迹，内底有烧结起泡现象。口径 10.2、腹径 19.3、底径 12.4、高 18.5 厘米。（图 2-14B；彩版二八，5）

釉陶瓿　2 件。敛口，方唇，矮束颈，弧肩，鼓腹，平底微凹。肩部附对称铺首半环耳一对，耳主体饰人面纹，下部饰栉齿纹。灰胎。耳为模制，其余部位为轮制，内、外壁均有轮制痕迹。口部及上腹部覆釉。

M46：8，上腹饰两组弦纹，弦纹间饰水波纹。釉面脱落严重。口径 9.4、腹径 26.2、底径 15、高 18.3 厘米。（图 2-14B；彩版二九，1）

M46：12，上腹饰一道弦纹，下腹饰七道弦纹。釉面保存较好。口径 9.8、腹径 26.3、底径 13.3、高 19.8 厘米。（图 2-14B；彩版二九，2）

印纹硬陶罍　1 件。

M46：1，残碎。

釉陶盆　1 件。

M46：4，残碎。

釉陶钵　2 件。敛口，斜方唇，斜弧腹，平底微凹。上腹饰一"X"形纹。夹砂红陶。轮制。脱釉。

M46：9，口径 8.8、底径 5.7、高 3.1 厘米。（图 2-14B；彩版二七，3）

M46：10，口径 8.7、底径 4.6、高 3.5 厘米。（图 2-14B；彩版二七，4）

M49

M49 位于凤凰山北坡偏东，长方形竖穴土坑墓，方向 42°。墓底距地表 1.3 米，墓室开口于表土层下，打破生土层。墓室长 3.9、宽 1.3~1.55、深 0.6~1 米。墓室壁竖直，底部平坦，裸露黄褐色生土及岩石风化纹理。（图 2-15A；彩版三〇，1）

墓内填土为五花土。未见人骨、葬具痕迹。出土随葬品 25 件，位于墓室东、西两端，包括釉陶罐 4 件，釉陶钵、釉陶璧、釉陶羊角形器和釉陶纺轮各 3 件，釉陶壶、釉陶瓿和印纹硬陶罍各 2 件，釉陶杯、釉陶器盖和釉陶熏炉各 1 件。

釉陶壶　2 件。敞口，束颈，弧肩，平底。肩部附对称半环耳一对。灰胎。耳为手制，其余部位为轮制。口部及上腹部覆青釉，脱釉严重。

M49：1，圆唇，垂腹，矮圈足。口部下方饰一道弦纹，弦纹下饰水波纹，颈部下方、上腹各饰两组弦纹，弦纹间饰水波纹。耳饰叶脉纹。外壁底部有烟熏痕迹。口径 8、腹径 12.6、足径 8.6、

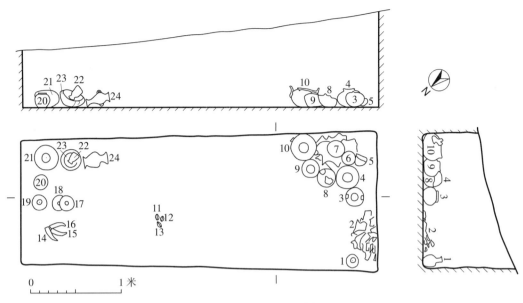

图 2-15A　M49 平、剖面图

1、24. 釉陶壶　2、7. 印纹硬陶罍　3、4、8、9. 釉陶罐　5、6. 釉陶钵　10、21. 釉陶瓿　11~13. 釉陶纺轮　14~16. 釉陶羊角形器　17~19. 釉陶壁　20. 釉陶器盖　22. 釉陶杯　23. 釉陶熏炉

高 14~14.4 厘米。（图 2-15B、2-15D；彩版三〇，2）

M49：24，斜方唇，鼓腹，高圈足外撇。肩至上腹饰三组弦纹，弦纹间饰水波纹。耳主体饰叶脉纹，上、下饰鬼眼纹。口径 10.7、腹径 18.4、足径 12.1、高 23.9 厘米。（图 2-15B、2-15D；彩版三〇，3）

釉陶罐　4 件。

敛口者三件。均方唇，矮束颈，溜肩，鼓腹。轮制，内、外壁均有轮制痕迹。脱釉严重。

M49：4，平底微凹。腹部饰三组细弦纹。夹砂灰陶。口径 12.4、腹径 25.2、底径 12.8、高 18.6 厘米。（图 2-15B；彩版三一，1）

M49：8，平底内凹。腹部饰一组细弦纹。泥质红陶。口径 10.4、腹径 20.1、底径 11.9、高 14.5 厘米。（图 2-15B；彩版三一，2）

M49：9，平底。腹部饰一组细弦纹。灰白胎。上口部及上腹部覆青釉，脱釉严重。口径 10.7、腹径 20、底径 11.8、高 14.8 厘米。（图 2-15B；彩版三一，3）

直口者一件。

M49：3，方唇，矮束颈，弧肩，鼓腹，平底微凹。肩部附对称半环耳一对，耳与器身相接处均贴塑圆圈纹，上、下侧各一个，左、右侧各两个，每个圆圈纹由大、中、小三个圆嵌套而成。耳主体饰叶脉纹，上、下各饰一组鬼眼纹。肩及上腹饰三组弦纹，上部弦纹间饰四排圆点纹，下部弦纹间饰四道水波纹。夹砂红陶。耳为手制，其余部位为轮制。脱釉严重。腹部有烟熏痕迹。口径 9.4、腹径 22.1、底径 12.1、高 15.8 厘米。（图 2-15B、2-15D；彩版三一，4）

釉陶瓿　2 件。直口微敛，口部内壁有凹槽，方唇，矮颈，弧肩，上腹圆鼓，下腹弧收，平底，底部附三个瓦足。肩部附对称铺首半环耳一对，耳上翘，高于口唇，耳主体饰人面纹，下部饰栉齿纹。

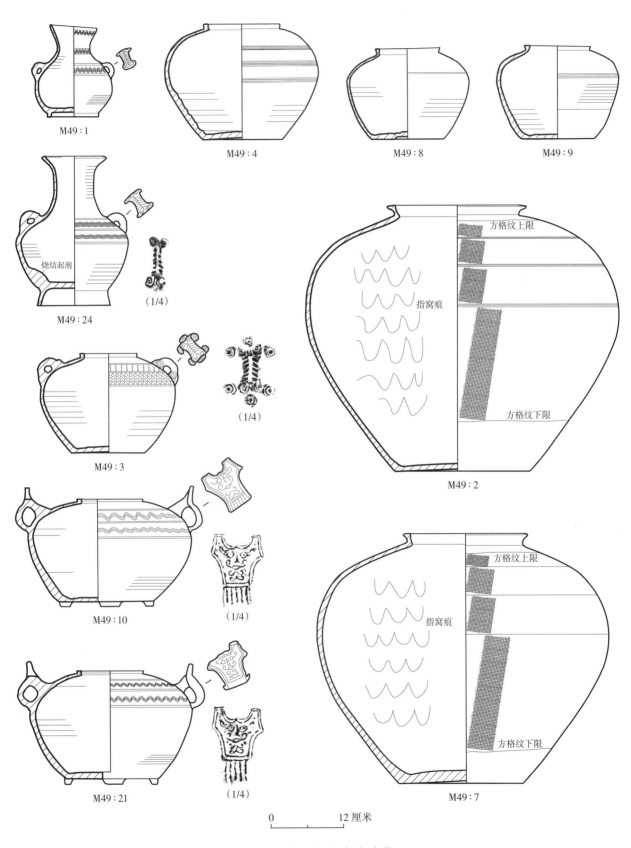

M49：1

M49：4

M49：8

M49：9

烧结起泡

M49：24

（1/4）

M49：3

（1/4）

M49：10

（1/4）

方格纹上限

指窝痕

方格纹下限

M49：2

M49：21

（1/4）

方格纹上限

指窝痕

方格纹下限

M49：7

0　　　　　12 厘米

图 2-15B　M49 出土遗物

肩及上腹饰三组弦纹，弦纹间饰水波纹。灰胎。耳为模制，器身为轮制，内、外壁均有轮制痕迹。脱釉严重。

M49：10，口径 11、腹径 27、底径 15.6、高 19.2 厘米。（图 2-15B、2-15D；彩版三二，1）

M49：21，口径 11、腹径 26.8、底径 15.5、高 19.2 厘米。（图 2-15B、2-15D；彩版三二，2）

印纹硬陶罍 2 件。敞口，宽平沿，尖唇，矮颈，弧肩，上腹圆鼓，下腹弧收，平底微凹。腹部满饰拍印方格纹，上腹饰三组弦纹。灰陶。脱釉。泥条盘筑而成，内壁有明显指窝、拳窝痕迹。

M49：2，口径 23.1、腹径 51.4、底径 22.4、高 42.5 厘米。（图 2-15B、2-15D；彩版三三，1）

M49：7，口径 20.6、腹径 48.2、底径 20.4、高 39.6 厘米。（图 2-15B、2-15D；彩版三三，2）

釉陶钵 3 件。脱釉严重。

M49：5，一组 2 件。敛口，斜方唇，平底。夹砂红陶。轮制。

M49：5-1，深弧腹。口径 12.3、底径 8.1、高 7.5 厘米。（图 2-15C；彩版三四，1）

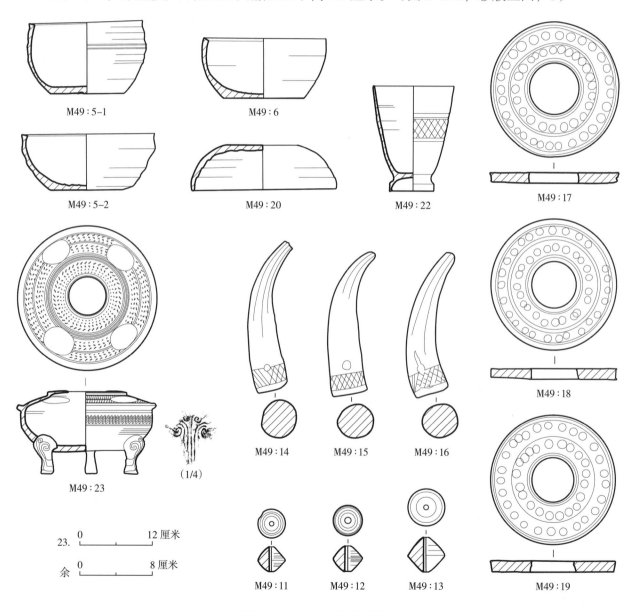

M49：5-1　　　M49：6

M49：5-2　　　M49：20　　　M49：22　　　M49：17

M49：23　　　(1/4)

M49：14　　　M49：15　　　M49：16

M49：18

23.　0 ——— 12 厘米

余　0 ——— 8 厘米

M49：11　　　M49：12　　　M49：13

M49：19

图 2-15C　M49 出土遗物

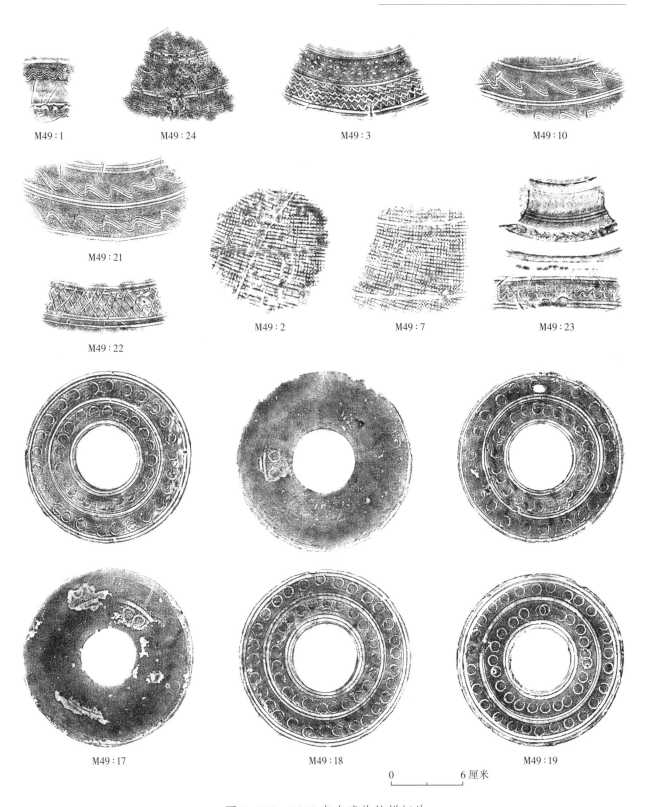

M49：1　　　M49：24　　　　　M49：3　　　　　M49：10

M49：21　　　　　M49：2　　　　　M49：7　　　　　M49：23

M49：22

M49：17　　　　　M49：18　　　　　M49：19

0　　　　　　6厘米

图 2-15D　M49 出土遗物纹样拓片

　　M49：5-2，浅弧腹。口径 14.4、底径 7.9、高 5.9 厘米。（图 2-15C）

　　M49：6，敛口，斜方唇，弧腹，平底。夹砂红陶。轮制，内、外壁均有轮制痕迹。口径 13.6、底径 8.6、高 6.3 厘米。（图 2-15C；彩版三四，2）

釉陶杯　1件。

M49：22，侈口，圆唇，斜弧腹，凹底，矮柄，圈足。腹中部饰两组弦纹，弦纹间饰菱形网格纹。夹砂灰胎。轮制。外壁有指纹痕迹。脱釉严重。口径8.8、足径4.9、足高0.9、通高11.3厘米。（图2-15C、2-15D；彩版三四，3）

釉陶器盖　1件。

M49：20，覆钵形，平顶。敛口，圆唇，弧腹。夹砂红陶。轮制，内、外壁均有轮制痕迹。脱釉严重。口径16、高4.8厘米。（图2-15C）

釉陶熏炉　1件。

M49：23，盖与器身合为一体。覆盘形盖，盖顶中间为圆孔，盖顶下凹，盖身有四个圆形镂孔。器身斜直沿，上腹近直，下腹斜收，平底，底部附三个蹄足。盖上共饰四组弦纹，盖顶弦纹间饰四圈篦点戳印纹，盖身弦纹间饰三圈篦点戳印纹，外圈均呈线段状，内圈呈几何状或蝌蚪状。器身上腹饰两组弦纹，弦纹间饰水波纹，蹄足上饰云气纹。灰胎。蹄足为手制，其余部位为轮制。脱釉严重。盖顶孔径6.1、器身直径22.9、底径13.7、高12.9厘米。（图2-15C、2-15D；彩版三四，4）

釉陶璧　3件。圆饼形，中间有孔。正、背面均饰三组弦纹，弦纹间饰一圈圆圈纹。灰胎。背面有轮制及叠烧痕迹。

M49：17，正面满覆青釉，局部脱落。正面直径14.2、孔径5.2厘米，背面直径14~14.2、孔径5.4~5.5厘米，厚1~1.1厘米。（图2-15C、2-15D；彩版三五，1）

M49：18，脱釉严重。正面直径13.8~13.9、孔径5厘米，背面直径13.7~13.9、孔径5.3~5.4厘米，厚0.9~1.1厘米。（图2-15C、2-15D；彩版三五，2）

M49：19，正面满覆青釉，局部脱落。正面直径13.6、孔径4.4~4.6厘米，背面直径13.6~13.8、孔径5.1厘米，厚1.2厘米。（图2-15C、2-15D；彩版三五，3）

釉陶羊角形器　3件。角状，平底，近底部有一圆形穿孔。器身下端饰两组弦纹，弦纹间饰菱形网格纹。脱釉严重。

M49：14，底径3.4、高15.4厘米。（图2-15C；彩版三五，4）

M49：15，底径3.8、高14.7厘米。（图2-15C；彩版三五，4）

M49：16，底径3.6、高14.1厘米。（图2-15C；彩版三五，4、5）

釉陶纺轮　3件。一件稍大，两件较小。形似两个圆锥上下扣合在一起，中间有穿孔。两件较小纺轮在上下锥体表面均饰细弦纹，另一件较大者仅在一侧锥体表面饰细弦纹。脱釉严重。

M49：11，直径3、高2.6厘米。（图2-15C；彩版三四，5）

M49：12，直径3.1、高2.7厘米。（图2-15C；彩版三四，6）

M49：13，直径3.9、高3.6厘米。（图2-15C；彩版三四，7）

M51

M51位于凤凰山南坡东部，长方形竖穴土坑墓，方向63°。墓底距地表1.7米，墓室开口于表土层下，打破生土层。墓室长3.9、宽1.8、深0.7米。墓室壁竖直。（图2-16A；彩版三六，1）

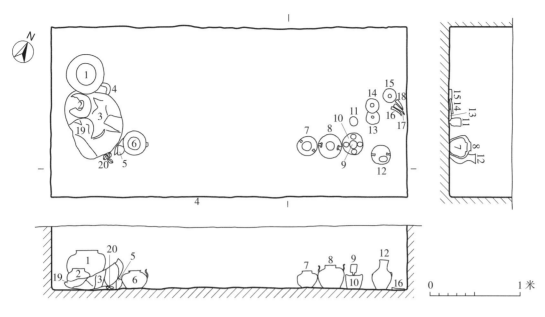

图 2-16A　M51 平、剖面图

1、3. 印纹硬陶罍　2、4、7、19. 釉陶罐　5. 釉陶钵　6、8. 釉陶瓿　9. 釉陶杯　10. 釉陶熏炉　11. 釉陶卮
12. 釉陶壶　13~15. 釉陶璧　16~18. 釉陶羊角形器　20. 釉陶纺轮（3 件）

　　墓内填土上部为五花土，厚约 0.2 米；下部为青膏泥，呈青灰色，结构致密，块状黏土。含红烧土粒及植物根系。出土随葬品 23 件，位于墓室东、西两端，呈排状分布，包括釉陶罐 4 件，釉陶璧、釉陶羊角形器和釉陶纺轮各 3 件，釉陶瓿、印纹硬陶罍、釉陶钵各 2 件，釉陶壶、釉陶卮、釉陶杯和釉陶熏炉各 1 件。

　　釉陶壶　1 件。

　　M51：12，喇叭口，方唇，束颈，弧肩，上腹鼓，下腹弧收，高圈足外撇。肩部附对称半环耳一对，耳主体饰叶脉纹，上、下两端饰鬼眼纹。肩部饰三组弦纹，弦纹间自上而下分别饰三圈戳印纹和水波纹。耳为模制，其余部位为轮制。口部、肩部覆青黄釉，玻化程度好，有流釉现象。口径 11.3、腹径 20.5、足径 11、高 28.5 厘米。（图 2-16B；彩版三六，2）

　　釉陶罐　4 件。直口微侈，方唇，矮束颈，弧肩，鼓腹。轮制。脱釉。

　　M51：2，平底微凹。红胎。口径 13.7、腹径 25.6、底径 12.8、高 21.2 厘米。（图 2-16B；彩版三七，1）

　　M51：4，平底。红褐胎。口径 9.9、腹径 20.4、底径 10.4、高 17.5 厘米。（图 2-16B；彩版三七，2）

　　M51：7，平底微凹。肩部附对称半环耳一对，耳下部饰鬼眼纹，中部饰叶脉纹。肩至上腹饰两组弦纹，弦纹间饰三圈戳印篦点纹。黄褐胎。耳为模制。内、外壁有釉，脱釉严重。口径 9.6、腹径 21.2、底径 10.2、高 13.5 厘米。（图 2-16B；彩版三七，3）

　　M51：19，平底内凹。黄褐胎。口径 10.8、腹径 19.5、底径 11、高 14.4 厘米。（图 2-16B；彩版三七，4）

　　釉陶瓿　2 件。直口，方唇，矮颈，广肩，上腹鼓，下腹弧收，平底，底部附三个小瓦足。

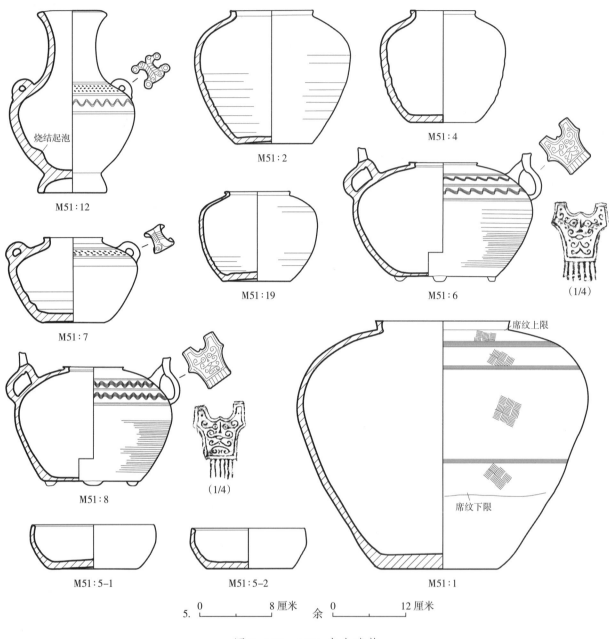

图 2-16B　M51 出土遗物

肩部附对称铺首耳一对，耳上翘，高于口唇，耳上部饰兽面纹，下部饰栉齿纹。肩部饰三组弦纹，弦纹间饰水波纹。灰胎。耳为模制，器身为轮制。脱釉。

　　M51：6，口径 11.2、腹径 29.4、底径 16.8、高 20.7 厘米。（图 2-16B、2-16D；彩版三八，1）

　　M51：8，口径 9.8、腹径 25.8、底径 16、高 20.7 厘米。（图 2-16B、2-16D；彩版三八，2）

　　印纹硬陶罍　2 件。

　　M51：1，敛口，方唇，矮束颈，弧肩，上腹圆鼓，下腹弧收，平底。肩、腹部饰三组弦纹，通体拍印席纹。灰胎。轮制。脱釉。口径 21.8、腹径 48、底径 19.2、高 39.6 厘米。（图 2-16B、2-16D；彩版三九，1）

　　M51：3，残碎。

釉陶卮 1 件。

M51：11，口部残缺。直腹，平底。现存腹部可见两组弦纹，弦纹间饰水波纹。红胎。轮制。脱釉。腹径 10.6、底径 9.8、残高 10.6 厘米。（图 2-16C；彩版三六，3）

釉陶钵 2 件。敛口，方唇，弧腹。素面。红褐胎。轮制。脱釉。

M51：5，一组 2 件。

M51：5-1，平底微凹。口径 13.2、腹径 13.8、底径 9.2、高 4.7 厘米。（图 2-16B）

M51：5-2，平底。口径 12.3、腹径 12.8、底径 9.4、高 4.3 厘米。（图 2-16B；彩版三六，4）

釉陶杯 1 件。

M51：9，直口微敛，上腹斜直，下腹弧收，凹底，矮柄，圈足，足外壁中部内凹。中上腹饰两组粗弦纹，下腹饰三条细弦纹。红褐胎。轮制，内、外壁均有轮制痕迹。外壁及内底覆釉，脱釉严重。口径 8.8、足径 5.8、高 14.6~15.4 厘米。（图 2-16C；彩版三九，2）

釉陶熏炉 1 件。

M51：10，盖与器身合为一体。覆盘形盖，盖顶中间为圆孔，盖身有四个圆形镂孔。器身斜直

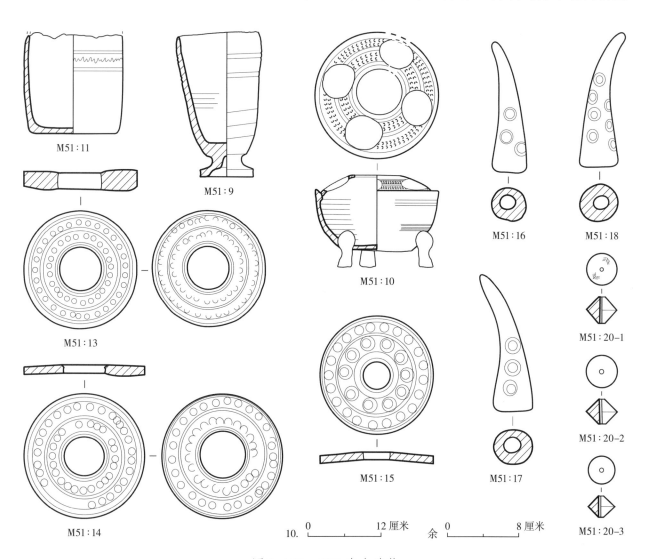

图 2-16C M51 出土遗物

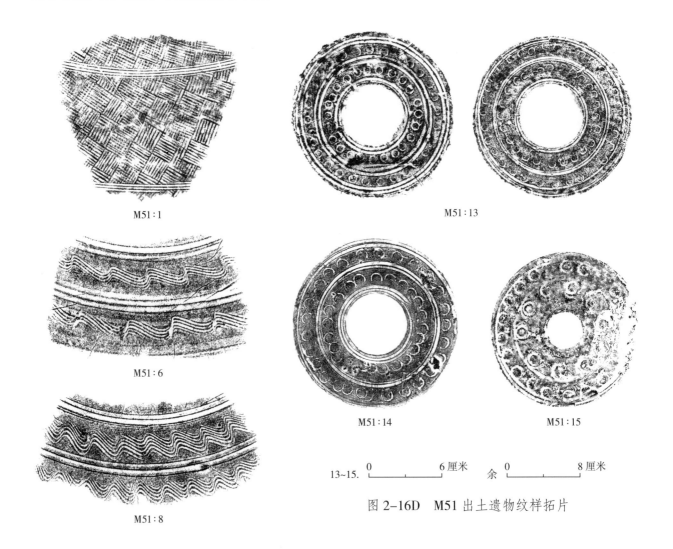

M51:1

M51:13

M51:6

M51:14

M51:15

M51:8

13~15. 0 ____ 6厘米　　余 0 ____ 8厘米

图2-16D　M51出土遗物纹样拓片

沿，弧腹，平底，底部附三个蹄足。盖上饰三组弦纹，弦纹间饰戳印箆点纹。红褐胎。蹄足为手制，其余部位为轮制。盖顶、器身及蹄足覆釉，盖顶脱釉严重。盖顶孔径7.6、器身直径20.2、底径11.6、高14.6厘米。（图2-16C；彩版三九，3）

釉陶璧　3件。圆饼形，中间有孔。

M51:13，两面皆饰三组弦纹，弦纹间印有单圆圈纹，反面戳印深浅不一。红褐胎。脱釉。外径12.4、孔径5.0、厚1.3~2.2厘米。（图2-16C、2-16D；彩版四〇，1）

M51:14，两面皆饰三组弦纹，弦纹间印有单圆圈纹，反面戳印深浅不一。红褐胎。正面中间及边缘满覆青釉，局部脱落。外径13.2、孔径4.4~5、厚0.8~1.2厘米。（图2-16C、2-16D；彩版四〇，2）

M51:15，正面饰三组弦纹，内组弦纹间印有双圆圈纹，外组弦纹间印有单圆圈纹。灰黄胎。正面中间及边缘满覆青釉，局部脱落。外径12.4、孔径2.7~2.9、厚0.7~0.8厘米。（图2-16C、2-16D；彩版四〇，3）

釉陶羊角形器　3件。角状，下部中空。下部饰双圆圈纹。红褐胎。器身一侧覆釉，脱釉严重。

M51:16，釉剥落殆尽。底径3.8、底部孔深4、孔径1.8、高13.8厘米。（图2-16C；彩版

四〇，4）

M51：17，釉已完全剥落。底径 4.2，底部孔深 3.6、孔径 1.8、高 14.7 厘米。（图 2-16C；彩版四〇，5）

M51：18，釉已完全剥落。底径 4.4、底部孔深 3.5、孔径 1.6、高 14.3 厘米。（图 2-16C；彩版四〇，6）

釉陶纺轮 一组 3 件。

M51：20，形似两个圆锥上下扣合在一起，中心有穿孔。釉剥落殆尽。

M51：20-1，两面饰有对称的叶脉纹。直径 3.4、高 2.8 厘米。（图 2-16C；彩版三九，4）

M51：20-2，直径 3.4、高 2.5 厘米。（图 2-16C；彩版三九，4）

M51：20-3，直径 3、高 2.3 厘米。（图 2-16C；彩版三九，4）

M52

M52 位于凤凰山北坡下部，长方形竖穴土坑墓，方向 236°。墓底距地表 1.1~1.4 米，墓室开口于表土层下，打破生土层。墓室长 3.74、宽 1.86、深 0.8 米。墓室壁竖直，底部平坦，裸露黄褐色生土及岩石风化纹理。（图 2-17A；彩版四一，1）

墓内填土为五花土，土质松软，含少量烧土粒及植物根系。未见人骨、葬具痕迹。出土随葬品 6 件，位于墓室西北角及东壁下，包括釉陶罐 5 件、釉陶瓿 1 件。

釉陶罐 5 件。溜肩，鼓腹，下腹斜收。肩部附对称半环耳一对，耳饰叶脉纹。夹砂陶。耳为手制，其余部位为轮制。脱釉。

敛口者四件。

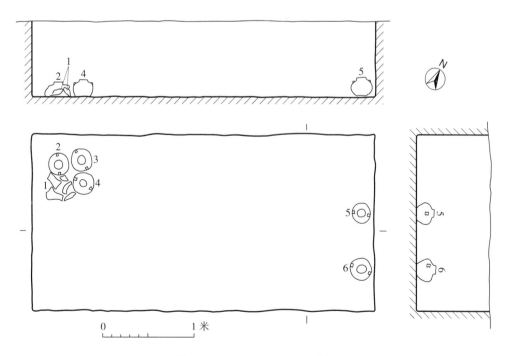

图 2-17A M52 平、剖面图

1. 釉陶瓿 2~6. 釉陶罐

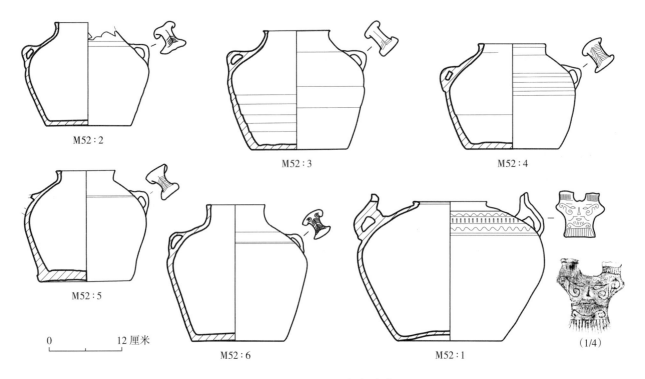

图 2-17B　M52 出土遗物

M52：2，口局部残，方唇，平底微内凹。肩部饰一组弦纹。腹径 20.2、底径 13.8、高 16.4 厘米。（图 2-17B；彩版四二，1）

M52：4，圆唇，平底。口径 10.8、腹径 21.4、底径 15.1、高 16.6 厘米。（图 2-17B；彩版四二，2）

M52：5，方唇，平底微内凹。肩部饰一组弦纹。口径 9.4、腹径 20、底径 14.9、高 17.6 厘米。（图 2-17B；彩版四二，3）

M52：6，方唇，矮束颈，平底微内凹。肩部饰两组弦纹。口径 9.7、腹径 23.4、底径 15.4、高 21.8 厘米。（图 2-17B；彩版四二，4）

直口者一件。

M52：3，方唇，平底。肩部饰一组弦纹。口径 11.1、腹径 22.4、底径 15.6、高 19 厘米。（图 2-17B；彩版四二，5）

釉陶瓿　1 件。

M52：1，敛口，方唇，矮束颈，溜肩，鼓腹，平底内凹。肩部附对称铺首耳一对，耳上翘，高于口唇，耳上部饰人面纹，下部饰胡须状纹。肩及上腹饰四组弦纹，第一、二组及第三、四组间饰水波纹，第二、三组间饰戳点纹。夹砂灰白胎。耳为手制，其余部位为轮制。脱釉。口径 12、腹径 30.6、底径 17.2、高 23.4 厘米。（图 2-17B；彩版四一，2）

M53

M53 位于凤凰山山顶偏西，长方形竖穴土坑墓，方向 70°。墓底距地表 1.68 米，墓室开口于

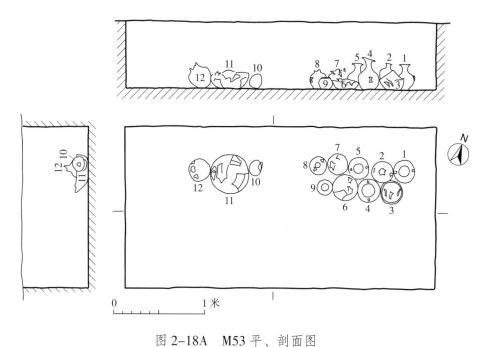

图 2-18A　M53 平、剖面图
1、2、4、5、7、8、10、12. 釉陶壶　3、6. 陶器　9. 釉陶罐　11. 釉陶瓿

封土堆下，打破生土层。墓室长 3.4、宽 1.7、深 0.7 米。墓室壁竖直，北壁为黄褐色生土，其他三壁为已扰土层，土色为红褐色，有黑土斑块，包含红烧土粒及炭屑；底部平坦，裸露生土及山岩。（图 2-18A；彩版四三，1）

墓内填土为青膏泥。未见人骨、葬具痕迹。出土随葬品 12 件，位于墓室偏北部，呈排状分布，包括釉陶壶 8 件、残碎陶器 2 件、釉陶罐和釉陶瓿各 1 件。

釉陶壶　8 件。

五件喇叭口。均束颈，弧肩，鼓腹，平底，矮圈足。颈部下方饰两组弦纹，弦纹间饰水波纹。肩部附对称半环耳一对。灰胎。耳为手制，其余部位为轮制，内、外壁均有轮制痕迹。颈部、上腹部及内底覆青釉，脱釉严重。

M53：1，圆唇。肩部饰一组弦纹。耳中间有一道凹槽。口径 12.3、腹径 20、足径 11.1、高 25.3 厘米。（图 2-18B；彩版四四，1）

M53：2，圆唇。肩部饰两组细弦纹。耳饰叶脉纹。口径 12.7、腹径 21.8、足径 11.4、高 26.5 厘米。（图 2-18B；彩版四四，2）

M53：7，圆唇。肩部饰两组细弦纹。耳饰叶脉纹。腹径 20.7、足径 11.8、高 26.6 厘米。（图 2-18B；彩版四四，3）

M53：4，尖圆唇。口颈交接处饰细密水波纹。肩部饰三组弦纹，上边两组弦纹上方饰水波纹，水波纹上方饰云气纹和篦点纹。耳上端贴塑鬼眼纹，耳主体饰叶脉纹。口径 14.3、腹径 25.8、足径 11.9、高 33 厘米。（图 2-18B、2-18C；彩版四五，1）

M53：5，方圆唇。口部两组弦纹，弦纹间饰水波纹。肩部饰两组细弦纹。耳上端贴塑双鬼眼纹，耳主体饰叶脉纹。口径 13.3、腹径 23.4、足径 12、高 28.8 厘米。（图 2-18B；彩版四五，2）

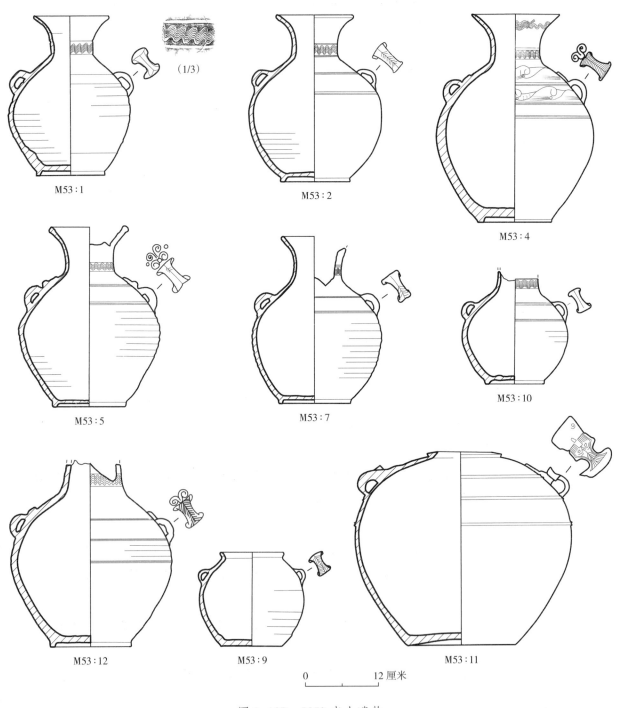

图 2-18B　M53 出土遗物

　　另有两件口残。竖颈，弧肩，鼓腹，平底，矮圈足。颈部下方饰两组弦纹，弦纹间饰水波纹。肩部贴塑对称半环耳一对，耳主体饰叶脉纹。灰胎。耳为手制，其余部位为轮制，内、外壁均有轮制痕迹。颈部、上腹部及内底覆青釉。

　　M53：10，肩部饰两组细弦纹。腹径17.3、足径9.5、残高17.8厘米。（图2-18B）

　　M53：12，肩及上腹饰三组弦纹。耳上端贴塑鬼眼纹。脱釉严重。腹径26.5、足径13.2、残

高 30 厘米。（图 2-18B；彩版四五，3）

还有一件残碎，为 M53：8。

釉陶罐　1 件。

M53：9，侈口，圆唇，矮束颈，弧肩，鼓腹，平底微凹。肩部附对称半环耳一对，耳饰叶脉纹。夹砂灰胎。耳部为手制，其余部位为轮制，内、外壁均有轮制痕迹。颈部、上腹部及内底覆青釉，脱釉严重。近底部有烟熏痕迹。口径 10.4、腹径 17.4、底径 10.2、高 15 厘米。（图 2-18B；彩版四三，2）

釉陶瓿　1 件。

M53：11，敛口，宽平沿微斜，尖唇，矮颈，弧肩，球腹，底内凹。肩部饰三组凸弦纹。肩部附对称铺首耳一对，上端贴塑方形铺首，耳主体饰兽面纹。灰胎。耳为手制，器身为泥条盘筑而成，

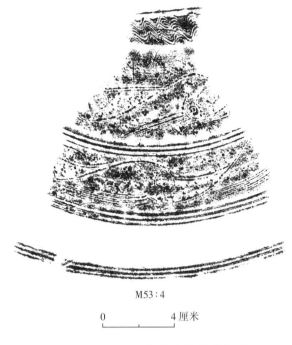

M53：4

0　　　　　　4 厘米

图 2-18C　M53 出土遗物纹样拓片

内壁有明显指窝痕迹。口沿、肩部及腹部覆釉，脱釉严重。口径 12.3、腹径 35.4、底径 17.7、高 30.8 厘米。（图 2-18B；彩版四三，3）

陶器　2 件。残碎。为 M53：3、M53：6。

M54

M54 位于凤凰山北坡东部，长方形竖穴土坑墓，方向 50°。墓底距地表 1.6 米，墓室开口于表土层下，打破生土层。墓室长 3.6、宽 1.6、深 1.6 米。墓室壁竖直，底部平坦，裸露黄褐色生土。（图 2-19A；彩版四六，1）

墓内填土为青膏泥，呈青灰色，结构致密，块状黏土。未见人骨、葬具痕迹。出土随葬品 5 件，位于墓室靠近南壁中部，包括釉陶壶 4 件、陶井 1 件。

釉陶壶　4 件。盘口，圆唇，束颈，弧肩，上腹圆鼓，下腹弧收。腹部满饰粗弦纹。肩部附对称半环耳一对，耳主体饰叶脉纹。夹砂灰胎。耳为手制，其余部位为轮制，内、外壁均有轮制痕迹。口部及上腹部覆釉，脱釉严重。

M54：1，平底。口部下端饰两道凹弦纹，肩及上腹饰三组弦纹。口径 11.2、腹径 18、底径 8.7、高 24.6 厘米。（图 2-19B；彩版四六，2）

M54：2，平底微凹。口部上端饰一道凹弦纹，肩及上腹饰三组弦纹。口径 11.6、腹径 18、底径 9.6、高 24.6 厘米。（图 2-19B；彩版四六，3）

M54：3，平底。口部上端饰一道凹弦纹、下端饰两道凹弦纹。口径 10、腹径 13.8、底径 6.4、高 20.4 厘米。（图 2-19B；彩版四七，1）

M54：5，口部残缺。平底，矮圈足。口部上端饰一道凹弦纹、下端饰两道凹弦纹，肩及上腹饰三组弦纹。颈部饰两道细弦纹，弦纹间饰水波纹。耳上端贴塑鬼眼纹。腹径 25.4、足径 13.5、

图 2-19A M54 平、剖面图

1~3、5.釉陶壶 4.陶井

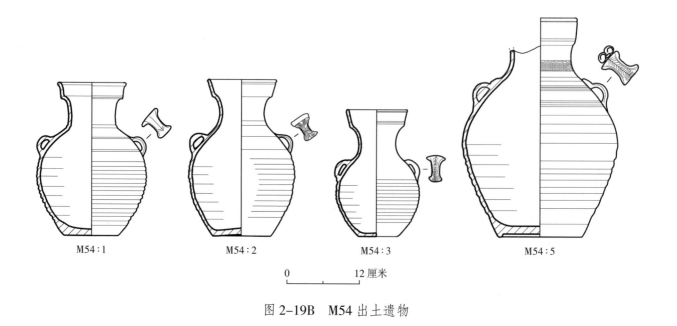

图 2-19B M54 出土遗物

高 34.8 厘米。（图 2-19B；彩版四七，2）

陶井 1件。

M54：4，残碎。

M55

M55 位于凤凰山西部山脊，长方形竖穴土坑墓，方向 70°。墓底距地表 1.9 米，墓室开口于表土层下，打破生土层。墓室长 3.6、宽 1.7、深 0.8 米。墓室壁竖直，底部平坦，裸露五花土。（图2-20A；彩版四八，1）

墓内填土为青膏泥，结构致密，块状黏土。未见人骨、葬具痕迹。出土随葬品 5 件，位于墓室北部，呈排状分布，均为釉陶壶。

釉陶壶 5 件。其中 1 件为盘口壶，其余为喇叭口壶。

喇叭口者四件。均圆唇，束颈，溜肩，鼓腹，平底，矮圈足。颈部饰两组弦纹，弦纹间饰水波纹。肩部附对称半环耳一对，耳饰叶脉纹。夹砂灰胎。耳为手制，其余部位为轮制。

M55：1，口略残。喇叭口外壁饰一组水波纹，肩及上腹饰三组弦纹。耳上端贴塑鬼眼纹。脱釉。腹径 25.2、足径 11.4、高 32.3 厘米。（图 2-20B；彩版四八，2）

M55：2，口部下方饰一道弦纹，肩及上腹饰三组弦纹。脱釉。口径 12.9、腹径 21.6、足径 11.4、高 27.2 厘米。（图 2-20B；彩版四八，3）

M55：3，口略残。肩部饰两组弦纹。肩部覆青黄釉，脱釉严重。腹径 22.2、足径 11.5、高 27.4 厘米。（图 2-20B；彩版四八，4）

M55：5，口略残。肩部饰两组弦纹。脱釉严重。腹径 22、足径 10.8、高 28.8 厘米。（图 2-20B；彩版四九，1）

盘口者一件。

M55：4，圆唇，束颈，弧肩，鼓腹，平底，圈足。口部、颈部外壁各饰两组弦纹，弦纹间饰水波纹。肩部贴塑对称耳一对，耳上端贴塑鬼眼纹，下有衔环，耳主体饰叶脉纹。肩及上腹饰四

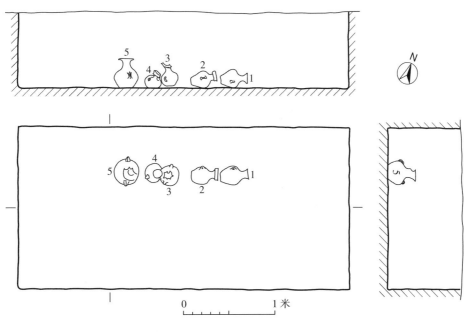

图 2-20A　M55 平、剖面图

1~5. 釉陶壶

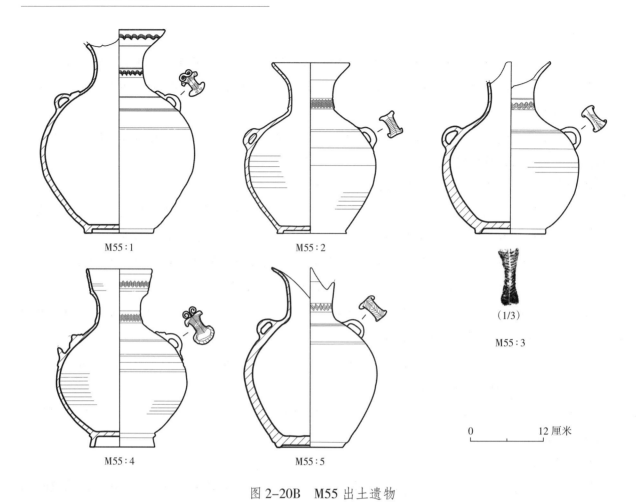

图 2-20B　M55 出土遗物

组弦纹。灰胎。耳为手制，其余部位轮制，内、外壁均有轮制痕迹。口沿、肩部及上腹部覆釉，脱釉严重。口径 10.8、腹径 21.5、足径 10.7、高 28.3 厘米。（图 2-20B；彩版四九，2）

M56

M56 位于凤凰山山顶西部，长方形竖穴土坑墓，方向 67°。墓底距地表 1.5 米，墓室开口于表土层下，打破生土层。墓室长 4.8、宽 2.1、深 1 米。墓室壁竖直，底部裸露基岩，不甚平坦。（图 2-21A；彩版五〇，1）

墓内填土为五花土，土质较疏松，内含红烧土块及炭粒。未见人骨、葬具痕迹。出土随葬品 25 件，位于墓室东、西两端，包括釉陶罐 4 件，釉陶瓿、釉陶璧和釉陶纺轮各 3 件，印纹硬陶罍、釉陶钵和釉陶羊角形器各 2 件，釉陶壶、釉陶盆、釉陶杯、釉陶盂、釉陶器盖和釉陶熏炉各 1 件。

釉陶壶　1 件。

M56:5，口残。束颈，弧肩，鼓腹，平底，圈足。肩部附对称半环耳一对，耳主体饰叶脉纹，上、下饰鬼眼纹。肩及上腹饰三组弦纹，弦纹间饰水波纹。夹砂红陶。耳为手制，其余部位为轮制。脱釉严重。腹径 21.2、足径 12.4、残高 27.8 厘米。（图 2-21B、2-21D；彩版五〇，2）

釉陶罐　4 件。

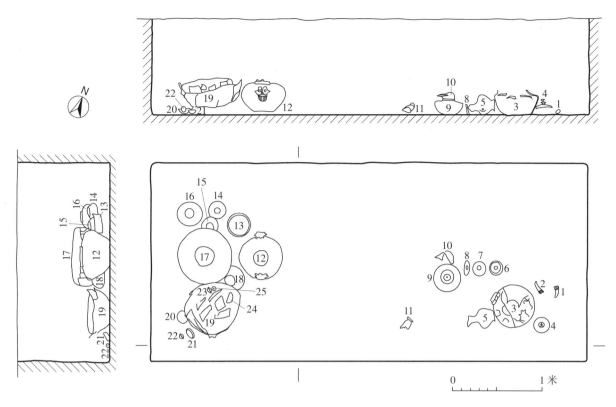

图 2-21A　M56 平、剖面图

1、2. 釉陶羊角形器　3、12、18. 釉陶瓿　4. 釉陶器盖　5. 釉陶壶　6~8. 釉陶璧　9. 釉陶熏炉　10、14~16. 釉陶罐　11. 釉陶杯　13. 釉陶盆　17、19. 印纹硬陶罍　20、24. 釉陶钵　21. 釉陶盂　22、23、25. 釉陶纺轮

　　三件完整，方唇，矮颈，弧肩，鼓腹。夹砂红陶。轮制。脱釉。

　　M56：14，直口，口部内壁略内凹，平底。上腹饰两组细弦纹。口径 8.9、腹径 18.3、底径 9.4、高 13.2 厘米。（图 2-21B；彩版五○，3）

　　M56：15，敞口，平底。上腹饰一组细弦纹。口径 10.2、腹径 19.9、底径 11.6、高 14.4 厘米。（图 2-21B；彩版五○，4）

　　M56：16，直口，平底微凹。口径 12.9、腹径 26.2、底径 14.9、高 21.4 厘米。（图 2-21B；彩版五○，5）

　　一件残碎，为 M56：10。

　　釉陶瓿　3 件。方唇，矮颈，弧肩，鼓腹，下腹弧收，底部附三个矮瓦足。肩两侧附对称铺首耳一对，耳上翘，高于口唇。耳上部饰兽面纹，下部饰栉齿纹。耳为模制，器身为轮制。

　　M56：3，直口，平底微凹。肩及上腹饰五组弦纹，上部弦纹间饰两组戳印篦点纹，中部弦纹间饰水波纹，下部弦纹间饰竖线状篦点纹。肩部前后另贴塑对称兽面铺首一对。灰胎。口沿、肩部及上腹部覆釉，釉面光亮，保存较好。口径 14.2、腹径 41.8、底径 20.9、高 32.1 厘米。（图 2-21B；彩版五一，1）

　　M56：12，有盖，盖正中竖起一束腰捉手，捉手最上方残缺。直口，平底微凹。盖面饰三组弦纹，弦纹间饰戳印篦点纹。肩部前后另贴塑对称铺首一对，铺首由四个鬼眼拼对而成，鬼眼间饰双圆

M56：5

M56：14

M56：15

M56：16

M56：3

（1/4）

M56：18

（1/4）

M56：13

M56：20

M56：11

M56：24

烧结起泡

M56：12

（1/4）

M56：21

（1/4）

11、13、20、21、24. 0 ____ 8厘米　　余 0 ____ 12厘米

图2-21B　M56出土遗物

圈纹。肩及上腹饰五组弦纹，上部弦纹间饰两组戳印箆点纹，中部弦纹间饰水波纹，下部弦纹间饰竖线状箆点纹。灰胎。口沿、肩部及上腹部覆釉，脱釉严重。器盖直径 17.6、残高 6.6 厘米，口径 15.6、腹径 45.2、底径 23.9、高 31.9 厘米。（图 2-21B、2-21D；彩版五一，2）

M56：18，直口微侈，平底。一耳残缺。肩及上腹饰三组细弦纹，弦纹间饰水波纹。肩及上腹部覆釉，脱釉严重。口径 9.7、腹径 25.2、底径 14.4、高 17.7 厘米。（图 2-21B、2-21D；彩版五二，1）

印纹硬陶罍 2 件。

M56：17、M56：19，均残碎。

釉陶盆 1 件。

M56：13，子母口，方唇，唇上竖起扇状立耳一对，直腹，近底处斜收，平底。口下方饰一道弦纹。夹砂灰胎。轮制。除外底外，通体覆青釉，脱釉严重。母口口径 23.6、子口口径 20.4、底径 14.1、耳高 2.6、通高 13.8 厘米。（图 2-21B；彩版五二，2）

釉陶盂 1 件。

M56：21，侈口，圆唇，矮颈，弧肩，上腹凸鼓，下腹斜收，平底。上腹饰两道水波纹，水波纹下饰两道弦纹。灰胎。轮制。内底、肩部及上腹部覆釉，脱釉严重。口径 8.7、腹径 10.6、底径 3.6、高 5.2 厘米。（图 2-21B；彩版五三，1）

釉陶钵 2 件。方唇，斜弧腹。夹砂红陶。轮制。脱釉严重。

M56：20，敞口，平底。口径 12.9、底径 7、高 4 厘米。（图 2-21B；彩版五三，2）

M56：24，直口微敛，平底微凹。口径 11.8、底径 6.1、高 6.5 厘米。（图 2-21B；彩版五三，3）

釉陶杯 1 件。

M56：11，口、上腹均残缺。下腹弧收，凹底，底中心向下凸起一小圆纽，矮柄，圈足外撇，足外壁中部内凹。夹砂灰胎。轮制，内、外壁均有轮制痕迹。外壁及内底覆釉，脱釉严重。足径 5.9、足高 1.1、残高 10.4 厘米。（图 2-21B；彩版五三，4）

釉陶器盖 1 件。

M56：4，盖面呈覆钵形，盖侧面略内凹。盖顶中部凸起一个三级圆坛形捉手，中间一级最大，顶部一级最小。其上塑一鸟形俑，仅鸟尾部略有残缺，双翅叠于背部，翅上饰线段状箆点纹，头向正前。盖面饰三组弦纹，弦纹间饰呈环状排列的戳印箆点纹。夹砂红褐陶。顶部鸟形俑为手制，其余部位为轮制。盖面、圆坛坛面及鸟形俑上部覆釉，脱釉严重。盖面直径 17.5、捉手高 6.4、鸟形俑身长 3.9、高 2.6、通高 10.2 厘米。（图 2-21C、2-21D；彩版五三，5）

釉陶熏炉 1 件。

M56：9，残碎。

釉陶璧 3 件。圆饼状，中间有孔。正面饰两组弦纹，弦纹间饰两圈双圆圈纹。脱釉。

M56：6，直径 14.4、孔径 4.1、厚 1.1~1.2 厘米。（图 2-21C；彩版五四，1）

M56：7，直径 14.1、孔径 4.1、厚 0.8~1 厘米。（图 2-21C、2-21D；彩版五四，2）

M56：8，直径 15.2、孔径 4.8、厚 0.8~1 厘米。（图 2-21C；彩版五四，3）

釉陶羊角形器 2 件。角状，下部中空。下部饰两道弦纹，弦纹下饰斜方格纹。灰胎。

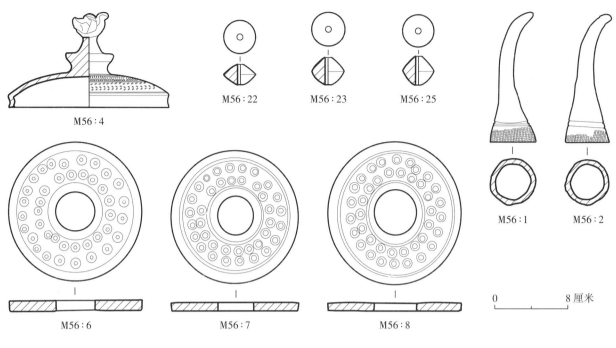

图 2-21C　M56 出土遗物

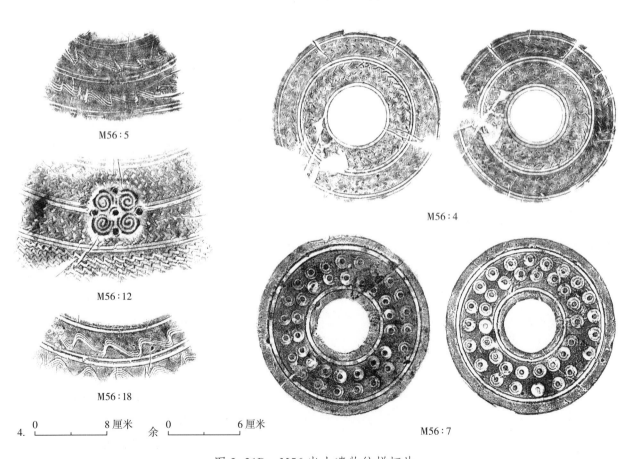

图 2-21D　M56 出土遗物纹样拓片

M56：1，器身外壁通体覆釉。底径 4.9、底部孔深 5.3、高 13.6 厘米。（图 2-21C；彩版五四，4、5）

M56：2，器身一侧覆釉。底径 5、底部孔深 4.8、高 13.7 厘米。（图 2-21C；彩版五四，5）

釉陶纺轮　3 件。形似两个圆锥上下扣合在一起，中部有孔。灰胎。脱釉严重。

M56：22，直径 3.5、高 2.2 厘米。（图 2-21C）

M56：23，直径 3.6、高 2.9 厘米。（图 2-21C）

M56：25，直径 3.4、高 3.1 厘米。（图 2-21C；彩版五三，6）

M59

M59 位于凤凰山山顶西部，近方形竖穴土坑墓，方向 81°。墓底距地表 1.6~2 米，墓室开口于封土堆下，封土厚 0.8~1.2 米，为五花土。墓室长 3.8、宽 3.5、深 0.8 米。墓室壁竖直，底部平坦，裸露黄褐色生土。（图 2-22A；彩版五五，1）

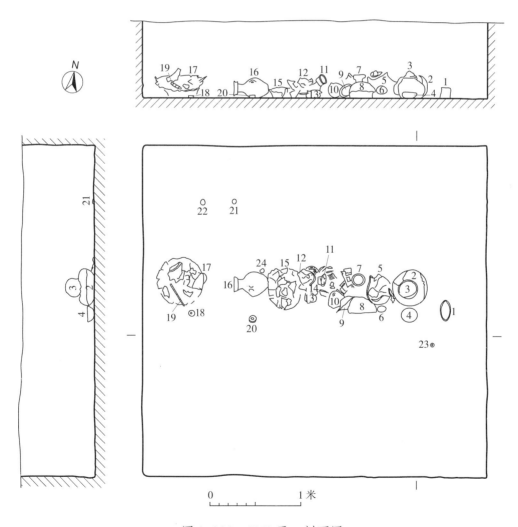

图 2-22A　M59 平、剖面图

1. 陶灶　2、15、17. 印纹硬陶罍　3. 釉陶虎子　4、6. 铜釜　5、8. 铁器　9. 铜器　7、11、16. 釉陶壶　10、12~14. 釉陶罐　18、20. 釉陶璧形器　19. 铁剑　21、22、24. 釉陶麟趾金　23. 铜钱

墓内填土为五花土，黄褐色黏土夹杂青灰色粉化石斑块及灰黑色黏土，含少量烧土粒及炭屑，土质较松软。未见人骨、葬具痕迹。出土随葬品24件，绝大部分位于墓室中间，呈排状分布，包括釉陶罐和釉陶壶各4件、印纹硬陶罍和釉陶麟趾金各3件、釉陶璧形器2件、釉陶虎子和陶灶各1件，铁器和铁刀各1件，铜釜2件、铜器1件、铜钱1组。

釉陶壶 4件。弧肩，鼓腹，平底内凹。肩部附对称半环耳一对，耳主体饰叶脉纹。肩、腹部满饰弦纹。夹砂灰胎。耳为手制，其余部位为轮制，内、外壁均有轮制痕迹。脱釉严重。

M59：7，盘口，圆唇，束颈。口部上、下端及颈部下端各饰两道凹弦纹。颈部、上腹部及内底覆釉，釉脱落严重。口径12、腹径21.5、底径9.8、高29.4厘米。（图2-22B；彩版五六，1）

M59：16，盘口，圆唇，束颈。口部上、下端各饰两道凹弦纹；颈部下端饰两道凹弦纹，弦纹间饰水波纹。颈部、上腹部及内底覆釉，脱釉严重。有烧结起泡现象。口径15.3、腹径25.8、底径12.4、高34.2厘米。（图2-22B、2-22C；彩版五六，2）

M59：5，口残。颈部下端饰水波纹。脱釉。腹径28.2、底径14、残高30厘米。（图2-22B；彩版五六，3）

M59：11，残碎。

釉陶罐 4件。

其中两件直口微侈，方唇，短束颈，弧肩，鼓腹，平底。肩部附对称半环耳一对。肩、腹部满饰弦纹。耳为手制，其余部位为轮制，内、外壁均有轮制痕迹。脱釉。

M59：10，耳中间有一道凹槽。夹砂灰胎。肩及腹部、口沿局部覆釉，脱落严重。口径9、腹径15.1、底径7.2、高14.4厘米。（图2-22B；彩版五七，1）

M59：13，耳主体饰叶脉纹。红胎。口径9.8、腹径14.1、底径7.3、高11.1厘米。（图2-22B；彩版五七，2）

其余两件残碎，为M59：12、M59：14。

印纹硬陶罍 3件。

M59：2、M59：15、M59：17，均残碎。

釉陶虎子 1件。

M59：3，器身呈球形，背上有提梁，口呈圆筒形，平底内凹。提梁饰菱形网格纹，肩部饰三组弦纹，弦纹间饰水波纹，腹部饰弦纹。器身覆青黄釉。口径5.1、腹径17.4、底径8.3、通高19.2厘米。（图2-22B；彩版五六，4）

陶灶 1件。

M59：1，残碎。

釉陶璧形器 2件。圆柱状，中部有孔，两面自孔至边缘向下倾斜。夹砂红陶。脱釉。

M59：18，直径10.5、孔径4.3、高4.9厘米。（图2-22B；彩版五七，3）

M59：20，直径10.4、孔径4.2、高5.6厘米。（图2-22B；彩版五七，4）

釉陶麟趾金 3件。

M59：21，圆丘形，底边有凸棱，底内凹较甚。表面饰突起的盘曲蚯蚓状纹饰。表面覆釉，脱釉严重。底部有刻划痕迹。直径6.1、高0.6~2.1厘米。（图2-22B、2-22C；彩版五七，5）

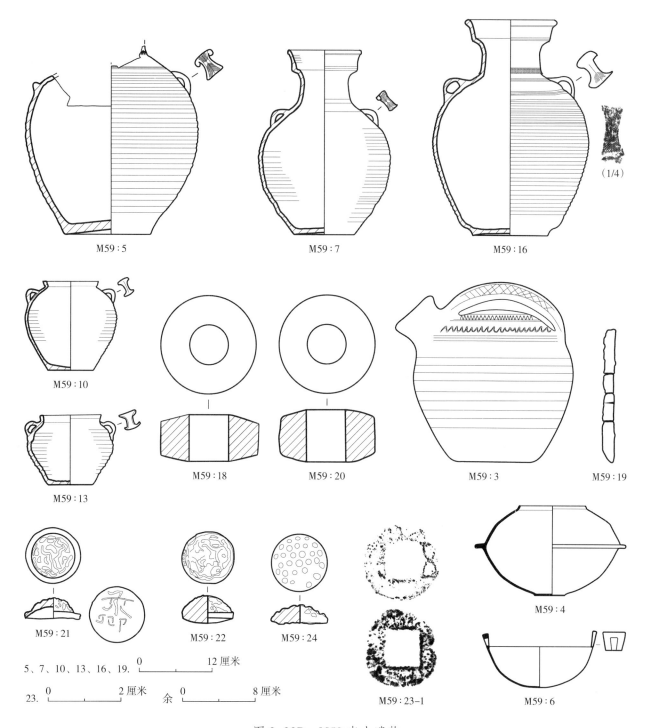

图 2-22B　M59 出土遗物

M59：22，半球形，凸底，表面饰龟背纹。表面覆釉，脱釉严重。直径 5.8、高 0.7~2.9 厘米。（图 2-22B；彩版五七，6）

M59：24，圆丘形，底面凹。表面凸起谷粒纹，底面有指压痕。表面覆釉，脱釉严重。直径 6.1、高 0.5~2.1 厘米。（图 2-22B；彩版五七，7）

铁刀　1 件。

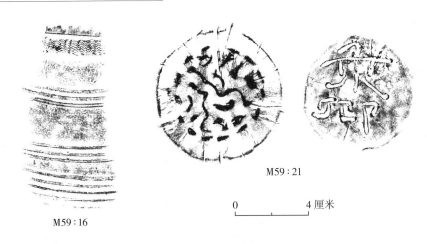

M59：21

0   4 厘米

M59：16

图 2-22C　M59 出土遗物纹样拓片

M59：19，锈蚀严重。直刀，身略短而窄，断面呈三角形。残长 21.5、宽 1.6、背厚 0.7 厘米。（图 2-22B）

铁器　1 件。

M59：8，残碎，锈蚀严重，无法辨识。

铜釜　2 件。

M59：4，直口微敛，宽斜肩，扁鼓腹，平底，腰部有一道宽沿。口径 7.2、腹径 16.8、底径 3.3、高 9.5 厘米。（图 2-22B；彩版五五，2）

M59：6，敞口，口沿上附对称环形立耳，上腹较直，下腹弧折内收，圜底。口径 11、高 5.8 厘米。（图 2-22B；彩版五五，3）

铜器　1 件。

M59：9，残碎，锈蚀严重。

铜钱　1 组数枚。多锈蚀残碎，部分粘连。

M59：23-1，钱正面无内郭，背面有内郭，正面篆文"五铢"二字，字体略宽。直径 2.1 厘米。（图 2-22B）

M60

M60 位于凤凰山北坡中部，刀把形竖穴土坑墓，方向 66°。墓底距地表 1.8 米，墓室开口于表土层下，打破生土层。由墓道和墓室组成。墓道位于墓室东部，底呈斜坡状，坡度约 20°，长 2.3、宽 1.2、深 0.12~0.48 米。墓室为长方形，长 4.8、宽 2.4、深 0.8 米，墓底有两段枕木沟，长 2.4、宽 0.17 米。墓室壁竖直，底部平坦，裸露黄褐色生土。（图 2-23A；彩版五八，1）

墓内填土为五花土，土质较松软。未见人骨、葬具痕迹。出土随葬品 21 件，位于墓室南侧，呈排状分布，包括釉陶瓿 4 件，印纹硬陶罍、釉陶钵和釉陶纺轮各 3 件，釉陶壶、釉陶罐和釉陶璧各 2 件，釉陶盆和釉陶熏炉各 1 件。

釉陶壶　2 件

M60：1，喇叭口，方唇，束颈，弧肩，上腹圆鼓，下腹弧收，平底，高圈足外撇。肩部附

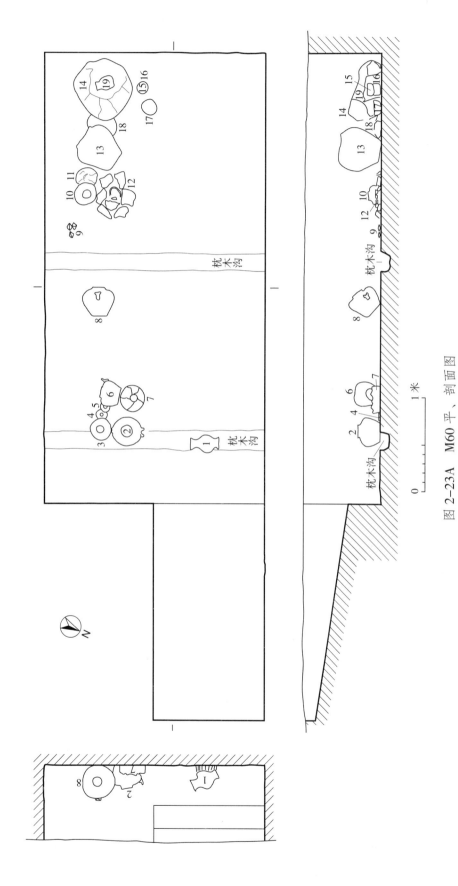

图 2-23A　M60 平、剖面图

1、19. 釉陶壶　2、3、6、8. 釉陶瓿　4、5. 釉陶璧　7. 釉陶熏炉　9. 釉陶纺轮（3件）　10、11. 釉陶罐　12~14. 印纹硬陶罍　15~17. 釉陶钵　18. 釉陶盆

对称半环耳一对，主体饰叶脉纹，耳上、下两端饰鬼眼纹。肩至上腹饰三组弦纹，弦纹间饰水波纹。红褐胎。耳为模制，其余部位为轮制。口部、肩部及上腹部覆釉，脱釉严重。口径11.8、腹径21、足径12、高27.6厘米。（图2-23B、2-23D；彩版五八，3）

M60：19，残碎。

釉陶罐 2件。红胎。内、外部均有轮制痕迹。脱釉。

M60：10，直口微侈，方唇，矮束颈，弧肩，鼓腹，平底微凹。上腹饰六道细弦纹。口径11.2、腹径22.3、底径12.8、高16.8厘米。（图2-23B；彩版五九，1）

M60：11，残碎。

釉陶瓿 4件。方唇，矮颈，广弧肩，鼓腹，平底内凹，底部附三个矮瓦足。肩部附对称铺首耳一对，耳上翘，高于口唇。耳为模制，其余部位为轮制。

M60：2，直口微侈。肩及上腹饰五组弦纹，上三组弦纹间饰戳印篦点纹，下三组弦纹间饰水波纹。耳上部饰人面纹，下部饰栉齿纹。口沿至肩部覆釉，脱釉严重。口径11.8、腹径32.4、底径18、高25厘米。（图2-23B、2-23D；彩版六〇，1）

M60：3，直口。肩及上腹饰五组弦纹，上三组弦纹间饰戳印篦点纹，下三组弦纹间饰水波纹。耳上部饰四脚蛇纹及方格斜线圆点纹，下部饰栉齿纹。口沿至肩部覆釉，脱釉严重。口径9.2、腹径24、底径14.8、高18厘米。（图2-23B、2-23D；彩版六〇，2）

M60：6，直口。肩及上腹饰三组弦纹，第一、二组弦纹间饰竖线状篦点纹。耳主体饰人面纹，下饰栉齿纹。口沿至肩部覆釉，有流釉现象，少部分釉面脱落。口径10.8、腹径28.8、底径15.3、高22.8厘米。（图2-23B；彩版六一，1）

M60：8，直口。肩及上腹饰四组弦纹，上组弦纹间饰篦点纹，中组弦纹间饰水波纹、篦点纹，下组弦纹间饰水波纹。耳主体饰人面纹，下部饰栉齿纹。口沿至肩部覆釉，有流釉现象，釉面少部分脱落。口径14、腹径40、底径20.4、高31.2厘米。（图2-23B；彩版六一，2）

印纹硬陶罍 3件。两件为方唇，矮颈，广弧肩，上腹圆鼓，下腹弧收，腹的最大径偏上，平底微凹。肩至下腹部满饰席纹。红褐陶。轮制。肩至上腹部覆釉，脱釉严重。另一件残碎。

M60：13，直口微敞。肩至腹部饰四组弦纹。口径23.5、腹径52、底径23、高42.8厘米。（图2-23B、2-23D；彩版六二，1）

M60：14，直口微敛。上腹部饰有三组弦纹。口径23.6、腹径56.4、底径21.3、高48.3厘米。（图2-23B；彩版六二，2）

M60：12，残碎。

釉陶盆 1件。

M60：18，盘口，方唇，上腹较直，下腹内收，平底。盘口内塑一半圆立耳，耳饰绳索纹。下腹饰细弦纹。红褐胎。轮制。内、外壁有釉，脱釉严重。口径24、腹径21、底径10.6、高12.6厘米。（图2-23C；彩版五九，2）

釉陶钵 3件。敛口，方唇，弧腹，平底内凹。腹部饰弦纹。红褐胎。轮制。

M60：15，内壁有釉，脱釉严重。口径12.3、腹径12.9、底径8.2、高6.3厘米。（图2-23C；彩版五九，3）

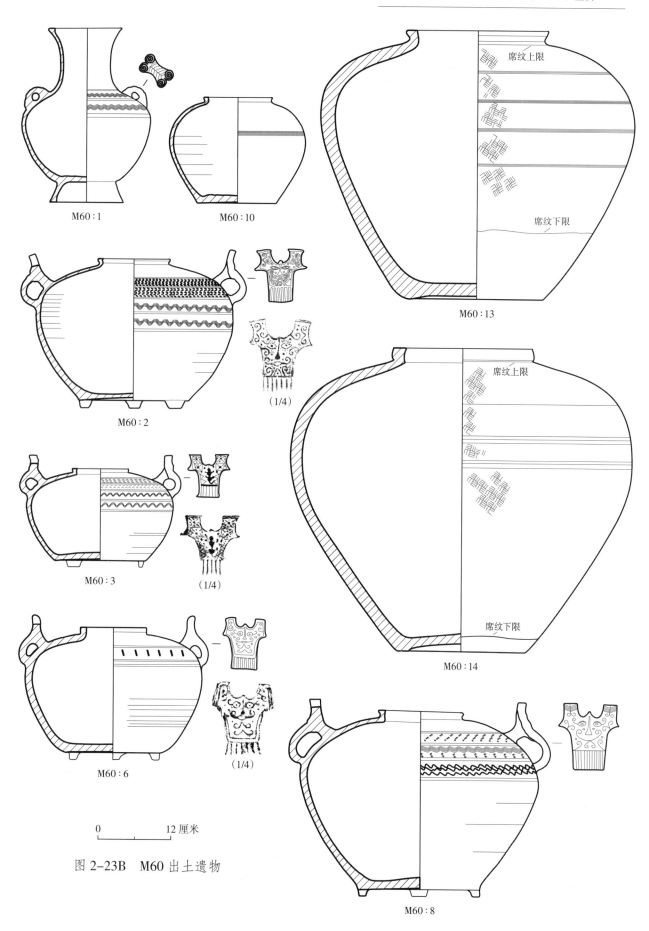

M60:1

M60:10

M60:2

(1/4)

M60:3

(1/4)

M60:6

(1/4)

M60:13

席纹上限

席纹下限

M60:14

席纹上限

席纹下限

M60:8

0 ⎯⎯⎯ 12 厘米

图 2-23B　M60 出土遗物

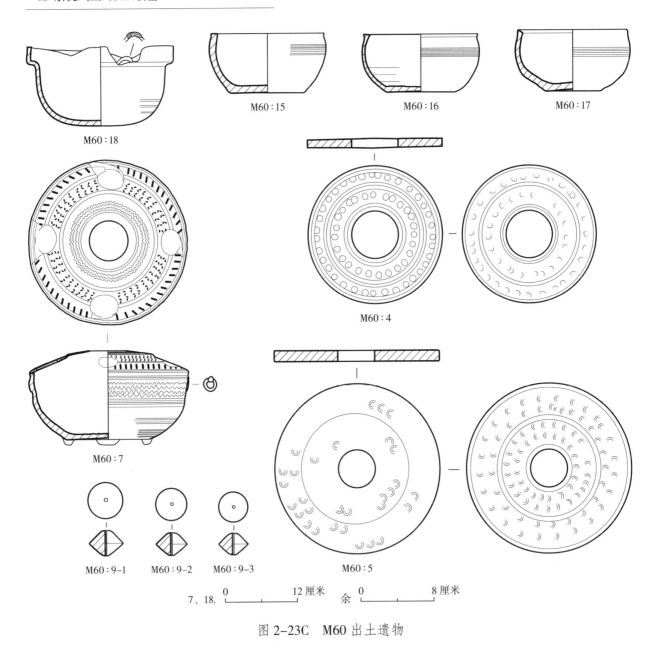

图 2–23C   M60 出土遗物

M60：16，内、外壁有青釉，脱釉严重。口径 12.4、腹径 12.7、底径 7.2、高 6.1 厘米。（图
2–23C；彩版五九，4）

M60：17，内底、口沿、器身上部覆釉，脱釉严重。口径 12、腹径 12.6、底径 5.9、高 6.5 厘米。
（图 2–23C；彩版五九，5、6）

釉陶熏炉   1 件。

M60：7，盖与器身合为一体。丘形盖，盖顶中间为圆孔，盖身有四个圆形镂孔。器身斜直腹
内收，上腹部贴塑对称环耳一对，平底，底部附三个小瓦足。盖上饰四组弦纹，弦纹间由上而下
饰水波纹、"八"字形戳印篦点纹和竖线状篦点纹，器身饰两组弦纹，弦纹间饰水波纹。红褐胎。
轮制。盖与器身内、外壁覆釉，脱釉严重。盖顶孔径 6、器身直径 25.9、底径 14、高 15 厘米。（图
2–23C、2–23D；彩版六三，1）

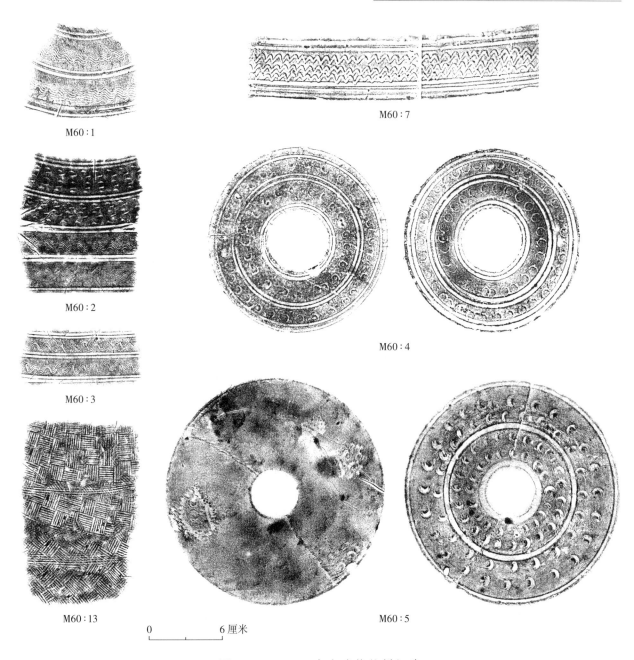

M60：1

M60：7

M60：2

M60：3

M60：13

M60：4

M60：5

0　　　　6厘米

图 2-23D　M60 出土遗物纹样拓片

釉陶璧　2 件。圆饼形，中间有孔。红褐胎。通体覆青釉，局部脱釉。反面有垫烧痕迹。

M60：4，正、反面各饰三组弦纹，弦纹间饰单圆圈纹。直径 14.7、孔径 5、厚 0.9 厘米。（图 2-23C、2-23D；彩版六三，2）

M60：5，正、反面各饰三组弦纹，弦纹间饰双圆圈纹。直径 18、孔径 4、厚 1~1.2 厘米。（图 2-23C、2-23D；彩版六三，3）

釉陶纺轮　一组 3 件。

M60：9，三件形制一致，尺寸有区别。形似两个圆锥上下扣合在一起，中间有穿孔。表面覆釉，脱釉严重。轮制。直径 3.3~3.8、高 2.5~3 厘米。（图 2-23C；彩版五八，2）

M61

M61 位于凤凰山北坡中部，长方形竖穴土坑墓，方向 43°。墓底距地表 2.2 米，墓室开口于表土层下，打破生土层。墓室长 3.5、宽 1.8、深 1.5 米。墓室壁竖直，底部平坦，裸露黄褐色生土。（图 2-24A；彩版六四，1）

墓内填土为五花土，土质较松软。未见人骨、葬具痕迹。出土随葬品 11 件，位于墓室东北角及西侧，包括釉陶罐 5 件、釉陶纺轮 3 件、印纹硬陶罍 2 件、釉陶壶 1 件。

釉陶壶 1 件。

M61：11，喇叭口，斜方唇，束颈，弧肩，斜直腹，平底，圈足。肩部饰一道弦纹。肩部附对称半环耳一对，耳主体饰叶脉纹。夹砂灰胎。耳为手制，其余部位为轮制，内、外壁均有轮制痕迹。口沿、颈部、上腹部、内底覆釉，脱釉严重。口径 9.7、腹径 21、足径 10.1、高 21.3 厘米。（图 2-24B；彩版六四，2）

釉陶罐 5 件。平底微凹。肩部附对称半环耳一对，耳主体饰叶脉纹。夹砂红胎。耳为手制，其余部位为轮制，内、外壁均有轮制痕迹。脱釉。

M61：1，直口微侈，斜方唇，束颈，弧肩，鼓腹。肩部饰一道弦纹。口径 10.4、腹径 20.4、底径 13.3、高 17.4 厘米。（图 2-24B；彩版六五，1）

M61：3，直口微侈，方唇，束颈，弧肩，鼓腹。肩部饰一道弦纹。口径 9.6、腹径 21.6、底径 13.1、高 18.2 厘米。（图 2-24B；彩版六五，2）

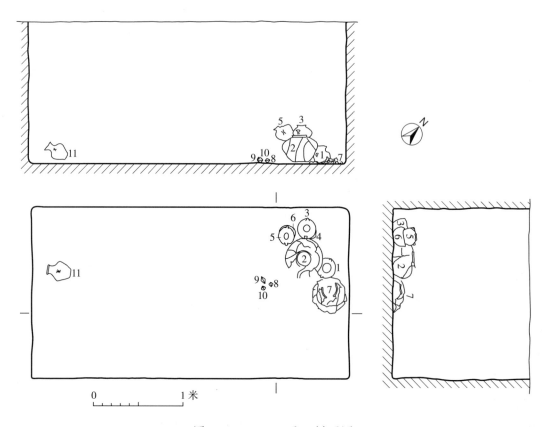

0   1 米

图 2-24A　M61 平、剖面图

1、3~6. 釉陶罐　2、7. 印纹硬陶罍　8~10. 釉陶纺轮　11. 釉陶壶

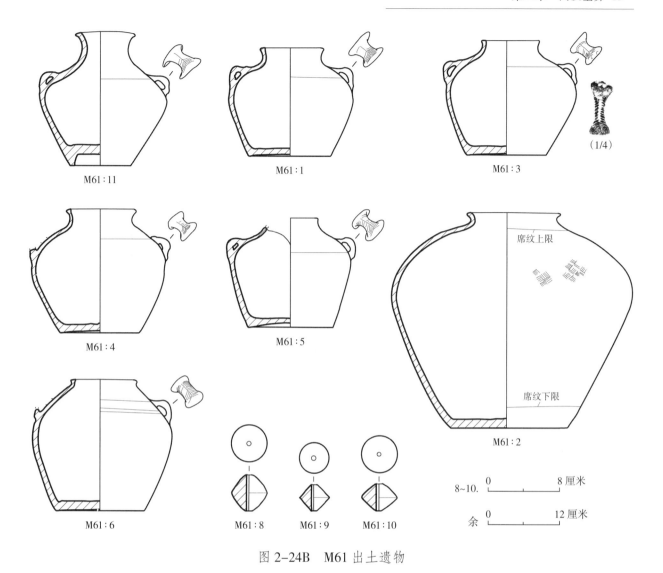

图 2-24B　M61 出土遗物

　　M61：4，侈口，斜方唇，束颈，弧肩，鼓腹。肩部饰一道弦纹。口径 11.5、腹径 22.1、底径 13.1、高 19.8 厘米。（图 2-24B；彩版六五，3）

　　M61：5，直口微侈，方唇，束颈，弧肩，斜直腹。肩部饰一道弦纹。腹径 19.7、底径 13.8、高 17.4 厘米。（图 2-24B；彩版六五，4）

　　M61：6，敛口，斜方唇，短束颈，斜直肩，鼓腹。肩部饰三道弦纹。口径 11、腹径 23、底径 14.7、高 21 厘米。（图 2-24B；彩版六五，5）

　　印纹硬陶罍　2 件。

　　M61：2，敞口，方唇，矮束颈，弧肩，斜直腹，平底。器身外满饰席纹。夹砂红陶。手制，内壁有明显指窝、拳窝痕迹。脱釉。口径 15.6、腹径 39.7、底径 19.3、高 34.2 厘米。（图 2-24B；彩版六四，3）

　　M61：7，残碎。

　　釉陶纺轮　3 件。一枚稍大，两枚较小，形似两个圆锥上下扣合在一起，中间有穿孔。脱釉。

　　M61：8，直径 3.9、高 3.9 厘米。（图 2-24B；彩版六四，4）

M61：9，直径 3.3、高 2.8 厘米。（图 2-24B；彩版六四，5）

M61：10，直径 3.8、高 2.9 厘米。（图 2-24B；彩版六四，6）

M62

M62 位于凤凰山北坡中部，长方形竖穴土坑墓，方向 50°。墓底距地表 1.2 米，墓室开口于表土层下，打破生土层。墓室长 3.6、宽 1.6、深 1.2 米。墓室壁竖直，底部平坦，裸露黄褐色生土。（图 2-25A；彩版六六，1）

墓内填土为青膏泥，呈青灰色，结构致密，块状黏土。未见人骨、葬具痕迹。出土随葬品 7 件，位于墓室西端，包括釉陶羊角形器 3 件，釉陶壶、釉陶罐、釉陶瓿和印纹硬陶罍各 1 件。

釉陶壶 1 件。

M62：4，敞口，圆唇，束颈，弧肩，上腹圆鼓，下腹弧收，平底，高圈足外撇。肩部附对称半环耳一对，耳饰叶脉纹。肩及上腹饰三组弦纹，弦纹间饰水波纹。红褐胎。耳为模制，其余部位为轮制。口部、肩部及上腹部覆釉，脱釉严重。口径 11.8、腹径 19.2、足径 11.4、高 27 厘米。（图 2-25B；彩版六六，2）

釉陶罐 1 件。

M62：1，直口微侈，方唇，矮束颈，弧肩，斜直腹，平底微凹。腹部饰三组弦纹。夹砂红陶。轮制。脱釉。口径 12、腹径 24.6、底径 12.6、高 21.4 厘米。（图 2-25B；彩版六七，1）

釉陶瓿 1 件。

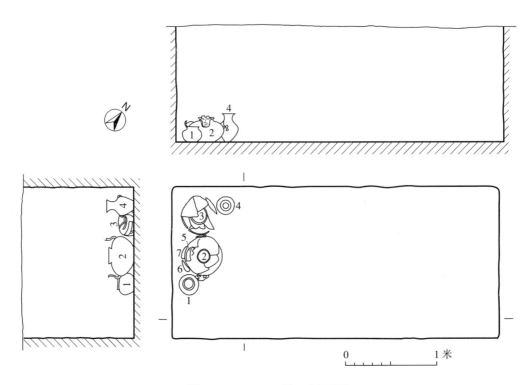

图 2-25A　M62 平、剖面图

1. 釉陶罐　2. 釉陶瓿　3. 印纹硬陶罍　4. 釉陶壶　5~7. 釉陶羊角形器

M62：2，直口微侈，方唇，矮颈，弧肩，上腹圆鼓，下腹斜收，平底内凹，底部附三个矮瓦足。肩部附对称铺首耳一对，一耳残缺，耳饰兽面纹。肩及上腹饰五组弦纹，弦纹间自上而下饰一组水波纹、两组戳印纹、一组篦点纹、一组篦点纹和水波纹。耳为模制，足为手制，其余部位为轮制，内、外壁均有轮制痕迹。口部、肩部及上腹部覆釉，脱釉严重。口径15.3、腹径43.8、底径23.5、高33厘米。（图2-25B；彩版六七，3）

印纹硬陶罍 1件。

M62：3，直口微敛，方唇，矮束颈，弧肩，上腹微鼓，下腹斜收，平底。通体拍印席纹。红褐陶。轮制。脱釉。口径18.6、腹径44.5、底径14、高39厘米。（图2-25B；彩版六七，2）

釉陶羊角形器 3件。角状，平底。下部饰一周双圆圈纹。红褐胎。器身通体覆釉，脱釉严重。

M62：5，底径4.6、高11.5厘米。（图2-25B；彩版六六，3）

M62：6，底径4.6、高12.2厘米。（图2-25B；彩版六六，4）

M62：7，底径4.4、高11厘米。（图2-25B；彩版六六，5）

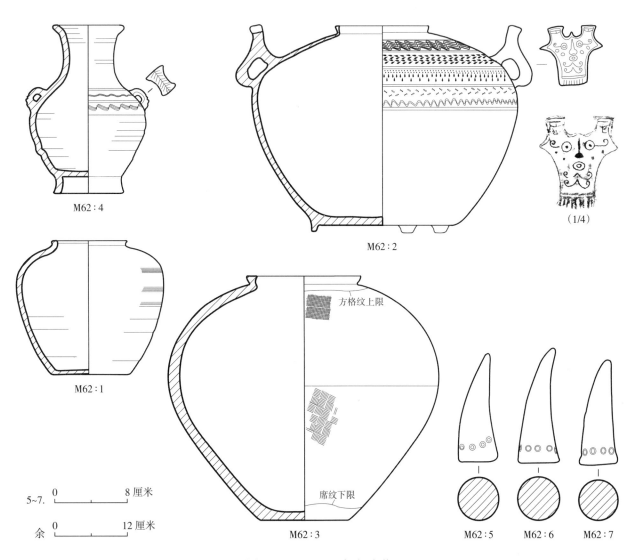

图 2-25B M62 出土遗物

M70

M70 位于凤凰山北坡西部，刀把形竖穴土坑墓，方向 74°。墓底距地表 1.56 米，墓室开口于表土层下，打破生土层。由墓道和墓室组成。墓道位于墓室东侧，底部呈斜坡状，长 2.6、宽 1.6、深 1~1.55 米。墓室为长方形，长 4.5、宽 2.52、深 1.55 米。墓室壁竖直，底部平坦。（图 2-26A；彩版六八，1）

墓内填土为青膏泥，呈青灰色，结构致密，块状黏土，内含烧土块、炭屑、植物根系及白蚁巢穴。未见人骨、葬具痕迹。出土随葬品 17 件，主要位于墓室西南角及中南部，呈排状分布，包括釉陶罐 7 件，釉陶钵 4 件，釉陶瓿 2 件，釉陶鼎、釉陶壶、釉陶盆和釉陶纺轮各 1 件。

釉陶鼎 1 件。

M70：10，近口部残缺，直腹，底部向下凸，中心平，下腹部附三个兽蹄形足，足内侧为空心。沿上饰一圈几何形附加堆纹。夹砂灰胎。手制，内壁有明显指窝痕迹。脱釉。腹径 29.5、残高 17.1 厘米。（图 2-26B、2-26C；彩版六八，2）

釉陶壶 1 件。

M70：9，敞口，方唇，束颈，弧肩，鼓腹，平底，圈足。肩及上腹饰三组弦纹，弦纹间饰水波纹。肩部附对称半环耳一对，耳主体饰叶脉纹，上、下饰鬼眼纹。灰白胎。耳为手制，其余部位为轮制。内底、口沿及口沿内壁、外壁颈至上腹部覆青釉，玻化程度好，有流釉现象。口径 10.2、腹径 16.2、足径 10.1、高 19.3 厘米。（图 2-26B；彩版六八，3）

釉陶罐 7 件。

三件直口。方唇，矮颈。

M70：2，弧肩，鼓腹，平底微凹。肩部附对称半环耳一对，耳饰叶脉纹。腹中下部饰凹弦纹。夹砂灰胎。耳为手制，其余部位为轮制。口沿、肩部、上腹部及内底覆釉，脱釉严重。口径 8、腹径 18.8、底径 10.1、高 15.1 厘米。（图 2-26B；彩版六九，1）

M70：6，弧肩，上腹凸鼓，下腹弧收，平底微凹。素面。红胎。轮制。脱釉。口径 12.4、腹径 26.9、底径 13.6、高 21.6 厘米。（图 2-26B；彩版六九，2）

M70：1，口局部残缺。溜肩，鼓腹，平底微凹。灰胎。轮制。口沿、上腹部及内底覆釉，脱釉严重。底径 12.4、高 20.1 厘米。（图 2-26B；彩版六九，3）

两件侈口。方唇，束颈明显，弧肩，鼓腹。肩部附对称半环耳一对，耳饰叶脉纹。夹砂灰胎。耳为手制，其余部位为轮制。口沿、肩部、上腹部及内底覆釉，脱釉严重。

M70：4，平底微凹。上腹饰两道弦纹。口径 9.5、腹径 18.1、底径 10.2、高 14.3 厘米。（图 2-26B；彩版六九，4）

M70：17，平底。口径 11、腹径 20.4、底径 13.1、高 14.9 厘米。（图 2-26B；彩版七〇，1）

两件直口微敛，方唇，矮颈，弧肩，平底。灰胎。轮制。口沿、肩部、上腹部、内底覆釉，脱釉严重。

M70：7，鼓腹。肩与上腹饰两组弦纹。口径 10.4、腹径 21、底径 14.8、高 11.1 厘米。（图 2-26B；彩版七〇，2）

M70：8，上腹微鼓，下腹弧收。口径 9.9、腹径 16.8、底径 10.6、高 13.1 厘米。（图

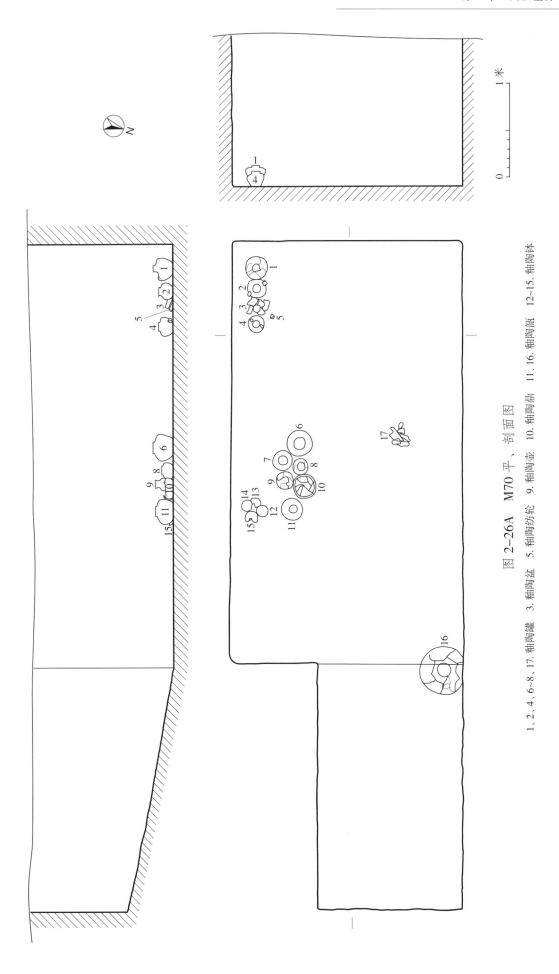

图 2-26A M70 平、剖面图

1、2、4、6~8、17. 釉陶罐 3. 釉陶盆 5. 釉陶纺轮 9. 釉陶壶 10. 釉陶鼎 11、16. 釉陶瓿 12~15. 釉陶钵

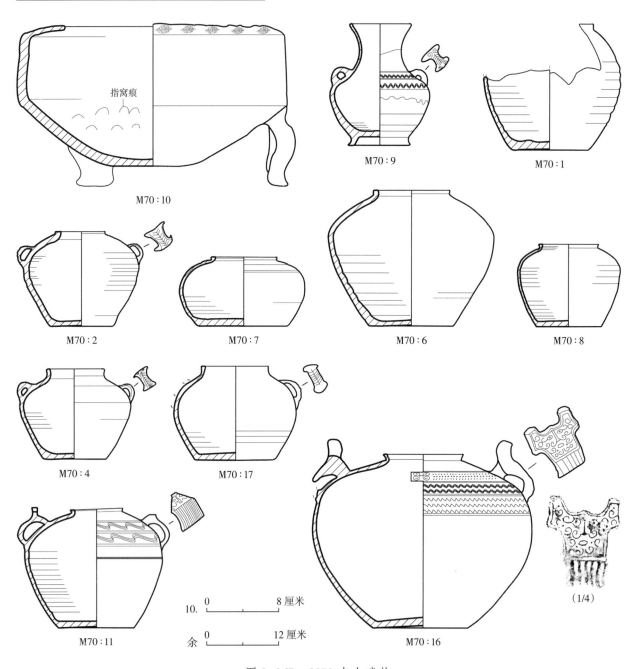

图 2-26B M70 出土遗物

2-26B；彩版七〇，3）

釉陶瓿 2件。方唇，矮颈，弧肩，鼓腹，平底微凹。灰白胎。耳为手制，其余部位为轮制。

M70：11，直口微侈。肩及上腹饰三组弦纹，弦纹间饰水波纹，腹中下部饰一组细密弦纹。肩部附对称铺首耳一对，耳上部饰人面纹，下部饰栉齿纹。口沿、肩部及上腹部覆釉，脱釉严重。口径 8.7、腹径 22.6、底径 12.3、高 18.8 厘米。（图 2-26B；彩版七一，1）

M70：16，侈口。肩及上腹饰四组弦纹，上部弦纹间饰戳印篦点纹，中部弦纹间饰两组细密水波纹，下部弦纹间饰三道疏松水波纹。肩部附对称铺首耳一对，耳上翘，高于口唇，耳上部饰人面纹，下部饰栉齿纹。肩部前后贴塑卷云状铺首一对。口沿、颈部及上腹部覆釉，玻化程度好。

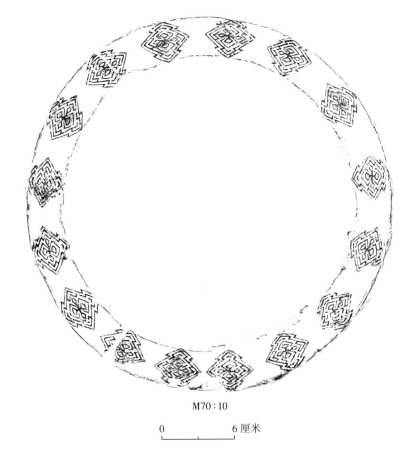

M70:10

0 _____ 6 厘米

图 2-26C　M70 出土遗物纹样拓片

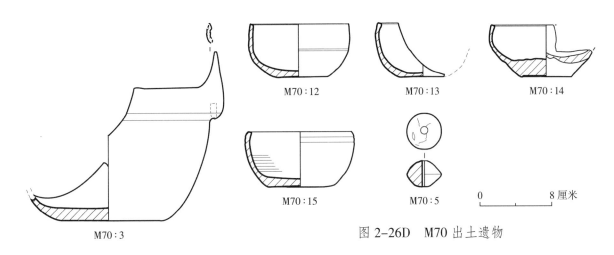

M70:3

M70:12　　　M70:13　　　M70:14

M70:15　　　M70:5

0 _____ 8 厘米

图 2-26D　M70 出土遗物

口径 13、腹径 35.9、底径 15.4、高 30 厘米。（图 2-26B；彩版七一，2）

釉陶盆　1 件。

M70:3，器身残，剩约三分之一，口至底均有保存。盘口，斜方唇，斜弧腹，平底。唇上竖起扇状立耳一对，盘口内塑"n"形耳一对。夹砂灰胎。轮制。脱釉。底径 11.4、残高 18 厘米。（图 2-26D）

釉陶钵　4 件。

M70：12，直口微敛，方唇，弧腹，平底微凹。腹部饰两道弦纹。红胎。轮制。脱釉。口径10.8、底径5.6、高5.6厘米。（图2-26D；彩版七〇，4）

M70：13，残。敛口，平底。（图2-26D）

M70：14，局部残缺。敛口，方唇，弧腹，平底内凹。口部饰两组弦纹。红胎。内、外壁均有轮制痕迹。内底、口沿覆釉，脱釉严重。底径5.6、高5.6厘米。（图2-26D；彩版七〇，5）

M70：15，敛口，方唇，弧腹，平底微凹。口部饰两道弦纹。夹砂灰胎。轮制。口沿至内底覆釉。口径11.2、底径7.2、高5.9厘米。（图2-26D；彩版七〇，6）

釉陶纺轮　1件。

M70：5，形似两个圆锥上下扣合在一起，中间有孔。上、下均有较深刻划痕迹。灰胎。一侧覆釉。直径3.8、高2.8厘米。（图2-26D；彩版七〇，7）

M71

M71位于凤凰山北坡中部，长方形竖穴土坑墓，方向70°。墓底距地表1~1.3米，墓室开口于表土层下，打破生土层。墓室长4、宽1.6~1.84、深0.8米。墓室壁竖直，底部平坦，裸露黄褐色生土。（图2-27A；彩版七二，1）

墓内填土为五花土，土质较松软。未见人骨、葬具痕迹。出土随葬品9件，位于墓室中部，包括釉陶钵和釉陶瓿各2件，印纹硬陶罍、釉陶罐、釉陶卮、釉陶器盖和釉陶壶各1件。

釉陶壶　1件。

M71：8，口部及颈部残缺。溜肩，上腹圆鼓，下腹弧收，平底，高圈足外撇。肩及上腹饰三组细弦纹，弦纹间饰水波纹。肩部附对称半环耳一对，耳主体饰叶脉纹，上、下端饰鬼眼纹。脱釉。

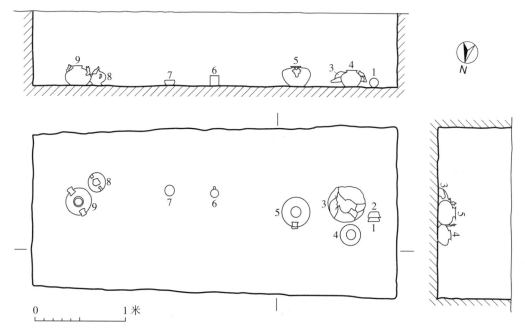

图 2-27A　M71平、剖面图

1.釉陶器盖　2、7.釉陶钵　3.印纹硬陶罍　4.釉陶罐　5、9.釉陶瓿　6.釉陶卮　8.釉陶壶

腹径 20.8、足径 11.1、残高 18.9 厘米。（图 2-27B；彩版七二，2）

釉陶罐　1 件。

M71：4，口部残缺。矮束颈，弧肩，鼓腹，平底微凹。肩及上腹饰两组细弦纹。红褐胎。内、外壁均有轮制痕迹。脱釉。腹径 21、底径 12.4、残高 15.8 厘米。（图 2-27B；彩版七三，1）

釉陶瓿　2 件。直口，方唇，矮颈，广肩，上腹圆鼓，下腹弧收，平底微凹，底部附三个小瓦足。肩部附对称铺首耳一对，耳上翘，高于口唇。红褐胎。

M71：5，一耳残缺。耳上部饰兽面纹，下部饰栉齿纹。肩及上腹饰四组弦纹，弦纹间由上至

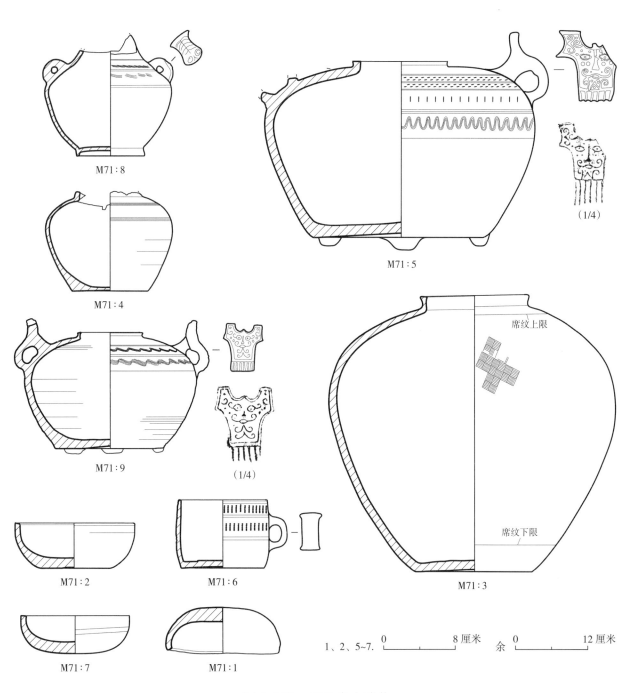

图 2-27B　M71 出土遗物

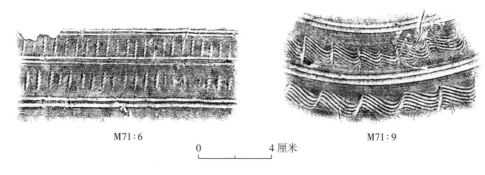

图 2-27C　M71 出土遗物纹样拓片

下分别饰篦点纹、竖线状篦点纹及水波纹。耳为模制，足为手制，其余部位为轮制。肩部及腹部覆釉，脱釉严重。口径 10.5、腹径 30、底径 18.8、高 23.2 厘米。（图 2-27B；彩版七四，1）

M71:9，肩部饰三组凹弦纹，弦纹间饰水波纹。耳上部饰人面纹，下部饰栉齿纹。夹砂灰胎。耳为手制，其余部位为轮制，内、外壁均有轮制痕迹。脱釉。口径 10.8、腹径 28.4、底径 18、高 21 厘米。（图 2-27B、2-27C；彩版七四，2）

印纹硬陶罍　1 件。

M71:3，直口，方唇，矮颈，广弧肩，上腹圆鼓，下腹弧收，平底微凹。肩部至下腹部满饰席纹。灰陶。轮制。脱釉。口径 18、腹径 47.3、底径 19.4、高 43.7~44.1 厘米。（图 2-27B；彩版七三，2）

釉陶卮　1 件。

M71:6，直口，圆唇，直腹，平底微凹。杯身饰三组弦纹，弦纹间饰竖线状篦点纹。腹中部附一半环耳，耳素面。红褐胎。耳为模制，其余部位为轮制。脱釉。口径 9.6、底径 9、高 7.1 厘米。（图 2-27B、2-27C；彩版七三，3）

釉陶钵　2 件。敛口，方唇，鼓腹，平底。轮制。脱釉。

M71:2，素面。红胎。口径 13.1、底径 8、高 4.8 厘米。（图 2-27B；彩版七二，3）

M71:7，腹部饰两道弦纹。灰白胎。口径 12、底径 7、高 3.9 厘米。（图 2-27B；彩版七二，4）

釉陶器盖　1 件。

M71:1，覆钵形。平顶，敛口，方唇，弧腹。红胎。脱釉。口径 12.5、底径 12、高 5 厘米。（图 2-27B；彩版七三，4）

M72

M72 位于凤凰山山顶北坡中部，长方形竖穴土坑墓，方向 63°。墓底距地面 1.1~1.5 米，墓室开口于表土层下，打破生土层。墓室长 3.56、宽 1.4、深 0.8 米。墓室壁竖直，底部平坦，裸露黄褐色生土。（图 2-28A；彩版七五，1）

墓内填土为五花土。未见人骨、葬具痕迹。出土随葬品 8 件，位于墓室西部。包括釉陶罐 3 件、印纹硬陶罍和釉陶钵各 2 件、釉陶鼎 1 件。

釉陶鼎　1 件。

M72:1，鼎身呈圆形。子口内敛，圆唇，弧腹，平底，下腹附三个蹄足。鼎腹中部有一凸

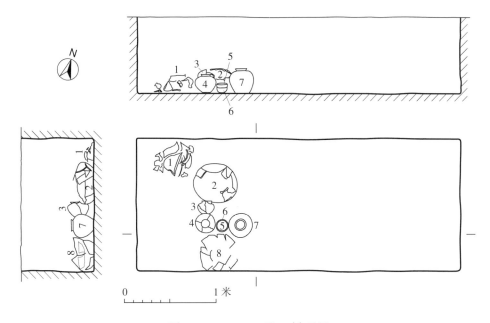

图 2-28A　M72 平、剖面图

1. 釉陶鼎　2、8. 印纹硬陶罍　3、4、7. 釉陶罐　5、6. 釉陶钵

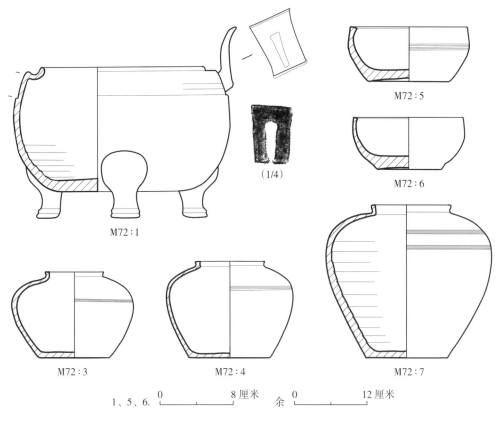

图 2-28B　M72 出土遗物

棱，口沿附两立耳，耳上薄下厚，稍外撇，耳中部有一圆角方形孔。夹砂灰胎。耳、足为手制，器身为轮制。口部至凸棱及足上部覆釉，脱釉严重。内壁近底处有烧结起泡现象。口径 17.6、腹径 23.6、底径 13.6、高 20.4 厘米。（图 2-28B；彩版七五，2）

釉陶罐 3 件。直口微敞，方唇，短束颈，平底。夹砂红陶。轮制。脱釉。

M72：3，弧肩，鼓腹。肩部饰一组凹弦纹。口径 9.6、腹径 20、底径 11.6、高 13.8 厘米。（图 2-28B；彩版七六，1）

M72：4，弧肩，鼓腹。肩部饰一组凹弦纹。口径 11.3、腹径 20.7、底径 13.2、高 15.3 厘米。（图 2-28B；彩版七六，2）

M72：7，鼓肩，深弧腹。肩部饰两组凹弦纹，外底中部凸起一道圆圈纹。口径 13.4、腹径 27.5、底径 13.5、高 24.4 厘米。（图 2-28B；彩版七六，3）

印纹硬陶罍 2 件。

M72：2、M72：8，均残碎。

釉陶钵 2 件。敛口，方唇，鼓腹，平底微凹。夹砂红胎。轮制。脱釉。

M72：5，腹部饰一组凹弦纹。口径 12.8、底径 8.8、高 5.7 厘米。（图 2-28B；彩版七五，3）

M72：6，口径 12.3、底径 7.2、高 5.5 厘米。（图 2-28B；彩版七五，4）

M74

M74 位于凤凰山山顶北坡，长方形竖穴土坑墓，方向 52°。墓底距地表 1.6 米，墓室开口于表土层下，打破生土层。墓室长 3.7、宽 1.6、深 0.8 米。墓室壁竖直，底部平坦，裸露黄褐色生土。（图 2-29A；彩版七七，1）

墓内填土为五花土，土质松软。未见人骨、葬具痕迹。出土随葬品 7 件，位于墓室西部，包括釉陶罐和釉陶钵各 3 件、釉陶瓿 1 件。

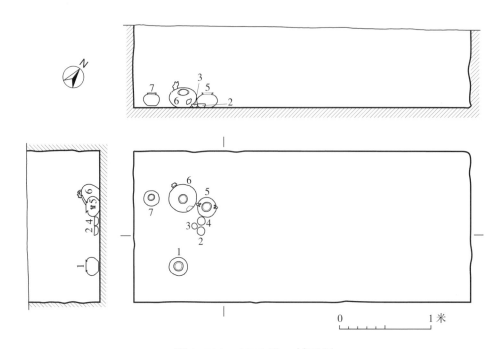

图 2-29A　M74 平、剖面图

1、5、7. 釉陶罐　2~4. 釉陶钵　6. 釉陶瓿

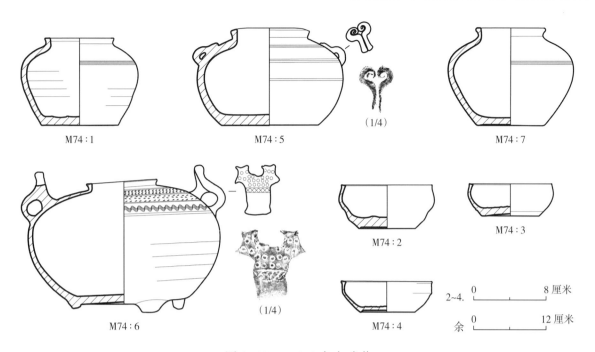

图 2-29B　M74 出土遗物

釉陶罐　3 件。直口微敞，方唇，短束颈，弧肩。脱釉。

M74:1，斜弧腹，平底。肩部饰一组凹弦纹。夹砂红陶。轮制。口径 11.5、腹径 19.2、底径 12.6、高 13.8 厘米。（图 2-29B；彩版七七，2）

M74:5，鼓腹，平底。肩及上腹饰三组凹弦纹。肩部贴塑对称半环耳一对，耳上部饰鬼眼纹，中间有一道凹槽。夹砂灰胎。耳为手制，其余部位为轮制。上腹部、肩部及口沿覆釉，脱釉严重。口径 12.6、腹径 24、底径 15.6、高 15.6 厘米。（图 2-29B；彩版七七，3）

M74:7，斜弧腹，平底微凹。肩部饰一组凹弦纹。夹砂灰陶。轮制。口径 11.4、腹径 20.7、底径 11、高 15.6 厘米。（图 2-29B；彩版七七，4）

釉陶瓿　1 件。

M74:6，直口，方唇，广弧肩，鼓腹，平底微凹，底部附三个小瓦足。肩部饰四组弦纹，上三组弦纹间饰戳印篦点纹，下两组弦纹间饰水波纹。肩部附对称铺首耳一对，耳上部饰圆圈纹，下饰平行斜线纹。灰胎。耳、足为手制，其余部位为轮制。口沿、肩部、腹部及内底覆釉，脱釉严重。内壁有烧结起泡现象。口径 11.6、腹径 31.4、底径 19.5、通高 23.6 厘米。（图 2-29B；彩版七八，1）

釉陶钵　3 件。敛口，斜方唇，弧腹，平底微凹。夹砂灰胎。轮制，内、外壁均有轮制痕迹。内底、口沿覆釉，脱釉严重。

M74:2，口径 10、底径 6.2、高 4.6 厘米。（图 2-29B；彩版七八，2）

M74:3，近底部饰一道凹弦纹。口径 9.0、底径 6.2、高 3.4 厘米。（图 2-29B；彩版七八，3）

M74:4，口径 10、底径 6、高 3.3 厘米。（图 2-29B；彩版七八，4）

M75

M75 位于凤凰山北坡中部，刀把形竖穴土坑墓，方向 50°。墓底距地表 1.7 米，墓室开口于表土层下，打破生土层。由墓道和墓室组成。墓道长 1.1、宽 0.8、深 0.6~0.8 米。墓室主体长 2.8、宽 2.75、深 0.8 米。墓室壁竖直，底部平坦，裸露黄褐色生土。（图 2-30A；彩版七九，1）

墓内填土为五花土，土质松软。未见人骨、葬具痕迹。出土随葬品 26 件，位于墓室西北角，包括釉陶罐 13 件，印纹硬陶罍、釉陶钵和釉陶纺轮各 3 件，釉陶瓿 2 件，釉陶壶和釉陶熏炉各 1 件。

釉陶壶　1 件。

M75：6，喇叭口，方唇，细长束颈，鼓腹，平底，矮圈足。肩部饰两道弦纹，腹部饰四道弦纹。红褐胎。肩部、颈部及口沿内部覆釉，脱釉严重。口径 9.6、腹径 20.1、足径 11.3、高 22.4 厘米。（图 2-30B；彩版七九，2）

釉陶罐　13 件。红褐胎。

六件侈口。束颈，斜弧肩，弧腹，平底微凹。腹部饰弦纹。肩部、颈部及口沿内部覆釉。

M75：12，圆唇。口径 10.3、腹径 23、底径 12.4、高 21 厘米。（图 2-30B；彩版八〇，1）

M75：17，圆唇。底局部残缺。口径 10.5、腹径 22.4、底径 11.4、高 21 厘米。（图 2-30B；

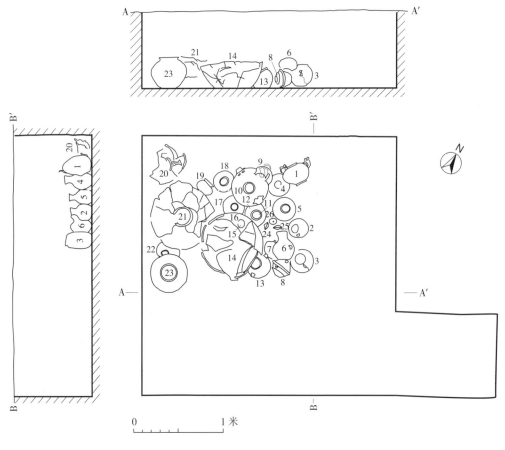

图 2-30A　M75 平、剖面图

1、10. 釉陶瓿　6. 釉陶壶　2~5、7、9、12、13、17~20、22. 釉陶罐　8. 釉陶熏炉　11、15、16. 釉陶钵　14、21、23. 印纹硬陶罍
24~26. 釉陶纺轮

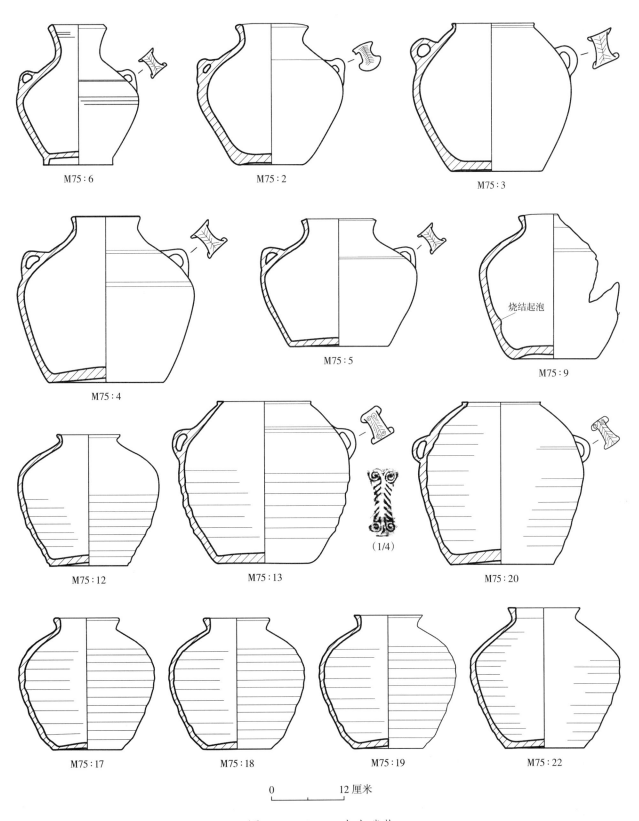

M75：6　　　M75：2　　　M75：3

M75：4　　　M75：5　　　M75：9　　烧结起泡

M75：12　　　M75：13　（1/4）　　M75：20

M75：17　　　M75：18　　　M75：19　　　M75：22

0　　　　　12厘米

图 2-30B　M75 出土遗物

彩版八〇，2）

M75：18，方唇。口径 11、腹径 22.2、底径 10.8、高 21.6 厘米。（图 2-30B；彩版八〇，3）

M75：19，圆唇。口径 10.4、腹径 22.4、底径 11.3、高 21.2 厘米。（图 2-30B；彩版八〇，4）

M75：22，方唇。口径 11.6、腹径 24.6、底径 13、高 22.4 厘米。（图 2-30B；彩版八〇，5）

M75：9，口局部残损。直口微敞，方唇，矮颈，鼓腹，平底内凹。肩部饰两道弦纹。轮制。覆青黄釉。腹径 25、底径 14、高 20.1 厘米。（图 2-30B；彩版八〇，6）

三件敞口。束颈，斜弧肩，弧腹，平底微凹。肩部附对称半环耳一对，耳主体饰叶脉纹。耳为模制，其余部位为轮制。局部覆釉，脱釉严重。

M75：2，圆唇。肩部饰一道弦纹。口径 12、腹径 24、底径 11.2、高 22.6 厘米。（图 2-30B；彩版八一，1）

M75：4，圆唇。肩及上腹饰两组弦纹。口径 11.4、腹径 29.1、底径 18.6、高 26.4 厘米。（图 2-30B；彩版八一，2）

M75：5，方唇。肩部饰两道弦纹。口径 12、腹径 25.8、底径 16.2、高 20.4 厘米。（图 2-30B；彩版八一，3）

两件敛口。方唇，矮束颈，球腹。肩部附对称半环耳一对，耳主体饰叶脉纹。

M75：13，平底。耳上、下部饰鬼眼纹。肩部饰三道弦纹，下腹部饰弦纹。肩部覆釉，脱釉严重。口径 15、腹径 28.5、底径 15、高 25.8 厘米。（图 2-30B；彩版八二，1）

M75：20，平底内凹。耳上部饰鬼眼纹。肩部饰两道弦纹，下腹部饰弦纹。脱釉。口径 12.9、腹径 27.4、底径 17.1、高 25.8 厘米。（图 2-30B；彩版八二，2）

一件直口。

M75：3，方唇，矮颈，鼓腹，平底微凹。肩部附对称半环耳一对，耳饰叶脉纹。脱釉。口径 13.8、腹径 26.4、底径 15、高 23.8 厘米。（图 2-30B；彩版八二，3）

一件残碎，为 M75：7。

釉陶瓿 2件。直口微侈，方唇，矮束颈，广肩，鼓腹，下腹弧收。肩部附对称铺首耳一对，耳上翘，高于口唇。耳上部饰兽面纹，下饰栉齿纹。红褐胎。耳为模制，足为手制，其余部位为轮制。肩及上腹部覆釉，脱釉严重。

M75：1，平底。腹部饰弦纹。口径 10.8、腹径 31.2、底径 13.8、高 23.2 厘米。（图 2-30C；彩版八三，1）

M75：10，平底内凹。肩部饰两组细弦纹。口径 12.3、腹径 38、底径 18.7、高 30.9 厘米。（图 2-30C；彩版八三，2）

印纹硬陶罍 3件。

M75：14、M75：21、M75：23，均残碎。

釉陶钵 3件。敛口。红褐胎。轮制。

M75：11，方唇，唇下内凹，鼓腹，平底微凹。内壁近底部饰弦纹。内壁覆釉。口径 11.9、底径 8.1、高 5.1 厘米。（图 2-30C；彩版八四，1）

M75：15，尖圆唇，弧腹，平底。内壁近底部饰两道弦纹。脱釉。口径 12、底径 8.5、高 5.7 厘米。

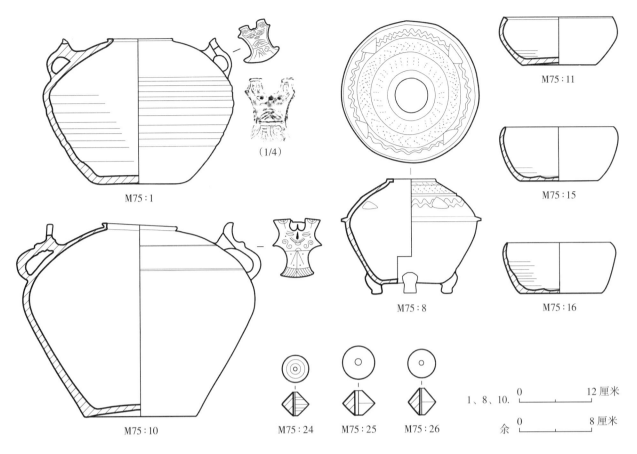

图 2-30C M75 出土遗物

（图 2-30C；彩版八四，2）

M75：16，尖唇，弧腹，平底。内壁中下部饰弦纹。脱釉严重。口径 11.2、底径 8.9、高 5.4 厘米。（图 2-30C；彩版八四，3）

釉陶熏炉 1 件。

M75：8，盖与器身合为一体。覆钵形盖，盖顶中间为圆孔，盖身有四个三角形镂孔。器身宽平沿，弧腹，平底，底部附三个兽足。盖上饰弦纹，弦纹间饰斜直线篦纹、折线篦纹和水波纹。红褐色胎。蹄足为手制，其余部位为轮制。盖身覆釉，脱釉严重。盖顶孔径 5.4、器身直径 22.8、底径 10.2、高 18 厘米。（图 2-30C、2-30D；彩版八四，4）

釉陶纺轮 3 件。形似两个圆锥上下扣合在一起，中间有穿孔。轮制。表面覆釉，脱釉严重。

M75：24，直径 2.9、高 2.5 厘米。（图 2-30C；彩版八四，5）

M75：25，直径 3.5、高 2.6 厘米。（图 2-30C；彩版八四，5）

M75：26，直径 3、高 2.8 厘米。（图 2-30C；彩版八四，5）

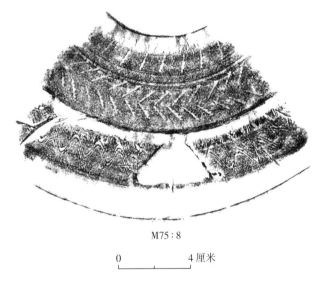

M75：8

图 2-30D M75 出土遗物纹样拓片

M76

M76 位于凤凰山山顶中部，长方形竖穴土坑墓，方向 161°。墓底距地表 1.1~1.7 米，墓室开口于表土层下，打破生土层。墓室长 3.4、宽 1.5、深 0.4 米。墓室壁竖直，底部平坦，裸露黄褐色生土。（图 2-31A；彩版八五，1）

墓内填土为五花土，土质松软。未见人骨、葬具痕迹。出土随葬品 10 件，位于墓室东部，包括釉陶壶 5 件、釉陶罐和釉陶瓿各 2 件，铜钱 1 组。

釉陶壶 5 件。

四件喇叭口。圆唇，束颈，弧肩，鼓腹，平底，圈足。颈部下端饰两道凹弦纹，弦纹间饰水波纹，腹部满饰弦纹。夹砂灰胎。耳为手制，其余部位为轮制，内、外壁均有轮制痕迹。

M76：1，口局部残损。肩部饰三组细弦纹。肩部贴塑对称半环耳一对，耳主体饰叶脉纹，上部饰鬼眼纹。口沿、颈部、上腹部及内底覆釉，釉面保存较好。口径 14、腹径 25.4、足径 12、高 33.4 厘米。（图 2-31B；彩版八五，2）

M76：2，肩部饰三组细弦纹。肩部贴塑对称半环耳一对，耳部主体饰叶脉纹，上部饰鬼眼纹。口沿、颈部、上腹部及内底覆釉，釉面保存较好。口径 14、腹径 25.4、足径 13.2、高 33 厘米。（图 2-31B；彩版八五，3）

M76：3，肩部饰两组细弦纹。肩部附对称半环耳一对，耳饰叶脉纹。口沿、颈部、上腹部及内底覆釉，脱釉严重。口径 10.5、腹径 18、足径 9.6、高 21.6 厘米。（图 2-31B；彩版八六，1）

M76：6，肩部饰两组细弦纹。肩部附对称半环耳一对，耳饰叶脉纹。口沿、颈部、上腹部及内底覆釉，脱釉严重。口径 12.8、腹径 22.8、足径 11.4、高 28.1 厘米。（图 2-31B；彩版八六，2）

一件敞口。

M76：4，圆唇，束颈，弧肩，鼓腹，平底，圈足。口部饰两道凹弦纹，弦纹间饰水波纹，颈部下端饰两道凹弦纹，弦纹间饰水波纹，肩部饰一道细弦纹，腹部满饰弦纹。肩部附对称半环

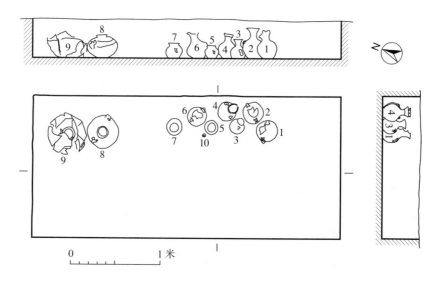

图 2-31A M76 平、剖面图

1~4、6. 釉陶壶　5、7. 釉陶罐　8、9. 釉陶瓿　10. 铜钱

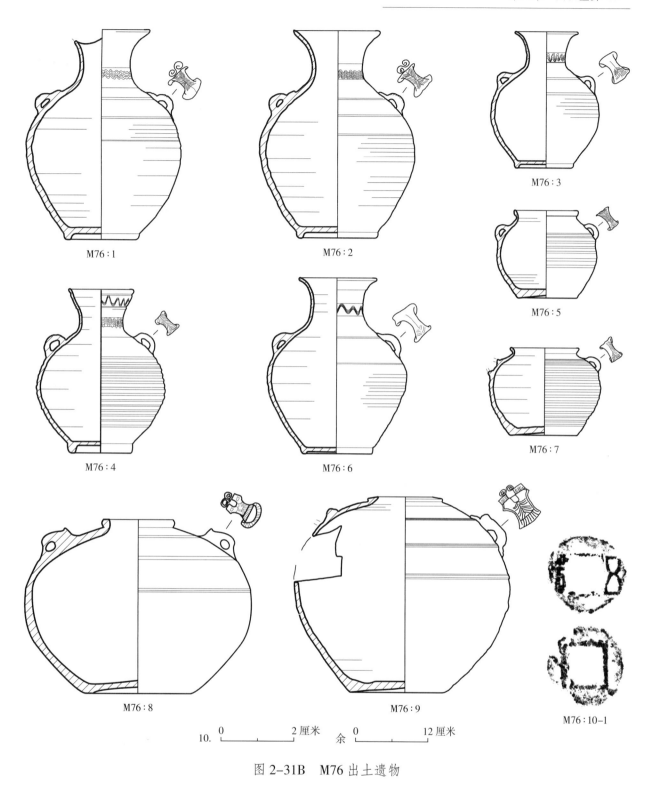

M76:1

M76:2

M76:3

M76:4

M76:5

M76:6

M76:7

M76:8

M76:9

M76:10-1

10.

0 　　　　2厘米

余

0 　　　　12厘米

图 2-31B　M76 出土遗物

耳一对，耳饰叶脉纹。夹砂灰胎，耳为手制，其余部位为轮制，内、外壁均有轮制痕迹。口沿、颈部、上腹部及内底覆釉，釉面保存较好。口径 10.8、腹径 21.1、足径 10.5、高 26.1 厘米。（图 2-31B；彩版八六，3）

　　釉陶罐　2 件。侈口，圆唇，矮束颈，弧肩，鼓腹，平底内凹。肩、腹部满饰弦纹。肩部附对称半环耳一对，耳饰叶脉纹。夹砂灰胎。耳为手制，其余部位为轮制，内、外壁均有轮制痕迹。

M76：5，上腹部、肩部及口沿覆釉，脱釉严重。口径10.7、腹径16.6、底径9.7、高13.9厘米。（图2-31B；彩版八七，1）

M76：7，外壁、口沿及内底覆釉，局部脱落。口径11.4、腹径18.6、底径11、高13.9厘米。（图2-31B；彩版八七，2）

釉陶瓿 2件。

M76：8，直口，方唇，矮束颈，广弧肩，鼓腹，平底内凹。肩部贴塑对称铺首衔环耳一对，耳上部饰鬼眼纹，下部为圆环。肩及上腹饰三组细弦纹。耳为手制，其余部位为轮制。肩部及上腹部覆酱色釉，釉面保存完好。口径11.4、腹径37.2、底径17.4、高27.6厘米。（图2-31B）

M76：9，敛口，方唇，矮颈，弧肩，球腹，平底内凹。肩及上腹饰三组凸弦纹。肩部贴塑对称铺首耳一对，耳部上方贴塑鬼眼状铺首，耳主体饰叶脉纹，上、下饰栉齿纹。夹砂褐胎。耳为手制，其余部位为轮制，内、外壁均有轮制痕迹。口沿、颈部、上腹部及内底覆釉，釉面保存较好。口径12.2、腹径35.7、底径15.3、高31.2厘米。（图2-31B；彩版八七，3）

铜钱 1组数枚。多锈蚀残碎，部分粘连。

M76：10-1，钱正面无内郭，背面有内郭，正面篆文"五铢"二字，字体略宽。直径2.2厘米。（图2-31B）

M77

M77位于凤凰山山顶东部，长方形竖穴土坑墓，方向47°。墓底距地表0.8米，墓室开口于表土层下，打破生土层。墓室长3.3、宽2.2、深0.3米。墓室壁竖直，底部平坦，裸露黄褐色生土。（图2-32A；彩版八八，1）

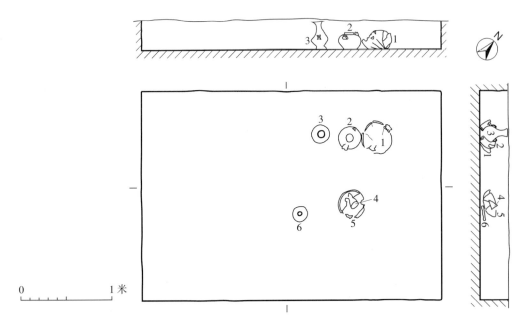

图2-32A M77平、剖面图

1、2.釉陶瓿 3.釉陶壶 4.釉陶杯 5.釉陶熏炉 6.釉陶璧墓内填土为五花土，有黑、黄褐色黏土及青灰色粉化石斑块。未见人骨、葬具痕迹。出土随葬品 6 件，位于墓室东部，包括釉陶瓿 2 件，釉陶壶、釉陶杯、釉陶熏炉和釉陶璧各 1 件。

釉陶壶 1 件。

M77：3，喇叭口，方圆唇，束颈，弧肩，鼓腹，平底，高圈足外撇较甚。肩及上腹饰三组弦纹，弦纹间饰水波纹。肩部附对称半环耳一对，耳饰叶脉纹。灰胎。耳为手制，其余部位为轮制。口沿、颈部、上腹部及内底覆釉，脱釉严重。口径 12.9、腹径 21.4、足径 14.3、高 31.1 厘米。（图 2-32B；彩版八八，2）

釉陶瓿 2 件。直口微侈，方唇，矮颈，弧肩，鼓腹，平底微凹，底部附三个矮瓦足。肩及上腹饰三组弦纹，弦纹间饰水波纹。肩部附对称铺首耳一对。耳为手制，其余部位为轮制。

M77：1，耳上翘，高于口唇，耳上部饰几何纹，下饰栉齿纹。灰褐胎。口沿、肩部、上腹部及内底覆釉，局部脱落，有流釉现象。口径 11.9、腹径 27.5、底径 16.5、高 21 厘米。（图 2-32B；彩版八九，1）

M77：2，耳部半残。灰白胎。脱釉严重。口径 10.6、腹径 26.8、底径 14.9、高 18.5 厘米。（图

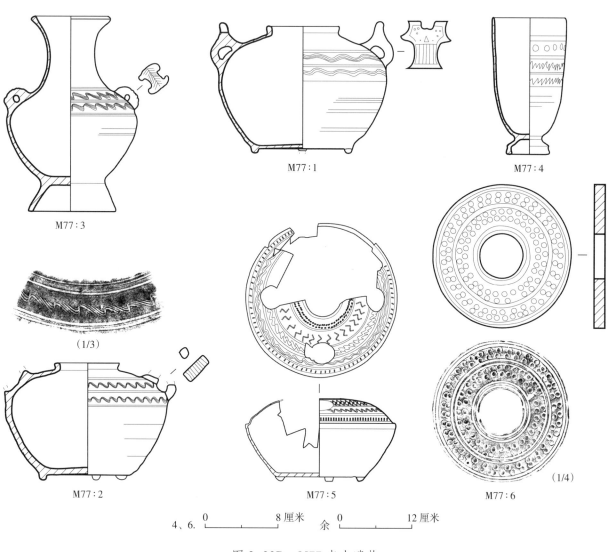

图 2-32B　M77 出土遗物

2-32B；彩版八九，2）

釉陶杯 1件。

M77:4，直口，尖圆唇，上腹斜直，下腹弧收，凹底，矮柄，矮圈足。腹部饰四组弦纹，弦纹间由上而下依次饰一组圆圈纹和两道水波纹。黄胎。轮制。外壁口沿至上腹、足面及内壁覆釉，脱釉严重。口径7.9、足径4.8、足高0.9、通高14.5厘米。（图2-32B；彩版九〇，1）

釉陶熏炉 1件。

M77:5，局部残缺。盖与器身合为一体。圜丘形盖，盖顶部有孔。器身斜弧腹，平底，底部附三个矮瓦足。盖面饰六组弦纹，弦纹间自上而下依次饰线段状篦点纹、篦点之字纹、两道上下分离的水波纹、两道合在一起的细密水波纹、竖线状篦点纹。夹砂灰胎。轮制。脱釉。器身直径24.7、通高13.5厘米。（图2-32B；彩版九〇，2）

釉陶璧 1件。

M77:6，圆饼状，中间有孔。正面饰三组弦纹，弦纹间各饰两圈圆圈纹。灰胎。脱釉。孔径4.8、直径15.2、厚1.1厘米。（图2-32B；彩版九〇，3）

M80

M80位于凤凰山山顶东部，长方形竖穴土坑墓，方向62°。墓底距地表1米，墓室开口于表土层下，打破生土层。墓室长5、宽1.5、深0.2米。墓室壁竖直，底部平坦，裸露黄褐色生土。（图2-33A；彩版九一，1）

墓内填土为五花土，土质松软。未见人骨、葬具痕迹。出土随葬品9件，位于墓室西侧，包括釉陶钵3件、陶罐和印纹硬陶罍各2件、釉陶壶1件，玉饰1件。

釉陶壶 1件。

M80:4，喇叭口，方唇，束颈，弧肩，鼓腹，平底，高圈足外撇。肩及上腹饰四组弦纹，弦纹间饰水波纹。肩部附对称半环耳一对，耳主体饰叶脉纹，上、下饰鬼眼纹。灰褐胎。耳为手

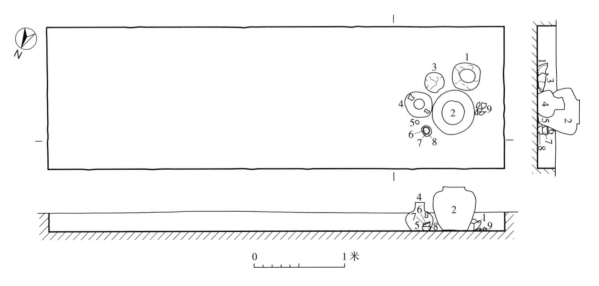

图2-33A M80平、剖面图

1、2.印纹硬陶罍 3、9.陶罐 4.釉陶壶 5.玉饰 6~8.釉陶钵

制，其余部位为轮制。口沿、颈部，上腹部及内底覆青釉，局部脱落。口径 11.5、腹径 22.9、足径 14.3、高 31.1 厘米。（图 2-33B；彩版九一，2）

陶罐 2 件。

M80：3、M80：9，均残碎。

印纹硬陶罍 2 件

M80：2，直口微侈，方唇，矮颈，弧肩，上腹凸鼓，下腹斜收，平底。腹部满饰拍印方格纹，多个方格为一组，方格中填充平行线纹、米字纹和小方格斜线纹。灰陶。轮制。口径 22.2、腹径 46.8、底径 16.5、高 41.2 厘米。（图 2-33B；彩版九二，1）

M80：1，残碎。

釉陶钵 3 件。敛口，方唇，弧腹。轮制。脱釉。

M80：6，平底微凹。外壁中部饰细弦纹。夹砂灰胎。口径 10.4、底径 5.6、高 4.8 厘米。（图 2-33B；彩版九二，2）

M80：7，平底。外壁口部下方饰一道弦纹。红胎。口径 8.9、底径 4.2、高 4.8 厘米。（图 2-33B；彩版九二，3）

M80：8，平底微凹。外壁口部下方饰一道弦纹。灰胎。口径 11.3、底径 7.6、高 6 厘米。（图 2-33B；彩版九二，4）

玉饰 1 件。

M80：5，整体为一面微鼓的矮圆柱状。底面有两孔，一孔贯通至正面，另一孔未贯通。白色。直径 3.2、厚 0.8 厘米。（图 2-33B；彩版九一，3）

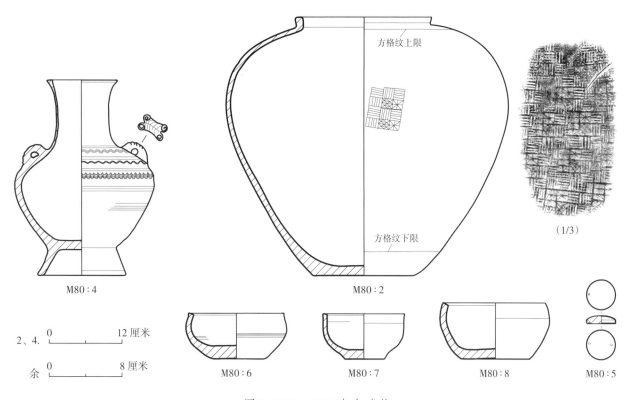

图 2-33B M80 出土遗物

M81

M81 位于凤凰山山顶东部，长方形竖穴土坑墓，方向 54°，西南角被 M79 打破。墓底距地表 1.3~1.5 米，墓室开口于表土层下，打破生土层。墓室长 4、宽 1.8、深 0.6 米。墓室壁竖直，底部平坦，裸露黄褐色生土。（图 2-34A；彩版九三，1）

墓内填土为五花土，土质松软，包含白蚁穴及植物根系。未见人骨、葬具痕迹。出土随葬品6件，位于墓室中部，包括釉陶鼎、釉陶盒、釉陶壶各 2 件。

釉陶鼎 2 件。覆钵形盖，母口，方唇，盖上有三个卷云状纽。盖面饰三组弦纹，弦纹间饰几何形戳印纹。器身子口内敛，圆唇，鼓腹，平底，底部附三个蹄足。腹部附梯形立耳一对，耳中部有三角形穿孔。腹部饰一道凸弦纹。灰胎，盖与器身均为轮制。器盖及两侧耳上部覆釉。

M81：2，母口口径 18.4、子口口径 16、底径 10.6、通高 18.4 厘米。（图 2-34B；彩版九三，2）

M81：4，母口口径 18、子口口径 16、底径 10.4、通高 18.4 厘米。（图 2-34B；彩版九三，3）

釉陶盒 2 件。覆钵形盖，母口，方唇，顶部竖起一圈凸棱。盖面饰三组弦纹，弦纹间饰几何形戳印纹。器身子口内敛，圆唇，斜弧腹，平底，矮圈足。腹部饰两道粗弦纹。灰胎。盖与器身均为轮制。盖覆青釉，釉面玻化程度好。

M81：1，母口口径 19.1、子口口径 16.4、足径 11.6、通高 16.1 厘米。（图 2-34B；彩版九四，1）

M81：7，母口口径 19.2、子口口径 17.2、足径 11.2、通高 16 厘米。（图 2-34B；彩版九四，2）

釉陶壶 2 件。喇叭口，方唇，束颈，弧肩，鼓腹，平底，圈足。肩及上腹饰四组弦纹，弦纹间饰水波纹。肩部附对称半环耳一对。夹砂灰胎。耳为手制，其余部位为轮制。口沿、颈部、上腹部及内底覆釉，脱釉严重。

M81：3，口径 12、腹径 22.4、足径 12.8、高 29.1 厘米。（图 2-34B；彩版九四，3）

M81：6，口径 11.4、腹径 21.6、足径 13、高 28.2 厘米。（图 2-34B；彩版九四，4）

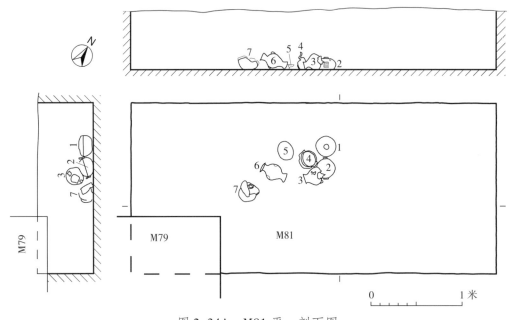

图 2-34A　M81 平、剖面图

1、7. 釉陶盒　2、4. 釉陶鼎　3、6. 釉陶壶　5. 釉陶鼎盖

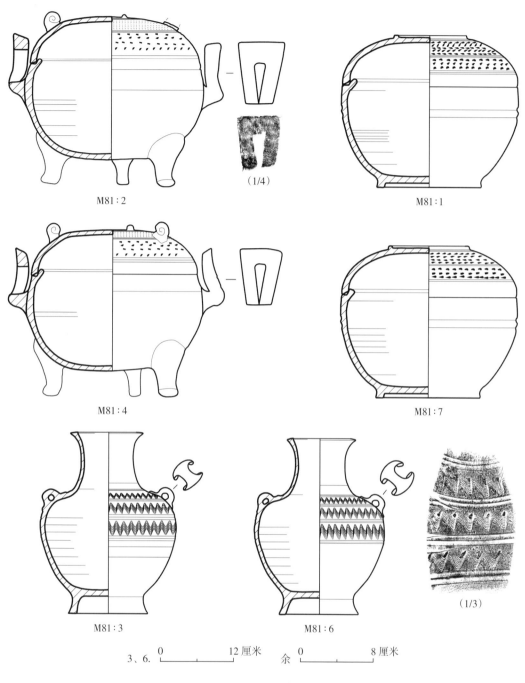

M81:2

（1/4）

M81:1

M81:4

M81:7

M81:3

M81:6

（1/3）

3、6. 0 ____ 12厘米　余 0 ____ 8厘米

图 2-34B　M81 出土遗物

M82

M82 位于凤凰山山顶中部，长方形竖穴土坑墓，方向 53°。墓底距地表 1.2 米，墓室开口于表土层下，打破生土层。墓室长 4.8、宽 1.7~2、深 0.5 米。墓室壁竖直，底部平坦。（图 2-35A；彩版九五，1）

墓内填土为五花土，土质松软。未见人骨、葬具痕迹。出土随葬品 7 件，位于墓葬西北角，包括陶罐 4 件、印纹硬陶罍 2 件、釉陶瓿 1 件。

图 2-35A　M82 平、剖面图

1~3.釉陶罐　4.陶罐　5、6.印纹硬陶罍　7.釉陶瓿

陶罐　4 件。轮制。

M82：1，釉陶罐。直口，方唇，矮颈，弧肩，上腹鼓，下腹弧收，平底。肩部饰三道弦纹。夹砂灰胎。脱釉。口径 11.4、腹径 22、底径 9.6、高 17.2 厘米。（图 2-35B；彩版九五，2）

M82：2，釉陶罐。直口，方唇，矮颈，弧肩，上腹鼓，下腹弧收，平底。肩部饰五道弦纹。夹砂灰胎。脱釉。口径 11.6、腹径 22.2、底径 9.3、高 17.2 厘米。（图 2-35B；彩版九五，3）

M82：3，釉陶罐。直口微侈，方唇，矮颈，上腹鼓，下腹斜直，平底。肩部饰两道弦纹。肩部贴塑对称半环耳一对，耳部饰"S"纹。夹砂灰胎。脱釉。口径 9.9、腹径 21.3、底径 13.8、高 15.2 厘米。（图 2-35B；彩版九五，4）

M82：4，陶罐。敞口，圆唇，矮束颈，鼓肩，下腹斜收，平底。腹部满饰方格纹。红褐陶。口径 11.4、腹径 16.6、底径 7.9、高 14 厘米。（图 2-35B；彩版九六，1）

釉陶瓿　1 件。

M82：7，直口，方唇，矮颈，广肩，上腹鼓，下腹弧收，平底，底部附三足。肩部饰两组弦纹，弦纹间饰水波纹。肩部附对称铺首耳一对，耳上部饰兽面纹，下饰栉齿纹。红褐胎。脱釉。口径 10.8、腹径 30、底径 18、高 23.1 厘米。（图 2-35B；彩版九六，2）

印纹硬陶罍　2 件。敞口，方唇，矮束颈，鼓肩，斜直腹，平底。红褐胎。轮制。脱釉。

M82：5，器身饰四组弦纹，弦纹间上部拍印米格纹，下部拍印方格纹，方格纹中填充平行线纹、斜线纹。口径 17.1、腹径 44.4、底径 18、高 37.2 厘米。（图 2-35B；彩版九七，1）

M82：6，通体拍印梳状纹。口径 21.6、腹径 46.2、底径 15、高 40.8 厘米。（图 2-35B；彩版九七，2）

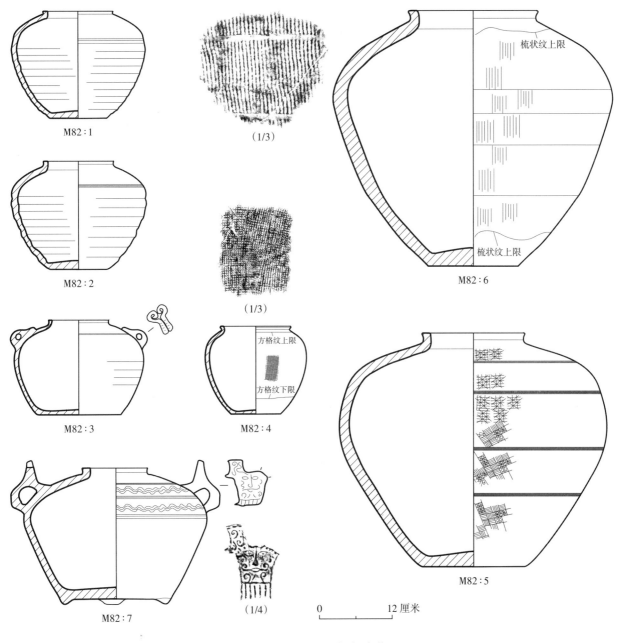

M82 : 1

(1/3)

M82 : 2

(1/3)

M82 : 6

方格纹上限

方格纹下限

M82 : 3

M82 : 4

梳状纹上限

梳状纹上限

M82 : 7

(1/4)

0　　　　　　12 厘米

M82 : 5

图 2-35B　M82 出土遗物

M83

M83 位于凤凰山顶略偏西，长方形竖穴土坑墓，方向 250°。墓底距地表 2 米，墓室开口于表土层下，打破生土层。由封土堆与墓室组成。封土堆直径约 10 米，最厚处 0.8 米，为五花土，由黄褐色黏土块、灰黑色土块及风化岩石块组成，较松散，内含红烧土块及炭屑等。墓室长 4、宽 2.1、深 1.2 米。墓室壁竖直，底部平坦，裸露黄褐色生土。（图 2-36）

墓内填土为五花土。未见人骨、葬具痕迹。未见随葬品。

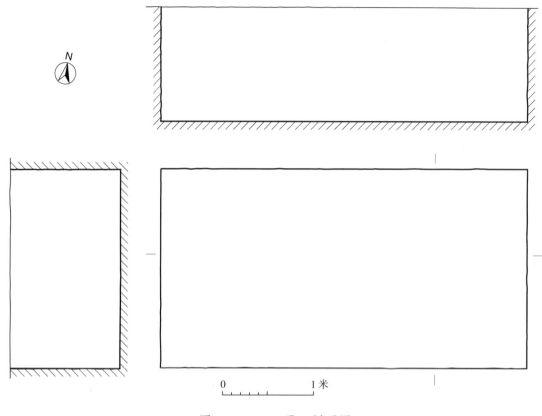

图 2-36 M83 平、剖面图

M84

M84 位于凤凰山北坡偏西部，长方形竖穴土坑墓，方向256°，西部被 M64 打破。墓底距地表 2.5 米，墓室开口于表土层下，打破生土层。墓室长 3.6、宽 1.4、深 0.4 米。墓室壁竖直，底部平坦。（图 2-37A；彩版九八，1）

墓内填土为五花土。未见人骨、葬具痕迹。出土随葬品 15 件，位于墓室东端及偏西部，包括釉陶罐 5 件，釉陶钵 3 件，釉陶瓿和印纹硬陶罍各 2 件，釉陶壶、釉陶杯和釉陶熏炉各 1 件。

釉陶壶 1 件。

M84∶5，口局部残缺。敞口，方唇，束颈，弧肩，鼓腹，平底，矮圈足。肩部饰凹弦纹。肩部附对称半环耳一对，耳部叶脉纹磨损较重，仅局部保存。灰白胎。耳为手制，其余部位为轮制。脱釉。腹径 17.9、足径 9.4、高 22.3 厘米。（图 2-37B；彩版九八，2）

釉陶罐 5 件。

两件直口微侈。方唇，矮颈，弧肩，鼓腹，平底。肩部附对称半环耳一对，耳饰叶脉纹。耳为手制，其余部位为轮制。脱釉。

M84∶7，素面。夹砂红陶。口径 9.3、腹径 21、底径 12、高 15 厘米。（图 2-37B；彩版九九，1）

M84∶9，肩部饰一组细弦纹。陶色上灰下红。口径 9.5、腹径 21.2、底径 12.4、高 14.9 厘米。（图 2-37B；彩版九九，2）

一件敛口。脱釉。

M84∶8，斜方唇，矮颈，弧肩，鼓腹，平底微凹。素面。肩部附对称半环耳一对，耳饰叶

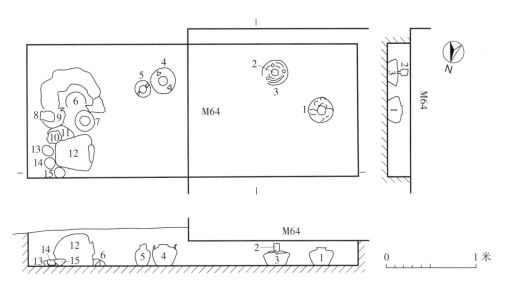

图 2-37A M84 平、剖面图

1、4. 釉陶瓿 2. 釉陶杯 3. 釉陶熏炉 5. 釉陶壶 6、12. 印纹硬陶罍 7~11. 釉陶罐 13~15 釉陶钵

脉纹。夹砂红陶。耳为手制，其余部位为轮制。口径 8.2、腹径 17、底径 9、高 15.6 厘米。（图 2-37B；彩版九九，3）

两件直口。脱釉。

M84：10，方唇，矮束颈，弧肩，斜直腹，平底。肩部饰一组细弦纹。肩部附对称半环耳一对，耳饰叶脉纹。夹砂灰陶。耳为手制，其余部位为轮制。口径 10、腹径 17.7、底径 10.3、高 15 厘米。（图 2-37B；彩版九九，4）

M84：11，方唇，矮颈，弧肩，鼓腹，平底。肩两侧有附耳痕迹，耳均遗失。陶色上灰下红。轮制。口径 10.2、腹径 20.1、底径 11.6、高 13.8 厘米。（图 2-37B；彩版九九，5）

釉陶瓿 2 件。

M84：4，直口，方唇，矮颈，弧肩，上腹微鼓，下腹斜收，平底微凹。肩部饰一组细弦纹。肩部附对称铺首耳一对，耳饰一大"X"形纹。灰胎。耳为手制，其余部位为轮制。脱釉。口径 10.2、腹径 24.1、底径 13.6、高 19.9 厘米。（图 2-37B；彩版一〇〇，1）

M84：1，残碎。

印纹硬陶罍 2 件。

M84：12，直口微侈，方唇，矮颈，弧肩，上腹圆鼓，下腹弧收，平底微凹。腹部满饰拍印席纹。口沿至上腹及内底覆釉，脱釉严重。口径 17.8、腹径 39、底径 16.8、高 32.2 厘米。（图 2-37B；彩版一〇一）

M84：6，残碎。

釉陶钵 3 件。敛口，斜方唇，弧腹。素面。灰胎。轮制。脱釉。

M84：13，平底微凹。口径 10.6、底径 7、高 6 厘米。（图 2-37B；彩版九八，3）

M84：14，平底。口径 10.8、底径 5.2、高 5.2 厘米。（图 2-37B；彩版九八，4）

M84：15，平底。口径 10.4、底径 6.4、高 4.8 厘米。（图 2-37B；彩版九八，5）

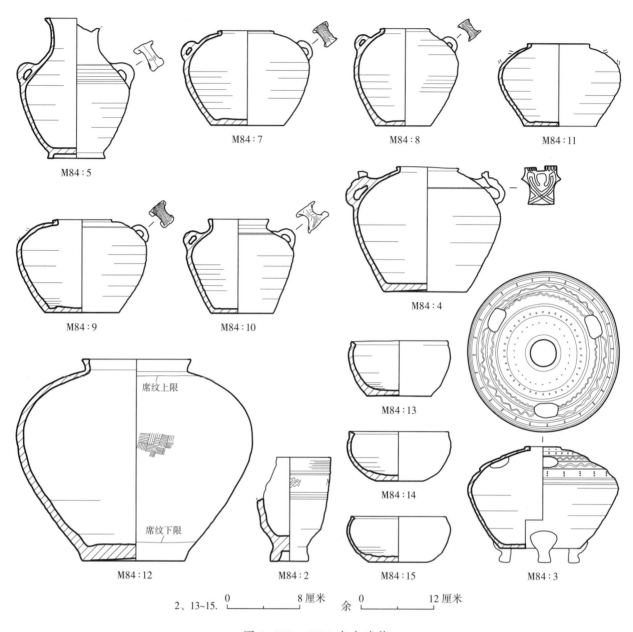

图 2-37B M84 出土遗物

釉陶杯 1件。

M84：2，直口，方唇，斜直腹，凹底，矮柄，圈足。外壁上部饰两组弦纹，弦纹间饰水波纹，水波纹仅局部保存，部分被磨平。夹砂灰黑胎。足为手制，其余部位为轮制。口沿及内壁覆釉，脱釉严重。口径 8.1、足径 4.2、通高 11 厘米。（图 2-37B；彩版一〇〇，2）

釉陶熏炉 1件。

M84：3，盖与器身合为一体。圜丘形盖，盖顶中部竖起凸棱，凸棱内部为孔，盖身有三个圆形镂孔。器身斜弧腹，平底，底部附三个蹄足。盖上饰六组弦纹，上部三组弦纹间饰戳印篦点纹，中部三组弦纹间饰水波纹，最下方弦纹间饰竖线状篦点纹。蹄足为手制，其余部位为轮制。盖面及顶部覆青釉，脱釉严重。盖顶孔径 4.2、器身直径 24.8、底径 13.1、高 18.4 厘米。（图 2-37B；彩版一〇〇，3）

M86

M86 位于凤凰山北坡偏东部，长方形竖穴土坑墓，方向 63°。墓底距地表 1.1~1.3 米，墓室开口于表土层下，打破生土层。墓室长 3.3、宽 1.8、深 0.32 米。墓室壁竖直，底部平坦，裸露黄褐色生土。（图 2-38A；彩版一〇二，1）

墓内填土为五花土，土质松软。未见人骨、葬具痕迹。出土随葬品 2 件，位于墓室中部，包括釉陶壶、釉陶瓿各 1 件。

釉陶壶 1 件

M86：1，敞口，斜方唇，束颈，弧肩，鼓腹，平底，圈足。肩及上腹饰三组弦纹，弦纹间饰水波纹。肩部附对称半环耳一对，耳饰叶脉纹。圈足及近底处为红胎，上部为灰胎。耳为手制，其余部位为轮制。脱釉。口径 11.4、腹径 19.2、足径 10.6、高 25.2 厘米。（图 2-38B；彩版一〇二，2）

釉陶瓿 1 件

M86：2，直口，方唇，弧肩，鼓腹，平底，底部附三个矮瓦足。肩及上腹饰三组弦纹，弦纹

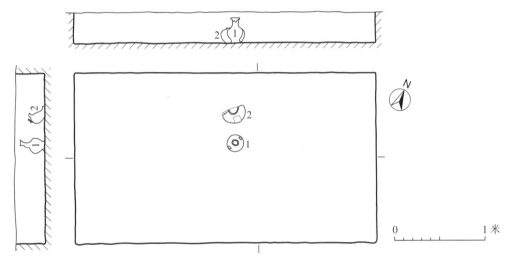

图 2-38A　M86 平、剖面图
1. 釉陶壶　2. 釉陶瓿

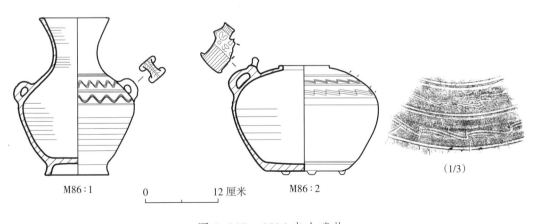

M86：1　　　M86：2　　　（1/3）

图 2-38B　M86 出土遗物

间饰水波纹。肩部附对称铺首耳一对，耳上翘，高于口唇，耳上部饰兽面纹，下饰栉齿纹。夹砂灰胎。耳、足为手制，器身为轮制。口沿、肩部及上腹覆釉，脱釉严重。口径 11.4、腹径 24.1、底径 12.6、高 18.9 厘米。（图 2-38B；彩版一〇二，3）

M88

M88 位于凤凰山北坡西部，长方形竖穴土坑墓，方向 63°。墓底距地表 1 米，墓室开口于表土层下，打破生土层。墓室长 4.3、宽 2.2、深 0.3 米。墓室壁竖直，底部平坦。（图 2-39A；彩版一〇三，1）

墓内填土为五花土，土质较硬。未见人骨、葬具痕迹。出土随葬品 23 件，位于墓室中部，包括釉陶罐 9 件，釉陶钵 3 件，釉陶壶、釉陶瓿和釉陶羊角形器各 2 件，印纹硬陶罍、釉陶盆、釉陶熏炉、釉陶纺轮和陶器各 1 件。

釉陶壶　2 件。喇叭口，束颈，平底。肩部附对称半环耳一对。

M88：3，方唇，溜肩，折腹，高圈足外撇。耳饰叶脉纹。腹部饰五道弦纹。耳为手制，其余部位为轮制。红褐胎。口部及肩部覆釉。口径 10、腹径 20、足径 8.4、高 26 厘米。（图 2-39B；彩版一〇三，2）

M88：17，方唇，弧肩，上腹圆鼓，下腹弧收。器身饰四组弦纹。耳为模制，其余部位为轮制。肩部及上腹部覆釉，脱釉严重。口径 12.4、腹径 19.8、底径 13.2、高 21.6 厘米。（图 2-39B；彩版一〇三，3）

釉陶罐　9 件。

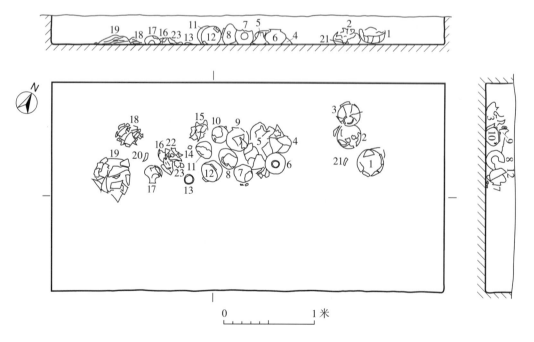

图 2-39A　M88 平、剖面图

1、5.釉陶瓿　2.釉陶熏炉　3、17.釉陶壶　4、6~11、15、18.釉陶罐　12.釉陶盆　13、22、23.釉陶钵　14.釉陶纺轮
16.陶器　19.印纹硬陶罍　20、21.釉陶羊角形器

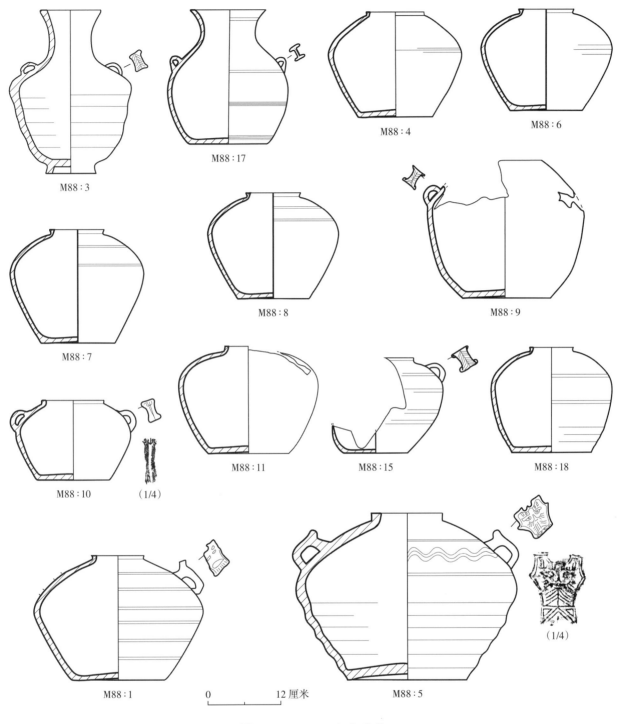

图 2-39B　M88 出土遗物

　　两件直口。方唇，矮颈，弧肩，上腹圆鼓，下腹弧收。红褐胎。

　　M88∶4，平底微凹。上腹部饰三道弦纹。口部及肩部覆釉，脱釉严重。口径 9.6、腹径 22.2、底径 12、高 16.8 厘米。（图 2-39B；彩版一〇四，1）

　　M88∶10，平底。肩部附对称半环耳一对。耳为模制，其余部位为轮制。脱釉。口径 10.2、腹径 18.9、底径 12、高 13 厘米。（图 2-39B；彩版一〇四，2）

五件敛口。方唇，矮颈，弧肩，上腹圆鼓，下腹弧收。红褐胎。轮制。

M88：6，平底微凹。口部及肩部覆釉，脱釉严重。口径8.9、腹径21.6、底径11.8、高16.1厘米。（图2-39B；彩版一〇四，3）

M88：7，平底微凹。上腹饰两组弦纹。口部及肩部覆釉，脱釉严重。口径9、腹径22.1、底径12、高18厘米。（图2-39B；彩版一〇四，4）

M88：8，平底微凹。肩部饰两组弦纹。口部及肩部覆釉，脱釉严重。口径8.9、腹径21.6、底径11.6、高16.8厘米。（图2-39B；彩版一〇四，5）

M88：11，平底微凹。口部、肩部部分残缺。脱釉。腹径22.8、底径13.2、高17.1厘米。（图2-39B；彩版一〇四，6）

M88：18，平底。肩及腹部饰两组弦纹。口部及肩部覆釉。口径7.2、腹径19.8、底径13.2、高16.8厘米。（图2-39B；彩版一〇五，1）

另两件口残。

M88：9，口部、肩部残损。鼓腹，平底微凹。肩部附对称半环耳一对，耳饰叶脉纹。红褐胎。轮制。脱釉严重。腹径26、底径14.6、残高21.8厘米。（图2-39B；彩版一〇五，2）

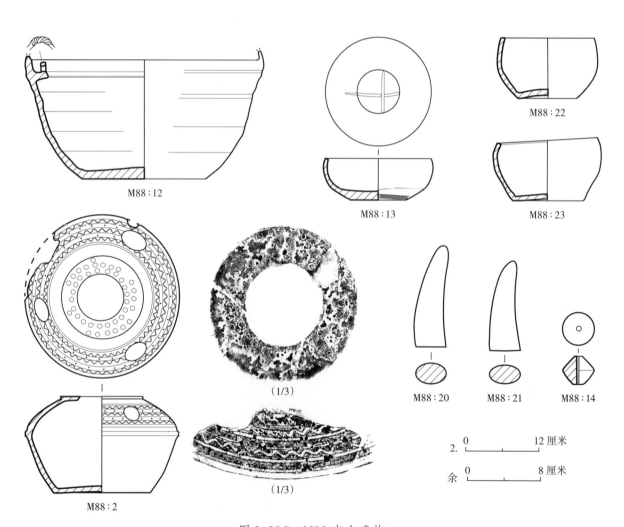

图2-39C　M88出土遗物

M88：15，破损严重。平底。肩及上腹部饰弦纹。肩部附对称半环耳一对，一耳残缺，耳饰叶脉纹。脱釉。底径 10.5、高 15.3 厘米。（图 2-39B；彩版一〇五，3）

釉陶瓿　2 件。

M88：1，直口，方唇，矮颈，弧肩，上腹圆鼓，下腹弧收，平底微凹。肩部附对称铺首耳一对，耳上部饰兽面纹，下饰栉齿纹，一耳残缺。器身饰六组弦纹。红褐胎。耳为模制，其余部位为轮制。脱釉。口径 8.4、腹径 28、底径 15.5、高 19.8 厘米。（图 2-39B；彩版一〇六，1）

M88：5，敛口，方唇，矮颈，弧肩，鼓腹，下腹弧收，平底微凹。肩部附对称铺首耳一对，耳上部饰兽面纹，下饰栉齿纹。肩及上腹饰两组弦纹，弦纹间饰三条细密水波纹。下腹饰弦纹。红褐胎。肩部及上腹部覆釉。耳为模制，其余部位为轮制。口径 11.7、腹径 36.6、底径 19.8、高 26.4 厘米。（图 2-39B；彩版一〇六，2）

印纹硬陶罍　1 件。

M88：19，残损严重。平底微凹，器身拍印席纹。

釉陶盆　1 件。

M88：12，子母口，圆唇，折腹，平底。口沿内侧设二横向半环耳，耳饰绳索纹。耳为手制，其余部位为轮制。脱釉。母口口径 25.8、子口口径 20.8、底径 13.7、通高 13.8 厘米。（图 2-39C；彩版一〇六，3）

釉陶钵　3 件。敛口，方唇，弧腹。红褐胎。轮制。脱釉。

M88：13，平底。内底刻有"十"字形纹饰。口径 11.5、腹径 12、底径 6、高 4.4 厘米。（图 2-39C；彩版一〇五，4）

M88：22，平底内凹。口径 10.1、腹径 11、底径 6.4、高 6.4 厘米。（图 2-39C；彩版一〇五，5）

M88：23，平底内凹。口径 10.9、腹径 11.8、底径 7.7、高 6~6.7 厘米。（图 2-39C；彩版一〇五，6）

釉陶熏炉　1 件。

M88：2，盖与器身合为一体。覆钵形盖，盖顶中间为圆孔，盖身有三个圆形镂孔。器身斜弧腹，平底。盖顶饰圆圈纹，盖身饰六组弦纹，弦纹间自上而下间隔饰水波纹和圆点纹。红褐胎。轮制。脱釉。盖顶孔径 7.8、器身直径 25.2、底径 15.5、高 15.4 厘米。（图 2-39C；彩版一〇六，4）

釉陶羊角形器　2 件。青灰胎。脱釉。

M88：20，直径 3.4、高 10.7 厘米。（图 2-39C；彩版一〇七，1）

M88：21，直径 3.5、高 9.6 厘米。（图 2-39C；彩版一〇七，2）

陶器　1 件。

M88：16，残碎。

釉陶纺轮　1 件。

M88：14，形似两个圆锥上下扣合在一起，中间有穿孔。脱釉。直径 3.3、高 3.1 厘米。（图 2-39C；彩版一〇七，3）

M89

M89 位于凤凰山山脊中部偏西，长方形竖穴土坑墓，方向 254°。墓底距地表 2.1 米，墓室开口于表土层下，打破生土层。墓室长 4、宽 2.9、深 1.3 米。墓室壁竖直，底部平坦，裸露黄褐色生土。（图 2-40A；彩版一〇八，1）

墓内填土为黄棕色，土质坚硬。未见人骨、葬具痕迹。出土随葬品 17 件，多位于墓室北侧，沿北壁呈排状分布，包括釉陶壶和釉陶罐各 5 件、陶灶和印纹硬陶罍各 1 件，玉饰 1 件，铁刀 1 件，铜镜和铜带钩各 1 件、铜钱 1 组。

釉陶壶　5 件。

两件盘口。束颈，弧肩，鼓腹。口部下方饰两道弦纹，腹部满饰弦纹。肩部附对称半环耳一对，耳主体饰叶脉纹，下饰栉齿纹。夹砂灰胎。耳为手制，其余部位为轮制。脱釉。

M89:3，口部近椭圆，圆唇外撇，平底微凹。颈部下方饰两道弦纹。口径 11.5~13.8、腹径 24.6、底径 9、高 29.7 厘米。（图 2-40B；彩版一〇九，1）

M89:11，尖圆唇外撇，平底。颈部下方饰两道弦纹，弦纹间饰水波纹，肩部饰两组弦纹。

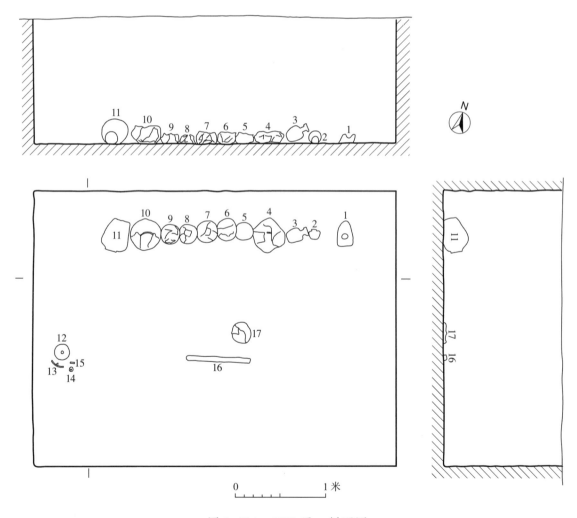

图 2-40A　M89 平、剖面图

1.陶灶　2、4、6、7、17.釉陶罐　3、5、8、9、11.釉陶壶　10.印纹硬陶罍　12.铜镜　13.铜带钩　14.铜钱　15.玉饰　16.铁刀

口径 12.9、腹径 26.4、底径 10.8、高 31.5 厘米。（图 2-40B；彩版一〇九，2）

三件口残。

M89：8，口残。束颈，弧肩，鼓腹，平底。颈部下端饰两道弦纹，腹部满饰弦纹。肩部附对称半环耳一对，耳主体饰叶脉纹，下饰栉齿纹，夹砂灰胎。耳为手制，其余部位为轮制。脱釉严重。

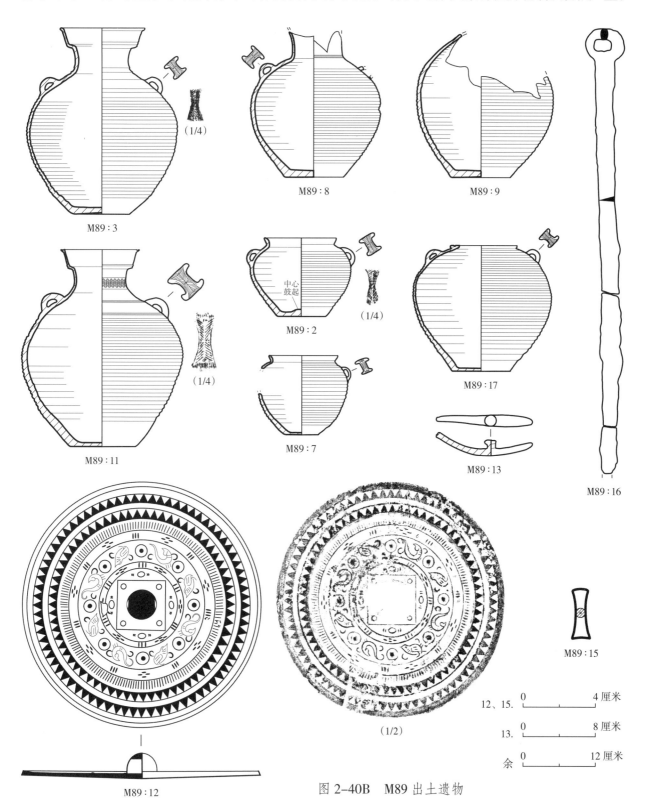

M89：3

M89：8

M89：9

M89：11

M89：2

中心鼓起

（1/4）

M89：7

M89：17

M89：13

M89：16

M89：12

M89：15

12、15.　　0　　　　4 厘米

13.　　　0　　　　8 厘米

余　　0　　　　12 厘米

（1/2）

（1/4）

（1/4）

图 2-40B　M89 出土遗物

腹径 21.2、底径 9.6、残高 23.4 厘米。（图 2-40B；彩版一〇九，3）

M89：9，仅余下腹和底。平底微凹。外壁满饰弦纹。灰胎。轮制。脱釉严重。底径 9.8、残高 22.6 厘米。（图 2-40B；彩版一〇九，4）

一件残碎，为 M89：5。

釉陶罐 5 件。

两件侈口。圆唇，矮束颈，弧肩，鼓腹，平底。外壁满饰弦纹。肩部附对称半环耳一对。夹砂灰陶。耳为手制，其余部位为轮制。脱釉。

M89：2，耳饰叶脉纹。口径 11.4、腹径 16.5、底径 8.2、高 12.6 厘米。（图 2-40B；彩版一一〇，1）

M89：7，耳饰竖向弦纹。口径 11.3、腹径 15.1、底径 5.4、高 12.6 厘米。（图 2-40B；彩版一一〇，2）

一件敛口。

M89：17，宽平沿，沿中部有道凹槽，圆唇，矮束颈，弧肩，鼓腹，平底。外壁满饰弦纹。肩部附对称半环耳一对，耳饰叶脉纹。夹砂红陶。耳为手制，其余部位为轮制。脱釉。口径 11.4、腹径 22.9、底径 9.6、高 20.1 厘米。（图 2-40B；彩版一一〇，3）

另两件残碎，为 M89：4、M89：6。

印纹硬陶罍 1 件。

M89：10，残碎。

陶灶 1 件。

M89：1，残碎。

玉饰 1 件。

M89：15，整体呈两头宽、中间窄的圆柱形，中间有上下贯通的穿孔。表面粗糙无光泽。直径 0.5~1、高 2.6 厘米。（图 2-40B；彩版一〇八，2）

铁刀 1 件。

M89：16，锈蚀严重。直刀，椭圆形环首，身细长而直，截面呈三角形。通长 70.8、环首宽 6.6、刀身宽 2.6、刀背厚 1 厘米。（图 2-40B；彩版一〇八，3）

铜带钩 1 件。

M89：13，棒形，背弧，腹瘦长，腹部中间有一圆纽。长 10.7、最宽 1.2 厘米。（图 2-40B；彩版一一一，1）

铜镜 1 件。

M89：12，八乳禽兽镜。拼对后基本完整，镜面、镜背大部分闪露青黑色金属光泽，局部有绿锈侵入镜体。圆形铜镜，镜面微弧。圆纽，圆纽座，纽座外饰方框，方框内四角及方框外四边各饰一个圆点；外饰两周凸弦纹，弦纹间饰由三条短线和四条短线组成的纹饰；其外一周区域以八个乳丁划分为八等份，乳丁间饰禽鸟和夔龙纹；外饰两周凸弦纹，弦纹间饰由三条短线和四条短线组成的纹饰；外侧为一周栉齿纹。外区饰两组三角锯齿纹和凸弦纹。直径 13、高 1.4 厘米。（图 2-40B；彩版一一一，2）

铜钱　1组数枚。

M89：14，锈蚀残碎，无法辨识。

M90

M90位于凤凰山北坡西部，长方形竖穴土坑墓，方向77°。墓底距地表1.2米，墓室开口于表土层下，打破生土层。墓室长4.5、宽1.9、深0.92米。墓室壁竖直，底部平坦，裸露黄棕色生土，局部裸露基岩。（图2-41A；彩版一一二，1）

墓内填土为五花土，土质较硬。未见人骨、葬具痕迹。出土随葬品16件，包括釉陶钵4件，釉陶璧3件，釉陶罐、釉陶瓿和印纹硬陶罍各2件，釉陶壶、釉陶杯和釉陶熏炉各1件。

釉陶壶　1件。

M90：9，侈口，斜沿，尖圆唇，长束颈，弧肩，鼓腹，平底，圈足。肩及上腹饰三组弦纹，弦纹间饰水波纹。肩部附半环耳一对，耳主体饰叶脉纹，上、下饰鬼眼纹。灰白胎。耳为手制，其余部位为轮制。口沿、颈及上腹覆釉，脱釉严重。口径12.1、腹径20.3、足径12.3、高31.3厘米。（图2-41B；彩版一一二，2）

釉陶罐　2件。

M90：8，子母口，子口微敛，尖圆唇，深垂腹，平底。腹部饰四组弦纹，弦纹间自上而下依次饰半圆形戳印纹、线段状戳印纹和水波纹。上腹部贴塑对称方形耳一对，一耳残缺，耳主体饰方格纹。脱釉严重。口径7.3、腹径14.4、底径7、高18.1厘米。（图2-41B；彩版一一二，3）

M90：15，直口微敞，方唇，短颈，弧肩，鼓腹，平底。肩部饰一组弦纹。红褐胎。轮制。脱釉。

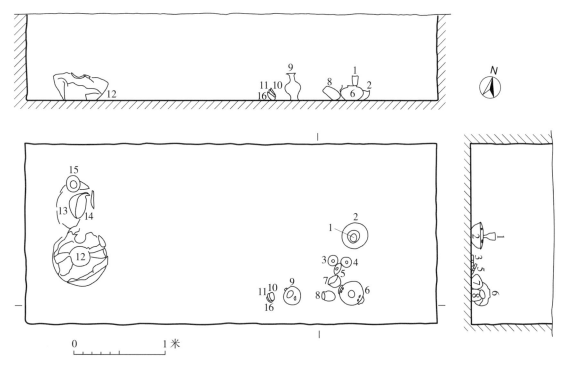

图2-41A　M90平、剖面图

1.釉陶杯　2.釉陶熏炉　3~5.釉陶璧　6、14.釉陶瓿　7、10、11、16.釉陶钵　8、15.釉陶罐　9.釉陶壶　12、13.印纹硬陶罍

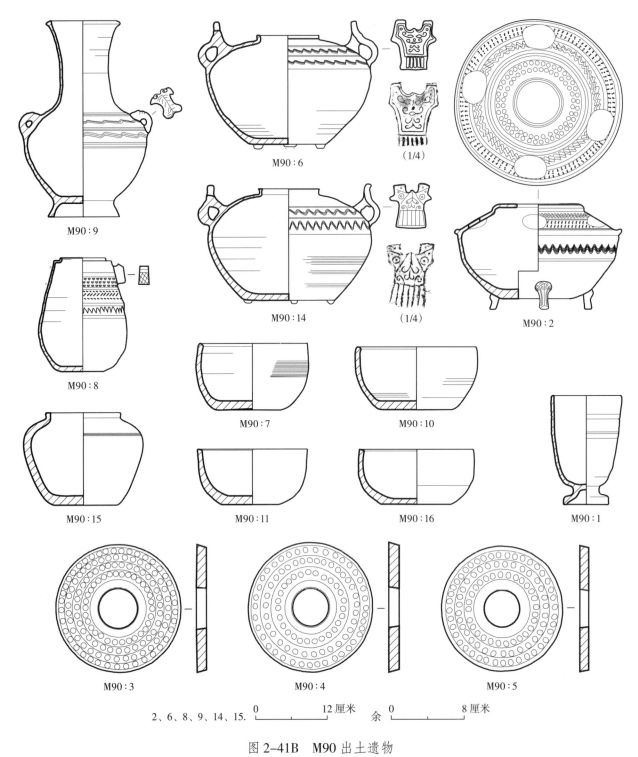

M90：9

M90：6

（1/4）

M90：8

M90：14

（1/4）

M90：2

M90：7

M90：10

M90：15

M90：11

M90：16

M90：1

M90：3

M90：4

M90：5

2、6、8、9、14、15. |0————————12厘米| 余 |0————————8厘米|

图 2-41B　M90 出土遗物

口径 12.1、腹径 19.6、底径 11、高 14.8 厘米。（图 2-41B；彩版一一二，4）

　　釉陶瓿　2 件。直口，矮颈，弧肩，上腹圆鼓，下腹弧收，平底，底部附三个矮瓦足。肩及上腹饰三组弦纹，弦纹间饰水波纹。肩部附对称铺首衔环耳一对，耳上部饰兽面纹，下饰栉齿纹。耳为手制，其余部位为轮制，内、外壁均有轮制痕迹。肩部、上腹、口沿及内底覆釉，脱釉严重。

　　M90：6，方唇。灰胎。口径 10.3、腹径 27.2、底径 13.5、高 20.4 厘米。（图 2-41B；彩版

一一三，1）

M90：14，方唇。褐胎。口径10、腹径27、底径14.4、高19.2厘米。（图2-41B；彩版一一三，2）

印纹硬陶罍 2件。

M90：12、M90：13，均残碎。

釉陶钵 4件。直口，斜方唇，弧腹。轮制。

M90：7，直口微敛，平底微凹。素面。红胎。脱釉。口径11.9、底径7、高7.1厘米。（图2-41B；彩版一一四，1）

M90：10，直口微敛，平底。素面。红胎。脱釉。口径13.1、底径7.9、高6.6厘米。（图2-41B；彩版一一四，2）

M90：11，直口微敛，平底。灰褐胎。口沿、外壁上部及内壁近底部覆釉，局部脱釉。口径12.1、底径6.5、高5.8厘米。（图2-41B；彩版一一四，3）

M90：16，直口微敛，平底。下腹饰一道弦纹。红褐胎。口沿、外壁上部及内壁近底部覆釉，脱釉严重。口径12.4、底径7.6、高5.8厘米。（图2-41B；彩版一一四，4）

釉陶杯 1件。

M90：1，直口，圆唇，腹斜直内收，凹底，矮柄，矮圈足。腹部饰两组弦纹。灰白胎。轮制。口沿、外壁上部及内壁覆釉，脱釉严重。口径7.7、足径4.9、足高0.7~0.9、通高11.5厘米。（图2-41B；彩版一一四，5）

釉陶熏炉 1件。

M90：2，盖与身合为一体。覆钵形盖，盖顶中间为圆孔，盖身有四个圆形镂孔。器身斜沿，斜折腹，平底，底部附三个蹄足。盖面饰四组弦纹，弦纹间自上而下依次饰戳印圆圈纹、水波纹和戳印篦点纹，器身腹部饰细密水波纹，蹄足饰云气纹。灰白胎。足为手制，其余部位为轮制。盖面及盖顶部覆釉，脱釉严重。盖顶孔径6.6、器身直径27.2、底径11.6、通高16.7厘米。（图2-41B、2-41C；彩版一一四，6）

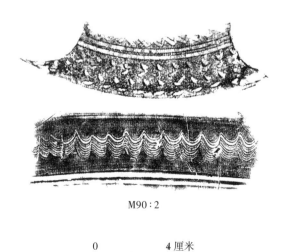

M90：2

0   4厘米

图2-41C M90出土遗物纹样拓片

M90：3

釉陶璧 3件。圆饼状，中间有孔。弦纹间饰一圈圆圈纹。夹砂灰胎。脱釉。

M90：3，正面饰五道弦纹。直径13.6、孔径4.25、厚1~1.1厘米。（图2-41B、2-41C；彩版一一五，1）

M90：4，正面饰四道弦纹。直径13.8、孔径4、厚1.1厘米。（图2-41B；彩版一一五，2）

M90：5，正面饰四道弦纹。直径13.3、孔径3.9、厚1厘米。（图2-41B；彩版一一五，3）

M92

M92位于凤凰山北坡东部，长方形竖穴土坑墓，方向59°。墓底距地表3米，墓室开口于表土层下，打破生土层。墓室长4.2、宽2.5、深1米。墓室壁竖直，底部平坦，裸露生土。（图2-42A；彩版一一六，1）

墓内填土为棕褐色，局部夹杂青膏泥，土质较硬。未见人骨、葬具痕迹。出土随葬品21件，位于墓室南部，呈排状分布，包括釉陶壶9件，印纹硬陶罍和釉陶钵各3件，釉陶瓿2件，釉陶熏炉、釉陶麟趾金和釉陶纺轮各1件，铁釜1件。釉陶壶中均有液体，对其进行了提取。

釉陶壶 9件。喇叭口，束颈，弧肩，鼓腹。灰胎。口沿、颈部、上腹部及内底覆釉。

平底者一件。

M92：3，平底微凹。肩部附对称半环耳一对，耳饰叶脉纹。耳为手制，其余部位为轮制。脱

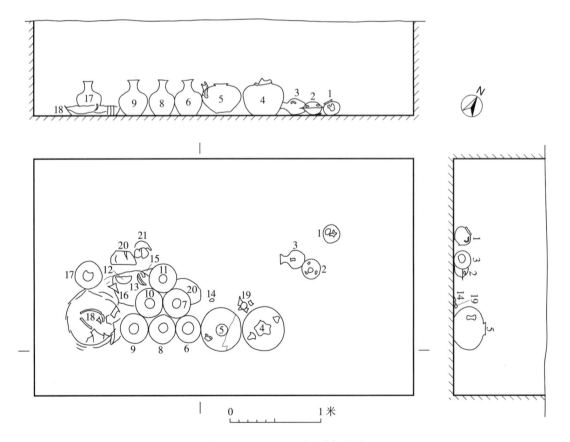

图2-42A M92平、剖面图

1、5.釉陶瓿　2.釉陶熏炉　3、4、6~11、17.釉陶壶　12、13、15.釉陶钵　14.釉陶麟趾金　16、18、21.印纹硬陶罍　19.釉陶纺轮　20.铁釜

釉严重。口径 12.1、腹径 21.4、底径 11.6、高 26.4 厘米。（图 2-42B；彩版一一六，2）

矮圈足者七件。宽平沿，尖圆唇。口部下方饰一组水波纹，水波纹下饰一道弦纹，颈部下方、肩部、上腹部各饰两组弦纹，弦纹间均饰水波纹。肩部贴塑铺首衔环耳一对，耳上部饰长方形兽面铺首，下为圆环，圆环饰篦点纹。耳为模制，其余部位为轮制。脱釉。

M92：6，口径 14、腹径 34.2、足径 15.4、高 35.6 厘米。（图 2-42B；彩版一一六，3）

M92：7，口径 13.7、腹径 30、足径 15.9、高 34.8 厘米。（图 2-42B；彩版一一七，1）

M92：8，口径 13.9、腹径 30.6、足径 15.6、高 36.4 厘米。（图 2-42B；彩版一一七，2）

M92：9，上、下腹另饰凹弦纹。口径 13.6、腹径 30.6、足径 15.8、高 36 厘米。（图 2-42B；彩版一一七，3）

M92：10，上、下腹另饰凹弦纹。口径 14.2、腹径 31.5、足径 16.5、高 37.5 厘米。（图 2-42C；彩版一一八，1）

M92：11，口径 14.8、腹径 31.8、足径 15.8、高 38 厘米。（图 2-42C；彩版一一八，2）

M92：17，口径 13.6、腹径 30.6、足径 16.5、高 36 厘米。（图 2-42C、2-42D；彩版一一八，3）

高圈足者一件。

M92：4，圆唇。口部、颈部下方各饰两组弦纹，弦纹间饰水波纹，肩及上腹饰三道绹索状凸弦纹。肩部贴塑铺首衔环耳一对，耳上方为方形铺首，铺首纹饰不存，中部饰叶脉纹，下为圆环，圆环饰线段状篦点纹。灰胎。耳为模制，其余部位为轮制。脱釉严重。口径 15.4、腹径 36、足径 16.2、高 42.3 厘米。（图 2-42B；彩版一一九，1）

釉陶瓿 2 件。直口，方唇，矮颈，弧肩，鼓腹。

M92：1，平底。肩及上腹饰九道凹弦纹，第六、七道弦纹间饰水波纹。肩部附对称铺首耳一对，耳主体饰兽面纹，上、下饰栉齿纹。灰白胎。耳为手制，其余部位为轮制。肩部、上腹、口沿及内底覆釉，脱釉严重。口径 10.1、腹径 22.4、底径 12.6、高 19.6 厘米。（图 2-42C；彩版一一九，2）

M92：5，平底微凹。肩及上腹饰三道凸弦纹，弦纹上压印绹索纹。肩部贴塑对称铺首衔环耳一对，耳上部铺首呈方形，饰鬼眼纹，耳主体饰人面纹，人面纹上、下均饰栉齿纹，耳下方为圆环，圆环上饰呈斜线状排列的小方格纹。灰褐胎。器身上部覆釉，脱釉严重。口径 15.2、腹径 38.8、底径 15.6、高 33.4 厘米。（图 2-42C；彩版一一九，3）

印纹硬陶罍 3 件。

M92：16，侈口，斜平沿，尖唇，矮束颈，弧肩，上腹微鼓，下腹弧收，平底微凹。腹部满饰拍印席纹。灰黑胎。器身轮制而成，经手制加固，内壁指窝痕迹明显。脱釉。口径 16.1、腹径 38.4、底径 17.4、高 33.2 厘米。（图 2-42C、2-42D；彩版一二〇，1）

另两件残碎，为 M92：18、M92：21。

釉陶钵 3 件。敛口，鼓腹，平底微凹。灰胎。轮制。内壁中下部及口沿覆釉，脱釉严重。

M92：12，斜方唇。外壁满饰弦纹。口径 10.7、底径 7.3、高 5.7 厘米。（图 2-42E；彩版一二一，1）

M92：13，尖圆唇。素面。口径 11、底径 7.7、高 5.6 厘米。（图 2-42E；彩版一二一，2）

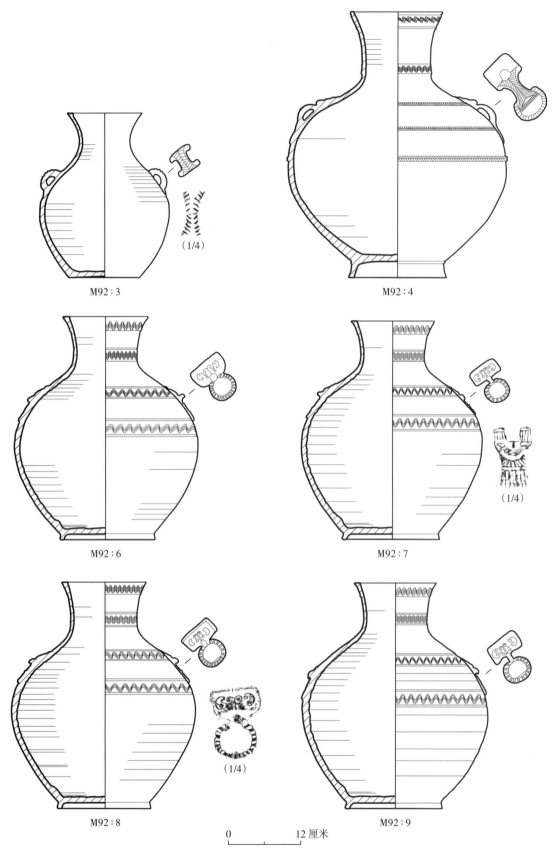

M92:3

M92:4

M92:6

M92:7

M92:8

M92:9

(1/4)

(1/4)

(1/4)

0   12厘米

图 2-42B   M92 出土遗物

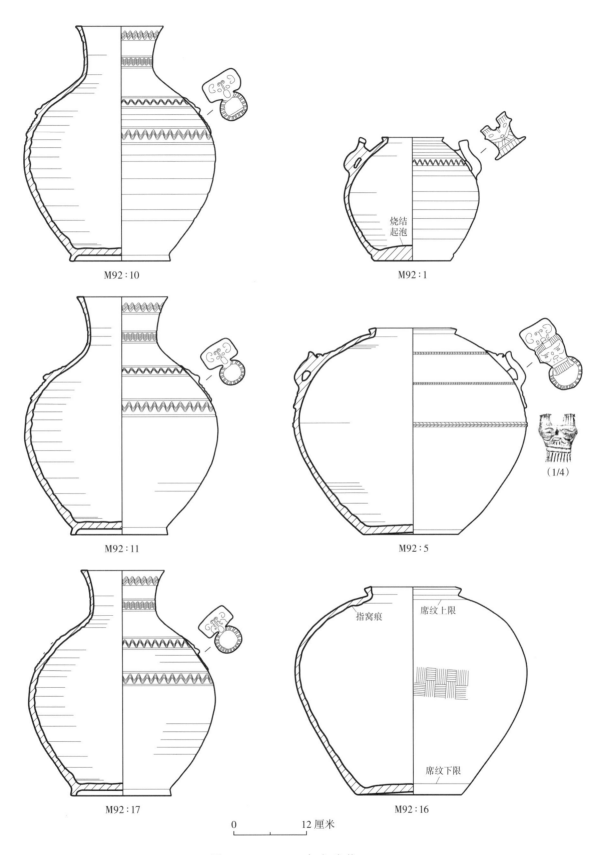

M92:10

M92:1

烧结
起泡

M92:11

M92:5

（1/4）

M92:17

指窝痕

席纹上限

席纹下限

M92:16

0　　　　　12 厘米

图 2-42C　M92 出土遗物

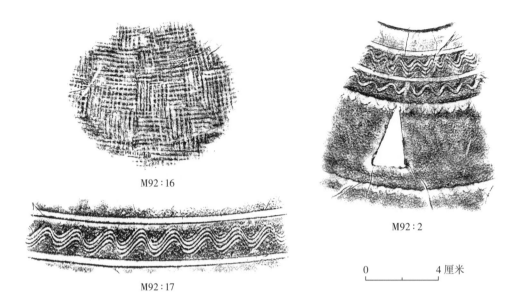

图 2-42D M92 出土遗物纹样拓片

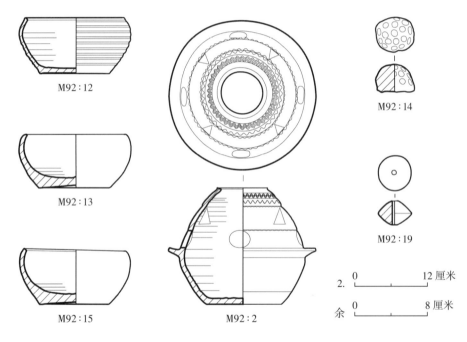

图 2-42E M92 出土遗物

M92：15，斜方唇。素面。口径 11.2、底径 7.6、高 5.8 厘米。（图 2-42E；彩版一二一，3）

釉陶熏炉 1 件。

M92：2，整体呈盒状，上为一凸起的丘形盖，下为一敞口折沿平底盆，斜弧腹，二者连为一体。盖顶部为圆孔，盖面饰四道弦纹，最上方一道弦纹下饰四道水波纹，下方三道弦纹下各饰一道水波纹，第三、四道弦纹间有四个三角形镂孔，第四道弦纹下有四个圆形镂孔。盖部灰胎，器身近底处呈红褐色。脱釉。顶部孔径 6.8、器身直径 24.3、底径 12.2、高 18.6 厘米。（图 2-42E、2-42D；彩版一二〇，2）

釉陶麟趾金 1件。

M92：14，圆丘状，器形不规则，底部略凹。表面饰凸点。脱釉。最大径4.2、高3.1厘米。（图2-42E；彩版一二一，4）

釉陶纺轮 1件。

M92：19，形似两个圆锥上下扣合在一起，中部有孔。上下表面覆釉，脱釉严重。直径3.6、高2.5厘米。（图2-42E；彩版一二一，5）

铁釜 1件。

M92：20，残碎，锈蚀严重。

二 砖椁墓

M28

M28位于凤凰山南坡偏东部，长方形砖椁墓，方向158°。早期被扰，顶部无存。墓底距地表1.64~2.74米，墓室开口于表土层下，打破生土层。墓室长3.68、宽2.45、高1.24米。（图2-43A；彩版一二二，1）

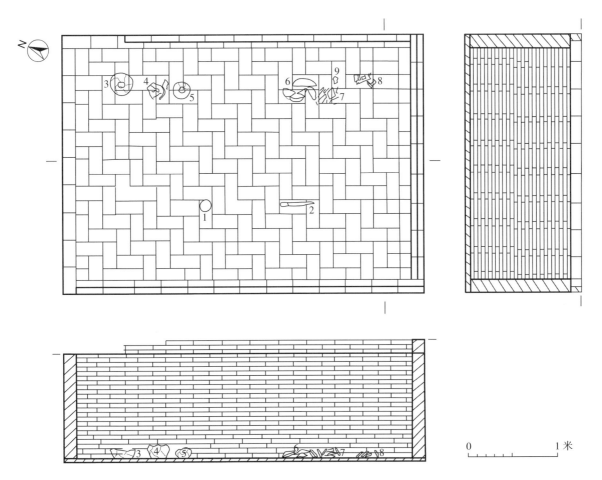

图 2-43A M28平、剖面图

1.铜镜 2.铁剑 3.印纹硬陶叠 4、6、7.釉陶罐 5、8.釉陶壶 9.陶片

0   8 厘米

图 2-43B   M28 墓砖
拓片

墓室砌筑方式为先砌墓底，后砌墓壁。墓底为单砖一纵一横交错平铺，墓壁为单砖顺向错缝平铺叠砌。东、西、北壁顶部残存几层咬土砖，东、西壁咬土砖为顺向对缝平铺，北壁为顺向对缝立砌。部分墓砖为榫卯砖，侧面饰几何纹（图 2-43B；彩版一二二，2），规格为长 29、宽 14、厚 5 厘米和长 30、宽 14、厚 4 厘米。

墓内填土为五花土。未见人骨、葬具痕迹。出土随葬品 9 件，包括釉陶罐 3 件、釉陶壶 2 件、印纹硬陶罍 1 件、陶片 1 件，铜镜 1 件，铁剑 1 件。

釉陶壶   2 件。

M28：8，盘口，圆唇，束颈，溜肩，鼓腹，平底。盘口下方、颈部下方各饰两道弦纹，肩以下满饰弦纹。肩部附对称半环耳一对，耳饰叶脉纹。夹砂灰褐胎。耳为手制，其余部位为轮制。肩部以上覆青釉，脱釉严重。口径 13.6、腹径 20.1、底径 10.2、高 26.6 厘米。（图 2-43C；彩版一二二，3）

M28：5，残碎。

釉陶罐   3 件。

M28：6，口局部残损。侈口，方唇，唇中部有一道凹槽，矮束颈，溜肩，鼓腹，平底。肩部以下满饰弦纹。肩部附对称半环耳一对，现仅存一耳，耳饰叶脉纹。夹砂灰陶。耳为手制，其余部位为轮制。脱釉。口径 10.6、腹径 16、底径 7.5、高 13.2 厘米。（图 2-43C；彩版一二二，4）

M28：7，侈口，方唇，唇中部有一道凹槽，束颈极短，溜肩，斜弧腹，平底。口部以下满饰弦纹。肩部附对称半环耳一对，耳饰叶脉纹。夹砂灰陶。耳为手制，其余部位为轮制。脱釉。口径 11.6、腹径 15.8、底径 6.7、高 13.7 厘米。（图 2-43C；彩版一二二，5）

M28：4，残碎。

印纹硬陶罍   1 件。

M28：3，残碎。

陶片   1 件。

M28：9，残碎。

铜镜   1 件。

M28：1，博局镜。正、背面均闪露青黑色金属光泽，局部有绿锈侵入镜体。圆形铜镜，镜面微弧。圆纽，四叶柿蒂纹纽座，四叶间有"长宜子孙"铭文。内区座外为复线方框。方框外有八个四叶柿蒂纹乳丁，方框四边外侧正中各伸出一个"T"形符号与"L"形符号相对，方框四角与"V"形符号相对，三种符号将镜的内区分成四方八等份，内饰青龙、白虎、朱雀、禽鸟和瑞兽，各占一等份。外侧两周弦纹内为一周环形铭文带，铭文为"汉有善铜出丹阳，和以银锡清且明，左龙右虎主四彭，八子九孙治中央"，其中"彭""九"字均为反书。铭文带外有一周栉齿纹。外区由内向外分别饰锯齿纹和弦纹，边缘为青龙、禽鸟、白虎和朱雀与四几何形云纹相间环绕。直径 13.8、高 1 厘米。（图 2-43C）

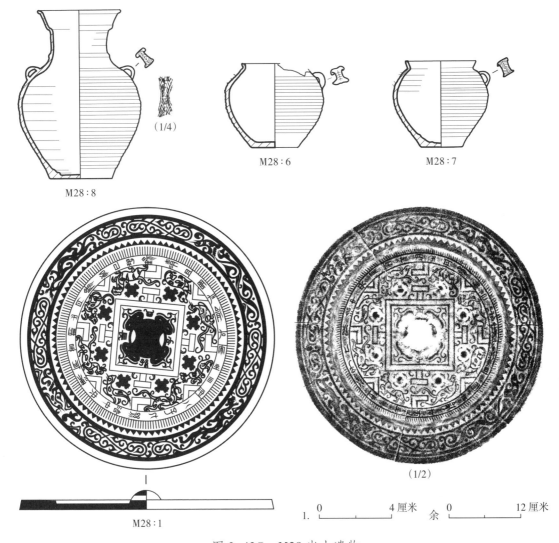

图 2-43C　M28 出土遗物

铁剑　1 件。

M28：2，残碎，锈蚀严重。

M47

M47 位于凤凰山北坡东部，长方形砖椁墓，方向 50°。早期被扰，顶部无存。墓底距地表 1.5 米，墓室开口于表土层下，打破生土层。墓室长 3.04~3.36、宽 0.94~0.96、高 0.64 米。（图 2-44；彩版一二三，1）

墓室砌筑方式为先砌墓壁，后砌墓底。墓室四壁垂直，东、西壁向内弧凹。墓底为单砖以四横一纵法平铺，墓壁为单砖顺向错缝平铺叠砌。部分墓砖侧面饰几何纹（图 2-44；彩版一二三，2）。墓砖规格为长 34、宽 16、厚 5 厘米。

墓内填土为五花土。未见人骨、葬具痕迹。出土随葬品 1 件，为铁矛。

铁矛　1 件。

M47：1，残碎，锈蚀严重。

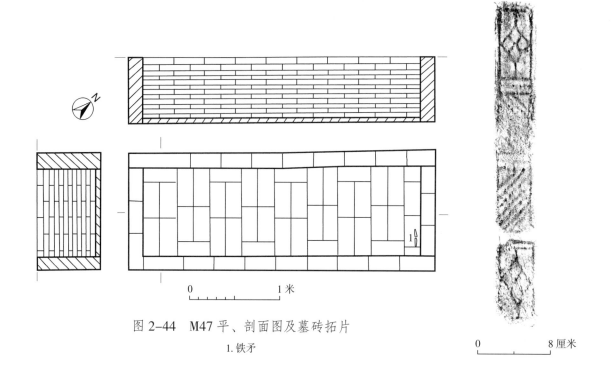

图 2-44　M47 平、剖面图及墓砖拓片
1. 铁矛

M50

M50 位于凤凰山北坡中部，长方形砖椁墓，方向 150°。早期被扰，顶部无存。墓底距地表 1.2~1.6 米，墓室开口于表土层下，打破生土层。墓室长 3、宽 1.1、高 0.8 米。（图 2-45A；彩版一二三，3）

墓室砌筑方式为先砌墓壁，后砌墓底。墓底为榫卯砖纵向对缝平铺，墓壁为单砖顺向错缝平铺叠砌。部分墓砖侧面模印"闻人顺"字样和几何纹（图 2-45A）。榫卯砖规格为长 34、宽 15、厚 5 厘米。

墓内填土为五花土。未见人骨、葬具痕迹。出土随葬品 14 件，包括釉陶罐 5 件（其中有一组 2 件的），釉陶壶 3 件，印纹硬陶罍、陶灶和残陶器各 1 件，铁剑 1 件，铜镜 1 件，铜钱 1 组。

釉陶壶　3 件。

M50：3，口、颈残。弧肩，鼓腹，平底微凹。器身密布弦纹。肩部附对称半环耳一对，一耳残缺，耳饰叶脉纹。灰胎。轮制。脱釉严重。腹径 22、底径 10、残高 22.2 厘米。（图 2-45B；彩版一二四，1）

M50：5，口残。束颈，弧肩，鼓腹，平底微凹。肩部饰两组细弦纹，腹部密布粗弦纹。肩部附对称半环耳一对，一耳残缺，耳饰叶脉纹。红褐胎。肩部覆釉，脱釉严重。底径 10.8、残高 24 厘米。（图 2-45B）

M50：4，残碎。

釉陶罐　5 件。

M50：6，两件叠在一起。一件敞口，方唇，矮束颈，弧肩，鼓腹，平底。器身满饰弦纹。肩

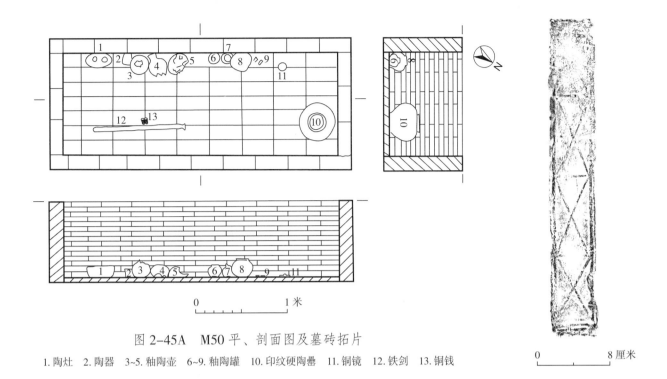

图 2-45A　M50 平、剖面图及墓砖拓片

1.陶灶　2.陶器　3~5.釉陶壶　6~9.釉陶罐　10.印纹硬陶罍　11.铜镜　12.铁剑　13.铜钱

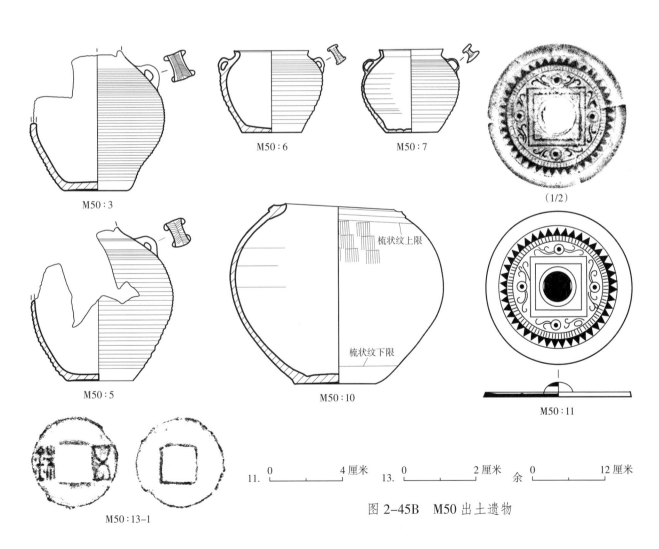

图 2-45B　M50 出土遗物

部附对称半环耳一对，耳饰叶脉纹。红陶。脱釉。口径12.2、腹径16.8、底径9.6、高13.2厘米。另一件残碎。（图2-45B；彩版一二四，2）

M50：7，敞口，方唇，矮束颈，弧肩，鼓腹，平底。器身满饰弦纹。肩部附对称半环耳一对，耳饰叶脉纹。红陶。脱釉。口径10.4、腹径16、底径8.5、高13.2厘米。（图2-45B；彩版一二四，3）

M50：8，残碎。

M50：9，残碎。

印纹硬陶罍 1件。

M50：10，敛口，方唇，斜沿，唇外有一周凸起，弧肩，鼓腹，平底微凹。通体拍印梳状纹。夹砂灰陶。轮制。口径20.6、腹径34.9、底径13.3、高27.5~28.5厘米。（图2-45B；彩版一二四，4）

陶灶 1件。

M50：1，残碎。

陶器 1件。

M50：2，残碎。

铁剑 1件。

M50：12，残碎，锈蚀严重。

铜镜 1件。

M50：11，四乳草叶纹镜。残碎，拼对后基本完整。正、背面大部分闪露青黑色金属光泽，局部有绿锈侵入镜体。圆形铜镜。圆纽，圆纽座。内区座外为复线方框，方框四边外正中各有一个乳丁，乳丁左右饰连叠草叶纹。外区由内向外依次饰一周栉齿纹和锯齿纹。直径8、高0.8厘米。（图2-45B；彩版一二三，4）

铜钱 1组数枚。多锈蚀残碎，部分粘连。

M50：13-1，钱正面无内郭，背面有内郭，正面篆文"五铢"二字，字体略宽。直径2.4厘米。（图2-45B；彩版一二三，5）

M73

M73位于凤凰山山顶东部，长方形砖椁墓，方向44°。早期被扰，顶部无存。墓底距地表1.1米，墓室开口于表土层下，打破生土层。由墓门、甬道和墓室组成。甬道长0.32、宽1.2、残高0.3米。墓室长3.55、宽1.7、残高0.6米。（图2-46；彩版一二五，1）

墓室砌筑方式为先砌墓壁，后砌墓底，最后砌墓门。墓底为单砖横向错缝平铺，东半部裸露生土；残存墓壁采用单砖顺向平铺错缝叠砌；墓门采用单砖错缝外弧形叠砌，每层以4块榫卯砖顺向平铺砌筑。墓砖除底砖外均为榫卯砖，部分墓砖侧面饰几何纹（图2-46；彩版一二五，2），规格为长33、宽16、厚5厘米。

墓内填土为五花土。未见人骨、葬具痕迹。未见随葬品。

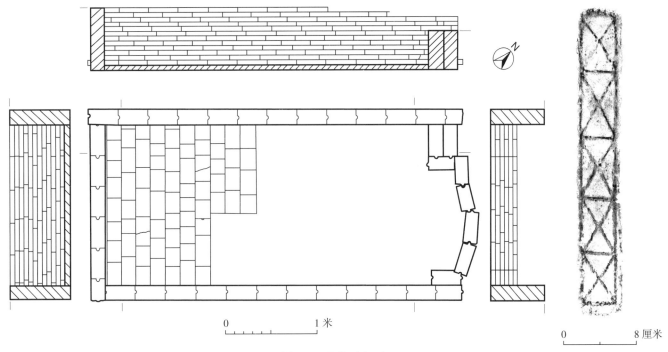

图 2-46　M73 平、剖面图及墓砖拓片

M79

M79 位于凤凰山山顶东部，长方形砖椁墓，方向 10°，东北角打破 M81。早期被扰，顶部无存。墓底距地表 1.4~1.6 米，墓室开口于表土层下，打破生土层。南、北两壁中部向墓内弧形拱入。墓室长 3.22、宽 0.9~1.1、残高 0.6 米。（图 2-47A；彩版一二五，3）

墓室砌筑方式为先砌墓底，后砌墓壁。墓底为单砖横向错缝平铺，墓壁为单砖顺向错缝平铺叠砌。部分墓砖侧面饰几何纹（图 2-47A；彩版一二五，4），规格为长 35、宽 15、厚 5 厘米。

墓内填土为五花土。未见人骨、葬具痕迹。出土随葬品 6 件，位于墓室中部及东端，包括陶罐 3 件，铁剑 1 件、铁矛 1 件，铜镜 1 件。

釉陶罐　3 件。

M79：1，直口微敞，方唇，束颈，溜肩，鼓腹，平底。肩、腹部满饰弦纹。肩部附对称半环耳一对，一耳残缺。黄褐陶。耳为手制，其余部位为轮制。脱釉。口径 8.4、腹径 14.1、底径 7.2、高 13.2 厘米。（图 2-47B；彩版一二六，1）

M79：2，口局部残缺。侈口，圆唇，矮束颈，弧肩，鼓腹，平底。外壁满饰弦纹。肩部附对称半环耳一对，一耳残缺。红胎。耳为手制，其余部位为轮制。脱釉。口径 11、腹径 16.2、底径 7.5、高 13.2 厘米。（图 2-47B；彩版一二六，2）

M79：3，盘口微敛，方唇，矮束颈，弧肩，鼓腹，平底。外壁满饰弦纹。肩部附对称半环耳一对，一耳残缺，耳饰叶脉纹。陶色上灰下红。耳为手制，其余部位为轮制。脱釉。口径 10.3、腹径 15.7、底径 7.2、高 13.1 厘米。（图 2-47B；彩版一二六，3）

铁剑　1 件。

M79：4，残碎，锈蚀严重。

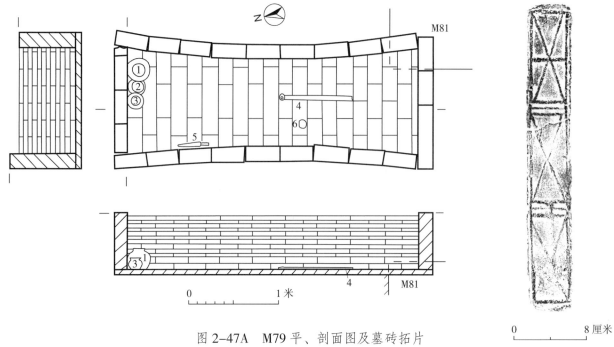

图 2-47A M79 平、剖面图及墓砖拓片

1~3.釉陶罐 4.铁剑 6.铜镜 5.铁矛

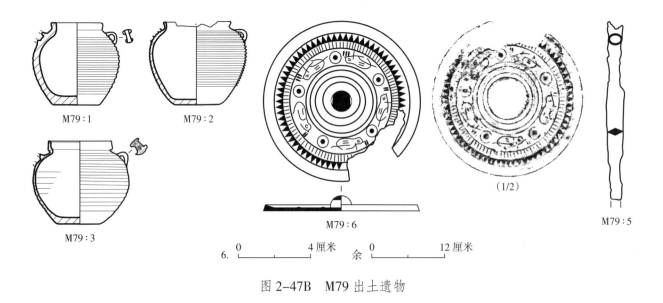

图 2-47B M79 出土遗物

铁矛 1件。

M79:5,锈蚀严重。窄细柳叶形,截面呈菱形,骹为权形椭圆口。残长28.2、宽3厘米。(图 2-47B;彩版一二六,5)

铜镜 1件。

M79:6,五乳禽鸟纹镜。局部残缺,正、背面大部分有绿锈侵入镜体,少部分闪露青黑色金属光泽。圆形铜镜。圆纽,圆纽座。内区纽座外饰三道弦纹,其外以五个乳丁划分出五区,每区各饰一禽鸟,点缀由两条或三条短线组成的纹饰。外区由内而外依次饰一周栉齿纹和锯齿纹。直径8.5、高0.8厘米。(图 2-47B;彩版一二六,4)

M85

M85 位于凤凰山北坡偏东，长方形砖椁墓，方向 136°。早期被扰，顶部无存。墓底距地表 1.6~2.1 米，墓室开口于表土层下，打破生土层。墓室长 3.5~3.84、宽 2.14~2.48、深 0.9~1.1 米。（图 2-48A；彩版一二七，1）

墓底以红砖两横两纵对缝平铺。墓室壁竖直，裸露黄褐色生土。四周夯筑熟土二层台，台宽 0.3、高 0.45~0.65 米。台上以单砖顺向平铺一层，用砖为红褐色榫卯砖。墓砖素面，规格为榫卯砖长 38、宽 16、厚 6 厘米，铺底砖长 32、宽 16、厚 5 厘米。

墓内填土为五花土，较疏松，无砖块。未见人骨、葬具痕迹。出土随葬品 14 件，多位于墓室北侧，呈排状分布，少数散放于室内，包括釉陶壶 3 件、印纹硬陶罍 2 件、陶灶和陶片各 1 件，铁器 2 件、铁刀 1 件，铜镜 2 件、铜钱 2 组。

釉陶壶　3 件。束颈，弧肩，鼓腹，平底。肩部附对称半环耳一对，耳饰叶脉纹。肩、腹部满饰弦纹。夹砂灰褐胎。耳为手制，其余部位为轮制。脱釉。

M85：3，盘口，圆唇。腹径 18.1、底径 7.5、高 22.9 厘米。（图 2-48B；彩版一二八，1）

M85：6，口、颈均残。腹径 20.6、底径 8.1、残高 22.7 厘米。（图 2-48B；彩版一二八，2）

M85：2，残碎。

印纹硬陶罍　2 件。

M85：8，敛口，宽沿中部有一道凹槽，尖圆唇，弧肩，鼓腹，平底微凹。肩、腹部满饰梳状纹。

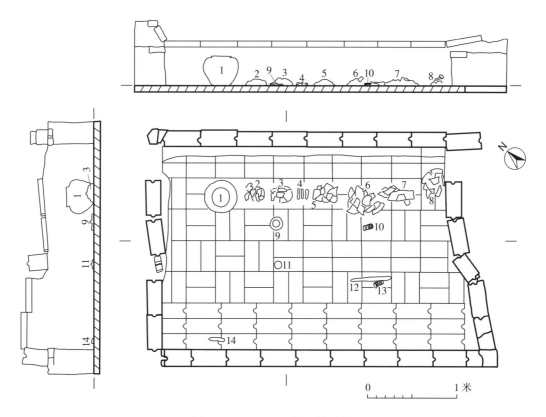

图 2-48A　M85 平、剖面图

1、8.印纹硬陶罍　2、3、6.釉陶壶　4、14.铁器　5.陶片　7.陶灶　9、11.铜镜　10、13.铜钱　12.铁刀

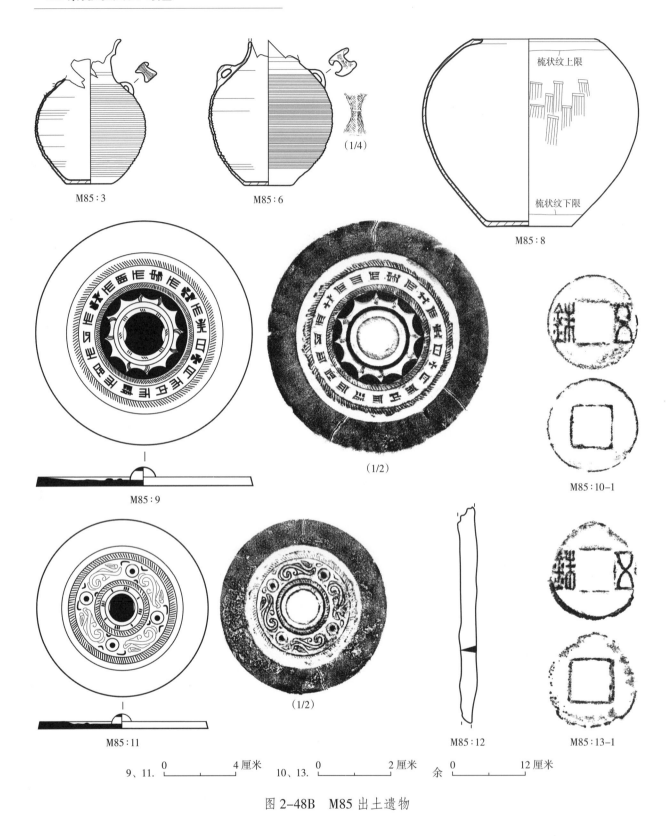

M85：3　M85：6　（1/4）　梳状纹上限　梳状纹下限　M85：8

M85：9　（1/2）　M85：10-1

M85：11　（1/2）　M85：12　M85：13-1

9、11. 0 ———— 4厘米　10、13. 0 ——— 2厘米　余 0 ——— 12厘米

图2-48B　M85出土遗物

夹砂灰陶。轮制。脱釉。口径19.8、腹径35.3、底径13.9、高29.9厘米。（图2-48B；彩版一二八，3）

M85：1，残碎。

陶灶 1件。

M85：7，残碎。

陶片 1件。

M85：5，残碎。

铁器 2件。

M85：4，残碎，锈蚀严重，无法辨识。

M85：14，残碎，锈蚀严重，无法辨识。

铁刀 1件。

M85：12，锈蚀严重。直刀，刀身细长而直，截面呈三角形。残长34.5、宽3、背厚1.2厘米。（图2-48B；彩版一二七，6）

铜镜 2件。

M85：9，昭明连弧纹铭带镜。保存基本完整，正、背面均闪露青黑色金属光泽，局部有绿锈侵入镜体。圆形铜镜，镜面微弧。圆纽，圆纽座。内区纽座外饰一周凸弦纹，外侧为一周内向十二连弧纹带，外侧为栉齿纹带，其外两周弦纹间为一周铭文带，铭文为"内而清而昭而以而光而明而家而光而羌日十月而"，外侧为一周栉齿纹。外区素面。直径11.9、高1厘米。（图2-48B；彩版一二七，4）

M85：11，四乳四虺纹镜。保存基本完整，正、背面均闪露青黑色金属光泽，局部有绿锈侵入镜体。圆形铜镜，镜面微弧。圆纽，圆纽座。内区纽座外饰一周由三条短线和一条短线组成的纹饰，外侧为栉齿纹带。其外以四个乳丁划分出四区，每区各饰一虺纹，虺纹之下点缀鸟纹。外侧为一周栉齿纹。外区素面。直径9.4、高0.8厘米。（图2-48B；彩版一二七，5）

铜钱 2组数枚。多锈蚀残碎，部分粘连。

M85：10-1，钱正面无内郭，背面有内郭，正面篆文"五铢"二字，字体略宽。直径2.5厘米。（图2-48B；彩版一二七，2）

M85：13-1，钱正、背面均有内郭，正面篆文"五铢"二字，字体略宽。直径2.4厘米。（图2-48B；彩版一二七，3）

三 砖室墓

M7

M7位于凤凰山南坡东部，刀把形砖室墓，方向160°。早期被扰，顶部部分无存。墓底距地表约2.8米，墓室开口于表土层下，打破生土层。由墓门、甬道和墓室组成。拱形墓门位于南壁的西部，宽0.92、高1.16米。甬道位于墓门以内，长0.5、宽0.92、高1.16米。墓室为长方形，长3.58、宽1.65、残高1.64米。（图2-49A；彩版一二九，1）

墓室砌筑方式为先砌墓底，后砌墓壁。墓门外部砌筑封门砖，为单砖顺向错缝平铺叠砌；墓底为单砖一纵一横交错平铺；墓壁为单砖顺向错缝平铺叠砌，1米高处起拱券。券顶南部用砖为弧形榫卯砖，共28排，每排7块；北端1.6米用条砖起券。墓砖素面（彩版一二九，2），规格

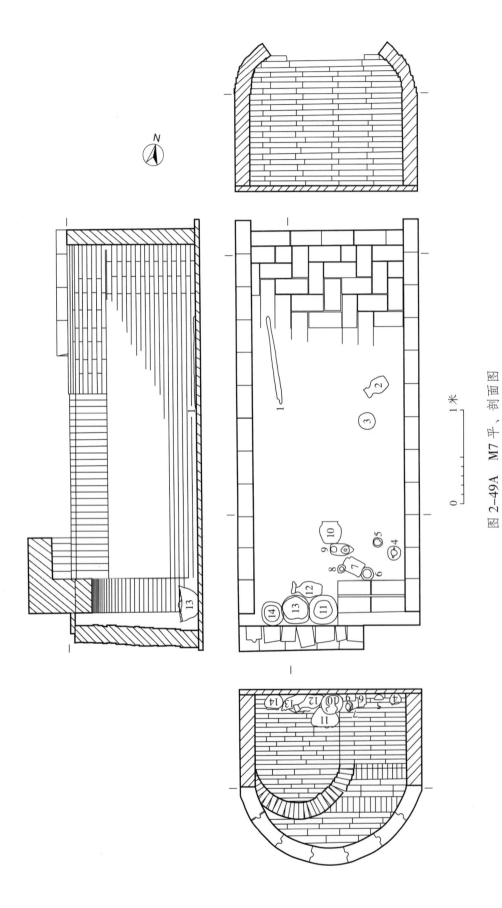

图 2-49A　M7 平、剖面图

1. 铁剑　2、12. 釉陶壶　3. 铜镜　4、10、14. 釉陶罐　5. 釉陶钵　6、7. 釉陶井　8. 陶釜　9. 釉陶灶　11、13. 印纹硬陶罍

为长 34、宽 17、厚 5 厘米。

墓内填土为黄褐色黏土。未见人骨、葬具痕迹。出土随葬品 14 件，包括釉陶罐 3 件，印纹硬陶
罍、釉陶壶和釉陶井各 2 件，陶釜、釉陶灶和釉陶钵各 1 件，铁剑 1 件，铜镜 1 件。

釉陶壶　2 件。盘口，束颈，弧肩，鼓腹，平底。肩部附对称半环耳一对，耳饰叶脉纹。肩
部饰一组弦纹，腹部满饰弦纹。夹砂胎。耳为手制，其余部位为轮制。脱釉。

M7：2，方唇，盘口外壁满饰弦纹，颈部饰一组弦纹。灰胎。口径 11.6、腹径 20.4、底径 8.8、
高 27.6 厘米。（图 2-49B）

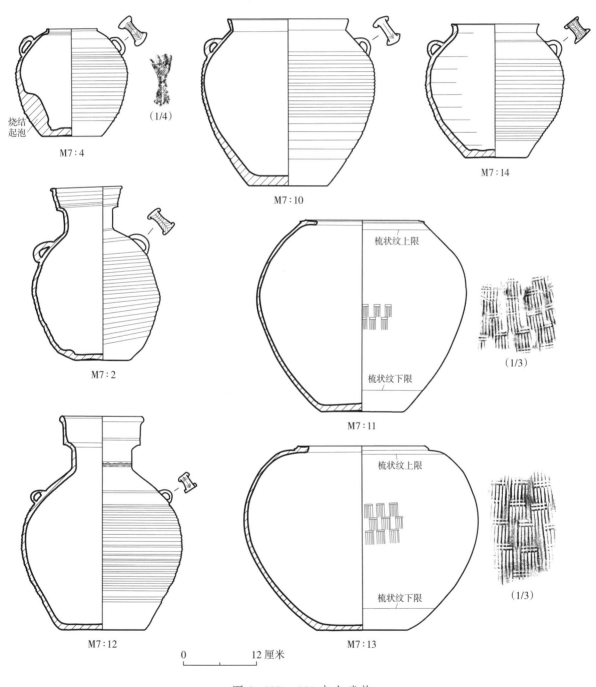

图 2-49B　M7 出土遗物

M7：12，圆唇，盘口上端饰一道弦纹，下端饰两道弦纹；颈部饰两道弦纹，弦纹间饰水波纹。黄胎。口径 13.1、腹径 26.4、底径 14、高 34.1 厘米。（图 2-49B；彩版一三〇，1）

釉陶罐 3 件。弧肩，鼓腹。肩部附对称半环耳一对，耳饰叶脉纹。腹部满饰弦纹。夹砂陶。耳为手制，其余部位为轮制。脱釉。

M7：4，直口微敞，方唇，颈极矮，平底微凹。灰褐胎。口径 8.2、腹径 18.4、底径 9.6、高 17.2 厘米。（图 2-49B；彩版一三一，1）

M7：10，侈口，尖唇，矮束颈，平底。灰褐胎。口径 19.7、腹径 28.2、底径 12.6、高 26.6 厘米。（图 2-49B；彩版一三一，2）

M7：14，侈口，圆唇，矮束颈，平底微凹。灰褐胎。口径 14.6、腹径 22.8、底径 10.5、高 21.2 厘米。（图 2-49B；彩版一三一，3）

印纹硬陶罍 2 件。方唇，弧肩，鼓腹。腹部满拍印梳状纹。夹砂陶。轮制。

M7：11，敛口，斜沿，平底微凹。灰褐胎。口径 15.1、腹径 34.2、底径 13.5、高 30.4 厘米。（图 2-49B；彩版一三一，4）

M7：13，直口，平沿，平底。红褐胎。口径 21、腹径 38.4、底径 15、高 29.2 厘米。（图 2-49B；彩版一三一，5）

釉陶钵 1 件。

M7：5，残碎。

釉陶井 2 件。束颈，折肩，斜直腹，平底。上腹附对称半环耳一对，耳饰叶脉纹。上腹饰两组弦纹，弦纹间饰水波纹，内壁饰弦纹。夹砂灰褐胎。耳为手制，其余部位为轮制。

M7：6，敞口，方唇，唇中部有一道凹槽。肩部及口沿内壁覆青釉，脱釉严重。口径 10.8、底径 11.2、高 18 厘米。（图 2-49C；彩版一三〇，2）

M7：7，直口微敛，方唇。肩部饰水波纹。口部、肩部、两耳上部及内底覆青釉，脱釉严重。口径 12.6、底径 14.1、高 21.3 厘米。（图 2-49C；彩版一三〇，3）

陶釜 1 件。

M7：8，残碎。

釉陶灶 1 件。

M7：9，平面呈船形，后端尖，器面较平。上面设二灶眼，前小后大，后眼存有一釜。前端为方形灶门，后端有一圆孔状烟囱。泥质青灰胎。灶体为手制，釜为轮制。脱釉。通长 27.6、宽 16.8、通高 13.7、不带釜高 9~10 厘米，釜口径 7.8、腹径 11.6、底径 5.6、高 6.6 厘米。（图 2-49C；彩版一三〇，4）

铁剑 1 件。

M7：1，锈蚀严重。柳叶形，有柄，剑身细长扁平，截面呈菱形。通长 85.8、剑柄长 6.7、宽 3.3 厘米。（图 2-49C；彩版一二九，4）

铜镜 1 件。

M7：3，尚方八禽博局镜。正、背面均闪露青黑色金属光泽，局部有绿锈侵入镜体。圆形铜镜，镜面微弧。圆纽，四叶柿蒂纹纽座。内区座外为双重方框，框间四方各用两组三竖线隔成

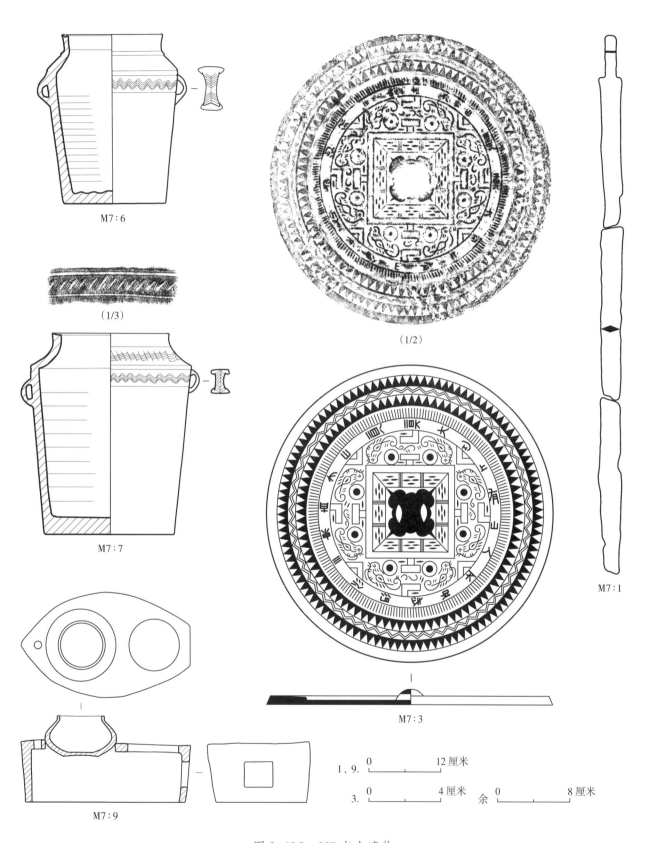

M7：6

(1/3)

M7：7

M7：9

(1/2)

M7：3

M7：1

1、9. |0————————12 厘米

3. |0————————4 厘米　　余 |0————————8 厘米

图 2-49C　M7 出土遗物

三区，四角用斜线间隔，共分十二区，每区内均饰四条横线组成的纹饰。其外又有一大方框，方框外有八个乳丁，方框外侧正中各伸出一个"T"形符号与"L"形符号相对，四角与"V"形符号相对，三种符号将镜的内区分成四方八等份，八只相对的禽鸟纹各占一等份。外侧两周弦纹间为一周环形铭文带，铭文为"尚方作竟真大巧，上有山人不知老，渴饮三（玉）泉"，其中"大""人""知""老"四字均反书。铭文带外有一周栉齿纹。外区由内向外依次饰锯齿纹、弦纹、复线波折纹和锯齿纹各一周。直径15.7、高0.8厘米。（图2-49C；彩版一二九，3）

M10

M10位于凤凰山南坡中部偏西，凸字形砖室墓，方向146°。早期被扰，顶部无存。墓底距地表约1.5米，墓室开口于表土层下，打破生土层。由墓门、甬道、墓室和排水沟组成。墓门位于南壁正中，宽0.86、残高0.42米。甬道位于墓室南端正中，为长方形，长0.52、宽0.86、残高0.3米。墓室为长方形，长3.08、宽1.16、残高1.1米。排水沟位于甬道南端正中，为单砖顺向覆盖，高0.15、长2.2米。（图2-50；彩版一三二，1）

墓室砌筑方式为先砌墓底，后砌墓壁。墓室及甬道底部平铺一层"人"字形砖，中部裸露生土；墓壁为单砖顺向错缝平铺叠砌。墓砖素面，规格为长34、宽16、厚5厘米。

墓内填土为黄褐色黏土。未见人骨、葬具痕迹。未见随葬品。

M16

M16位于凤凰山南坡中部，凸字形券顶砖室墓，方向155°。甬道和封门破坏严重，甬道仅存部分底砖。墓底距地表2.4~2.6米，墓室开口于表土层下，打破生土层。墓室长4.04、宽1.87、残高1.75米。（图2-51；彩版一三二，2）

墓室砌筑方式为先砌墓底，后砌墓壁。墓底为单砖错缝平铺，大部分裸露生土；墓壁为单砖顺向错缝平铺叠砌。墓砖侧面饰几何纹（图2-51；彩版一三二，3），规格为长35、宽16、厚5厘米。

墓内填土为五花土。未见人骨、葬具痕迹。未见随葬品。

M20

M20位于凤凰山南坡西端，凸字形砖室墓，方向166°。早期被扰，墓门及顶部无存。墓底距地表2~2.2米，墓室开口于表土层下，打破生土层。由甬道和墓室组成。甬道位于墓室前端正中，为长方形，长0.72、宽1.1、残高0.2米。墓室为长方形，长4.5、宽1.95、残高1.2米。（图2-52；彩版一三二，4）

墓室砌筑方式为先砌墓底，后砌墓壁。墓底为单砖横向错缝平铺，墓壁为单砖顺向错缝平铺叠砌。墓壁砖侧面饰几何纹（图2-52；彩版一三二，5），规格为长34、宽15、厚5厘米。

墓内填土为五花土。未见人骨、葬具痕迹。未见随葬品。

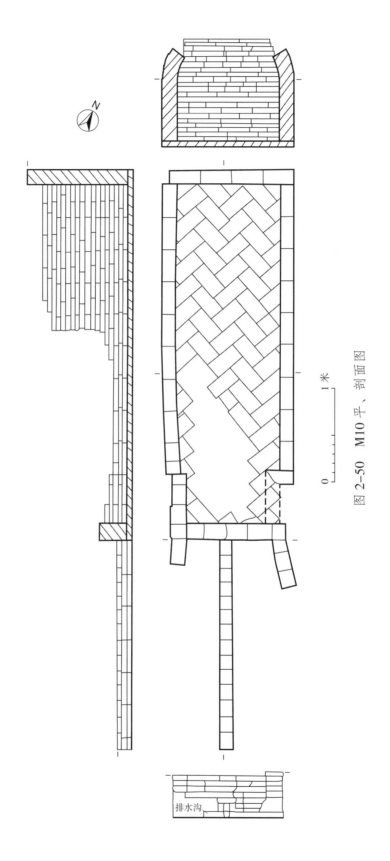

图 2-50　M10 平、剖面图

排水沟

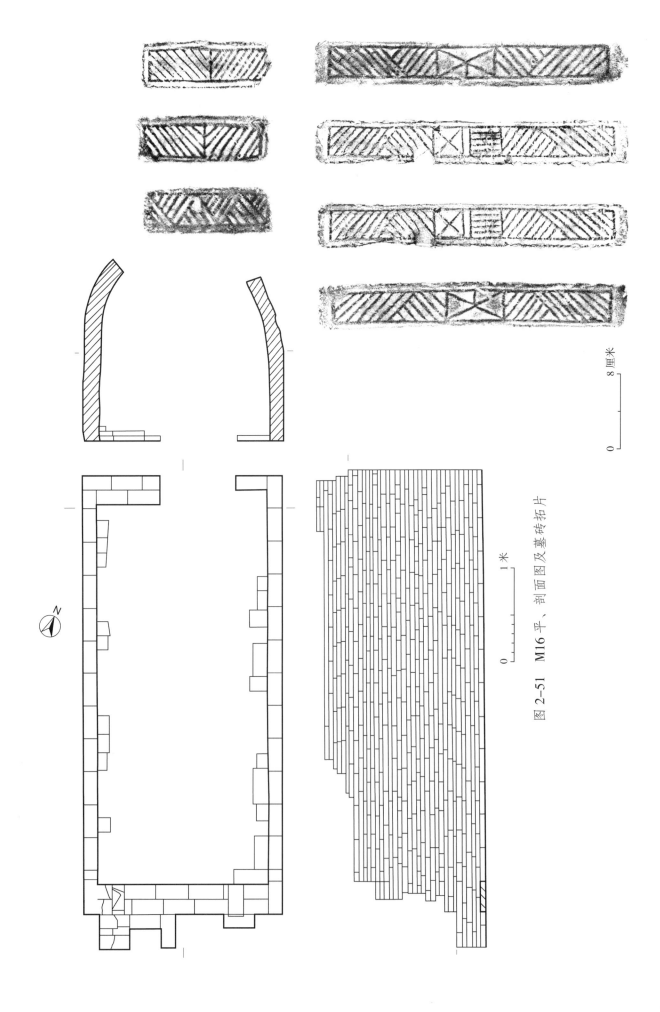

图 2-51　M16 平、剖面图及墓砖拓片

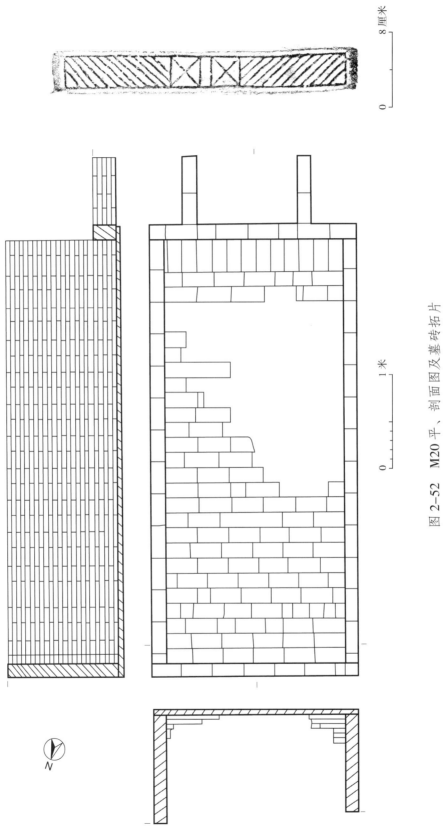

图 2-52　M20 平、剖面图及墓砖拓片

M24

M24 位于凤凰山南坡西部，砖室墓，方向 74°。早期被扰，顶部及墓室东半部无存。墓底距地表约 0.8 米，墓室开口于表土层下，打破生土层。墓室残长 2.56、宽 1.25、残高 0.56 米。（图 2-53A；彩版一三三，1）

墓室砌筑方式为先砌墓壁，后砌墓底。墓底从后往前为榫卯砖纵向平铺一组、横向平铺三组、纵向平铺一组、横向平铺四组，墓壁为单砖顺向错缝平铺叠砌。多数墓砖为榫卯砖，正面饰叶脉纹，侧面饰几何纹（图 2-53B；彩版一三三，2），规格为长 32、宽 16、厚 5 厘米。

墓内填土为棕黄色。未见人骨、葬具痕迹。出土随葬品 1 件，位于墓室西北角，为釉陶罐。

釉陶罐 1 件。

M24：1，敛口，平沿，方唇，矮竖颈，弧肩，鼓腹，平底微凹。口部以下满饰弦纹。肩部附对称半环耳一对，耳饰叶脉纹。耳为手制，其余部位为轮制。口部及肩部覆釉，脱釉严重。口径 9、腹径 22.4、底径 11.2、高 18.2 厘米。（图 2-53C；彩版一三三，3）

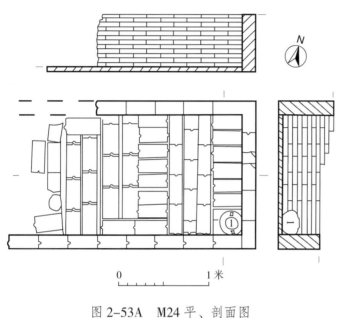

图 2-53A　M24 平、剖面图
1. 陶罐

M25

M25 位于凤凰山南坡西部，长方形砖室墓，方向 155°。早期被扰，顶部无存。墓底距地表 1.2~1.8 米，墓室开口于表土层下，打破生土层。由墓门和墓室组成。墓室长 3.9、宽 1.14、残高 0.9 米。（图 2-54A；彩版一三三，4）

墓室砌筑方式为先砌墓壁，后砌墓底。墓底以单砖横向平铺，靠近墓门处为单砖顺向平铺；墓门及墓壁为单层长条砖

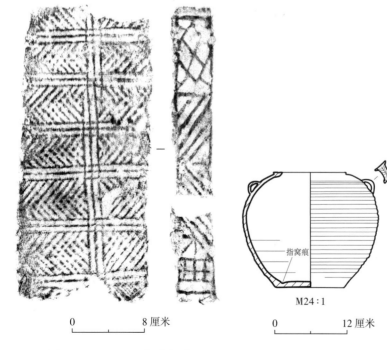

图 2-53B　M24 墓砖拓片　　图 2-53C　M24 出土遗物

顺向错缝平铺叠砌，墓壁距墓底 0.6 米处起券。长条砖侧面饰胜纹、几何纹，规格为长 35、宽 15、厚 5 厘米和长 34、宽 15、厚 5 厘米；榫卯砖正面饰叶脉纹，侧面饰几何纹（图 2-54B；彩版一三三，5、6），规格为长 36、宽 17.5、厚 5 厘米。

墓内填土为五花土。未见人骨、葬具痕迹。未见随葬品。

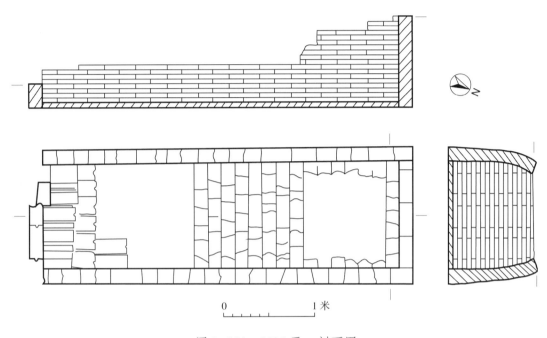

0   1 米

图 2-54A　M25 平、剖面图

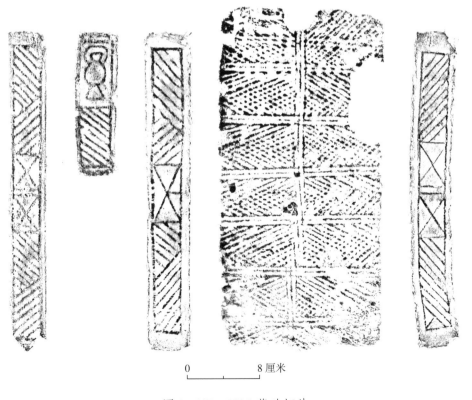

0   8 厘米

图 2-54B　M25 墓砖拓片

M63

M63 位于凤凰山北坡中部，砖室墓，方向 252°。损毁严重，顶部及墓室北部无存，北壁仅余八块砖。墓底距地表 1.3~1.6 米，墓室开口于表土层下，打破生土层。墓室残长 3.4、宽 0.7~0.78、残高 0.3 米。（图 2-55；彩版一三四，1）

墓室砌筑方式为先砌墓底，后砌墓壁。墓底平铺一层"人"字形砖，墓壁为单砖顺向错缝平铺叠砌。墓砖素面，规格为长 31、宽 15、厚 5 厘米。

墓内填土为五花土，土质松软。未见人骨、葬具痕迹。未见随葬品。

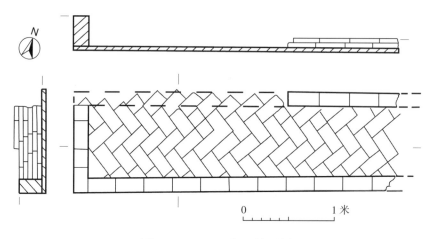

图 2-55 M63 平、剖面图

M87

M87 位于凤凰山北坡东端，砖室墓，方向 54°。损毁严重，券顶无存，残存部分墓壁。墓底距地表 1~1.2 米，墓室开口于表土层下，打破生土层。墓室残长 3.5~4、宽 1.92~2.3、残高 0.42 米。

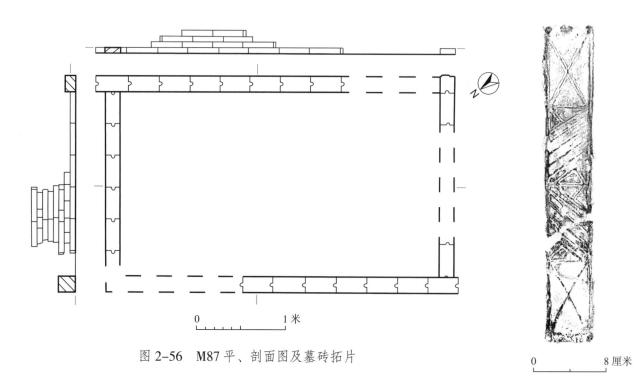

图 2-56 M87 平、剖面图及墓砖拓片

（图2-56；彩版一三四，2）

墓室砌筑方式为先开土坑，后砌墓壁。墓底无铺地砖，裸露生土；残存墓壁采用单砖顺向错缝平铺叠砌。部分墓砖侧面饰几何纹（图2-56；彩版一三四，3、4），规格为长34、宽16、厚6厘米。

墓内填土为五花土。未见人骨、葬具痕迹。未见随葬品。

第二节 墓葬形制与典型器物分析

一 墓葬形制分析

共56座，其中土坑墓42座、砖椁墓6座、砖室墓8座。

（一）土坑墓

共42座。平面形状以长方形为主，另有带斜坡墓道的刀把形墓和近方形墓。土坑均为开凿生土而建，墓中未发现明显的棺椁痕迹，随葬器物多呈排状分布。墓坑长1.94~5米、宽1.1~3.5米。

长方形墓，共37座，分别为M6、M8、M29、M30、M33、M38、M40、M41、M42、M43、M44、M45、M46、M49、M51、M52、M53、M54、M55、M56、M61、M62、M71、M72、M74、M76、M77、M80、M81、M82、M83、M84、M86、M88、M89、M90、M92，其中长度与宽度比超过2的有19座，长度等于或超过4米的墓葬有13座。

刀把形墓，共4座，分别为M39、M60、M70、M75。

近方形墓，共1座，为M59。

（二）砖椁墓

共6座，分别为M28、M47、M50、M73、M79、M85。平面呈长方形，墓壁均为单砖顺向错缝平铺叠砌而成，底砖多横向、纵向或交替平铺。M28墓室壁顶部保存有放置木顶板的设施。

（三）砖室墓

共8座，分别为M7、M10、M16、M20、M24、M25、M63、M87。

二 典型器物分析

两汉时期随葬器物共528件，主要出土于土坑墓和砖椁墓中，根据器物的质地可分为陶器、金属器、玉石器等。陶器类型有鼎、盒、壶、罐、瓶、罍、盆、钵、杯、卮、盂、勺、熏炉、釜、井、灶、虎子、麟趾金、纺轮、羊角形器、璧、币等，金属器包括铜镜、铜钱、铜釜、铜带钩、铁鼎、铁釜、铁刀、铁剑、铁矛等，玉器为玉饰。

（一）陶器

出土陶器共490件。分为釉陶、硬陶和泥质陶，其中釉陶居多，硬陶次之，泥质陶最少。釉陶和硬陶烧制火候高，硬度大。出土器物的制法有轮制、手制和模制三种。器物的主体一般采用轮制，耳、足为手制，后贴附于器物主体上。

器物纹饰种类较多,有水波纹、弦纹、编织纹、栉齿纹、旋纹、戳印点纹等。制作方法有拍印、戳印、刻划、贴塑等。除小型器物外,往往同时施加多种纹饰。

釉陶鼎　共4件。与盒、壶、瓿等仿铜陶礼器伴出。均为盖鼎,子母口,梯形立耳。器物主体为轮制,耳部和足部为后期贴塑。胎体为灰褐色,主体覆青黄色釉。耳部素面。其中M70：10形制特殊,其余3件根据盖、耳、腹和足的差异可分两式。

Ⅰ式　1件。盖缺失,耳贴于鼎身近口部,大平底,蹄足较高。标本M72：1。

Ⅱ式　2件。覆钵形盖,盖上有三个卷云状纽。盖面饰三组弦纹,弦纹间饰几何状戳印纹。与Ⅰ式比,耳位置下移,蹄足变矮。标本M81：2、M81：4。

釉陶盒　共3件。与鼎、壶、瓿等仿铜陶礼器伴出。形制相似,不分型式。盖呈覆钵状,盖顶竖起一圈凸棱,盖面饰三组弦纹,弦纹间饰几何状戳印纹。器身子口内敛,斜弧腹,平底,矮圈足,腹部饰两道粗弦纹。灰胎。盖与器身均为轮制。盖覆青釉,釉面玻化程度好。标本M81：1、M81：7。M42：2失盖,脱釉。

釉陶壶　共104件。壶多半环耳,耳部纹饰主要为水波纹,器身圈足或平底,壶身多饰水波纹和弦纹等,纹饰成组出现在壶的口部、颈部和腹部等位置,下腹多为旋纹。器身为轮制,耳为后期贴塑。硬陶,灰褐色胎,口及上腹部覆釉,大部分脱釉较严重。其中30件残,其余74件根据口部的差异可分为两型。

敞口壶　共59件。其中M49：1、M88：17样式特殊,未分型式,其余57件根据壶的口、腹、圈足和纹饰等的差异可分四式。

Ⅰ式　11件。细高束颈,扁折腹,下腹斜弧,腹部最大径位于上腹,高圈足外撇较甚,整体较粗壮。耳主体饰叶脉纹。标本M81：3、M81：6、M77：3、M90：9、M51：12、M29：2、M86：1、M62：4、M60：1、M80：4、M49：24。

Ⅱ式　2件。与Ⅰ式比,颈部变短,圈足变矮,整体瘦高。标本M39：12、M70：9。

Ⅲ式　5件。与Ⅱ式比,下腹变斜直,圈足竖直,整体变矮。标本M46：11、M61：11、M84：5、M75：6、M88：3。

Ⅳ式　39件。与Ⅲ式比,腹部呈圆鼓状,腹部最大径下移至中部,圈足变矮。上腹饰较三条较粗的弦纹,肩部出现铺首衔环耳和云气纹。标本M53：1、M53：2、M53：4、M53：5、M53：7、M41：5、M41：6、M41：7、M41：8、M41：9、M41：10、M41：11、M41：12、M41：15、M41：16、M92：3、M92：4、M92：6、M92：7、M92：8、M92：9、M92：10、M92：11、M92：17、M38：4、M38：5、M38：6、M38：7、M38：8、M38：9、M55：1、M55：2、M55：3、M55：5、M76：1、M76：2、M76：3、M76：6、M8：8。

盘口壶　共15件。根据口部、腹部和足等的差异,可分六式。

Ⅰ式　1件。盘口较小,鼓腹,高圈足。标本M55：4。

Ⅱ式　2件。与Ⅰ式比,圈足变矮。标本M30：5、M76：4。

Ⅲ式　1件。与Ⅱ式比,弧腹,圈足变矮,器身修长。标本M54：5。

Ⅳ式　5件。与Ⅲ式比,盘口增大,颈部加长,圈足消失,胎和釉质明显变差。标本M54：1、M54：2、M54：3、M59：7、M59：16。

Ⅴ式　4件。与Ⅳ式比，腹部变圆鼓。标本 M89：3、M89：11、M85：3、M28：8。

Ⅵ式　2件。与Ⅴ式比，盘口外壁变竖直。标本 M7：2、M7：12。

陶/釉陶罐　共 117 件。器身饰弦纹和旋纹。部分帖附半环耳一对，耳多饰叶脉纹饰。硬陶，胎多为灰褐色，部分为红褐色。多数上腹部覆釉。罐主体为轮制，耳部为后期贴塑。其中 17 件残，其余 100 件根据耳的有无可分为两型。

无耳罐　共 40 件。根据最大径位置和腹部的差异，可分三式。

Ⅰ式　21 件。最大径位于肩部，饰弦纹。标本 M72：3、M72：4、M72：7、M49：4、M49：8、M49：9、M74：1、M74：7、M51：2、M51：4、M51：19、M62：1、M60：10、M82：1、M82：2、M82：4、M56：14、M56：15、M56：16、M90：15、M44：2。

Ⅱ式　7 件。与Ⅰ式比，最大径下移。标本 M71：4、M39：4、M6：4、M70：1、M70：6、M70：7、M70：8。

Ⅲ式　12 件。与Ⅱ式比，折腹明显。标本 M88：4、M88：6、M88：7、M88：8、M88：11、M88：18、M75：12、M75：17、M75：18、M75：19、M75：22、M75：9。

双耳罐　共 60 件。其中 M6：3 残，不能分型式，其余 59 件根据器身形态和纹饰差异可分七式。

Ⅰ式　7 件。器身矮扁，最大径位于肩部，大平底，耳上部多饰鬼眼纹。标本 M49：3、M74：5、M51：7、M82：3、M90：8、M40：6、M40：7。

Ⅱ式　9 件。与Ⅰ式比，器身高度增加。标本 M52：2、M52：3、M52：4、M52：5、M52：6、M70：2、M70：4、M70：17、M84：9。

Ⅲ式　23 件。与Ⅱ式比，折腹明显。标本 M46：2、M46：3、M46：5、M46：6、M46：7、M88：9、M88：10、M88：15、M61：1、M61：3、M61：4、M61：5、M61：6、M84：7、M84：8、M84：10、M84：11、M75：2、M75：3、M75：4、M75：5、M75：13、M75：20。

Ⅳ式　4 件。与Ⅲ式比，腹部最大径位于中部，弧腹。标本 M53：9、M76：5、M76：7、M38：10。

Ⅴ式　3 件。与Ⅳ式比，腹部最大径上移，腹部旋纹明显。标本 M59：10、M59：13、M7：4。

Ⅵ式　11 件。与Ⅴ式比，口部增大。标本 M28：6、M28：7、M89：2、M89：7、M89：17、M50：6、M50：7、M79：1、M79：2、M79：3、M24：1。

Ⅶ式　2 件。器体较大，口沿外撇。标本 M7：10、M7：14。

釉陶瓿　共 48 件。附铺首耳一对，部分底部附瓦足。器身饰弦纹和水波纹。硬陶，灰褐色胎，口及上腹覆釉，大部分脱落较严重。主体为轮制，耳和足为后期贴塑。其中 M84：1 残碎，其余 47 件根据腹、耳和足部的差异可分四式。

Ⅰ式　24 件。器身矮扁，铺首耳外撇，耳顶部高于口沿，底部附三瓦足。标本 M77：1、M77：2、M49：10、M49：21、M74：6、M42：1、M90：6、M90：14、M51：6、M51：8、M29：1、M86：2、M62：2、M60：2、M60：3、M60：6、M60：8、M82：7、M56：3、M56：12、M56：18、M45：1、M71：5、M71：9。

Ⅱ式 6件。与Ⅰ式比,瓦足消失,部分器身高度有所增加,底部变大。标本 M39:8、M39:14、M52:1、M70:11、M70:16、M33:2。

Ⅲ式 8件。与Ⅱ式比,腹部最大径下移至接近中部,铺首耳顶部低于口沿。标本 M40:2、M46:8、M46:12、M88:1、M88:5、M84:4、M75:1、M75:10。

Ⅳ式 9件。与Ⅲ式比,腹部最大径位于中部,腹圆鼓,部分耳贴近腹部且下有圆环。标本 M53:11、M8:1、M41:2、M41:22、M92:1、M92:5、M38:11、M76:8、M76:9。

印纹硬陶罍 共47件。硬陶,泥条盘筑。其中27件残,其余20件根据口、腹部和纹饰差异可分五式。

Ⅰ式 11件。直口,器身整体较大,腹部最大径位于上腹,通体饰方格纹或席纹。标本 M49:2、M49:7、M51:1、M62:3、M60:13、M60:14、M82:5、M82:6、M80:2、M71:3、M44:1。

Ⅱ式 2件。与Ⅰ式比,器身变小,腹部最大径下移,折腹。标本 M61:2、M84:12。

Ⅲ式 3件。与Ⅱ式比,腹部最大径下移至接近中部。标本 M8:9、M41:13、M92:16。

Ⅳ式 4件。与Ⅲ式比,变为敛口,宽口沿,通体饰梳状纹。标本 M85:8、M50:10、M7:11、M7:13。

釉陶盆 共5件,子母口,口沿内侧设两横向半环耳,平底,轮制。其中 M46:4 残碎,其余4件根据口沿与腹部的相对位置可分两式。

Ⅰ式 3件。口沿外侧突出腹部。标本 M60:18、M56:13、M70:3。

Ⅱ式 1件。口沿外侧贴近腹部。标本 M88:12。

釉陶钵 50件。标本 M44:3、M72:5、M72:6、M49:5-1、M49:5-2、M49:6、M74:2、M74:3、M74:4、M90:7、M90:10、M90:11、M90:16、M92:12、M92:13、M92:15、M51:5-1、M51:5-2、M60:15、M60:16、M60:17、M56:20、M56:24、M80:6、M80:7、M80:8、M71:2、M71:7、M39:2、M39:6、M6:6、M70:12、M70:13、M70:14、M70:15、M40:3、M40:4、M40:5、M88:13、M88:22、M88:23、M84:13、M84:14、M84:15、M75:11、M75:15、M75:16、M7:5、M46:9、M46:10。

釉陶杯 8件。标本 M77:4、M49:22、M90:1、M51:9、M56:11、M45:2、M39:11、M84:2。

釉陶卮 4件。标本 M51:11、M71:6、M39:9、M33:1。

釉陶盂 1件。标本 M56:21。

釉陶勺 1件。标本 M39:3。

釉陶熏炉 共13件。盖与器身合为一体,盖顶中间为孔。盖面及盖顶覆釉,脱釉严重。根据器身底部的差异可分为三型。

A型 3件。底部附三瓦足。根据盖上圆孔的差异,可分两式。

Ⅰ式 2件。除盖顶中间圆孔外,周边设置四个圆形孔。标本 M77:5、M60:7。

Ⅱ式 1件。盖面周边的圆孔变为两个。标本 M39:10。

B型 8件。底部附三蹄足。根据盖和孔的形制差异,可分两式。

Ⅰ式　5件。盖面较低矮，除盖顶中间圆孔外，盖面周边设置四个圆形孔，孔的直径较大。标本M49：23、M90：2、M51：10、M56：9、M6：1。

Ⅱ式　3件。与Ⅰ式比，盖面升高，除盖顶中间圆孔外，盖面周边设置三个圆形孔或三个三角形孔，孔径变小。标本M84：3、M75：8、M41：1。

C型　2件。平底。根据盖和孔的形制差异，可分两式。

Ⅰ式　1件。除盖顶中间圆孔外，盖面周边设置三个圆形孔。标本M88：2。

Ⅱ式　1件。盖面明显增高，除盖顶中间圆孔外，盖面上层设置四个三角形孔，底层四周设四个圆形孔。标本M92：2。

陶釜　1件。标本M7：8。

釉陶井　3件。标本M54：4、M7：6、M7：7。

陶/釉陶灶　5件。标本M59：1、M89：1、M85：7、M50：1、M7：9。

釉陶虎子　1件。标本M59：3。

釉陶麟趾金　4件。标本M92：14、M59：21、M59：22、M59：24。

釉陶纺轮　28件。标本M49：11、M49：12、M49：13、M29：3、M29：4、M29：5、M60：9-1、M60：9-2、M60：9-3、M56：22、M56：23、M56：25、M70：5、M88：14、M61：8、M61：9、M61：10、M75：24、M75：25、M75：26、M41：17、M41：18、M41：20、M41：21、M92：19、M51：20-1、M51：20-2、M51：20-3。

釉陶羊角形器　13件。标本M49：14、M49：15、M49：16、M51：16、M51：17、M51：18、M62：5、M62：6、M62：7、M56：1、M56：2、M88：20、M88：21。

釉陶璧　16件。标本M77：6、M49：17、M49：18、M49：19、M90：3、M90：4、M90：5、M51：13、M51：14、M51：15、M60：4、M60：5、M56：6、M56：7、M56：8、M39：13。

釉陶币　2件。标本M40：8-1、M40：8-2。

（二）铜器

出土铜器共20件（组）。其中铜镜保存相对较好，其他器类尤其是容器类铜器保存较差。器形包括铜釜、铜带钩、铜镜、铜钱等。

铜釜　2件。标本M59：4、M59：6。

铜带钩　1件。标本M89：13。

铜镜　共8件。出土于7座墓中，其中M85出土2件铜镜。

星云镜　1件。

标本M8：10，连峰式纽，圆纽座。座外饰两周弦纹夹栉齿纹。外区以乳丁划为四等份，其间饰七星。镜缘面饰内向十六连弧纹。

博局镜　2件。

标本M7：3，尚方八禽博局镜。圆纽，四叶柿蒂纹纽座。内区座外为双重方框，外又有一大方框，外有八乳丁及"T""L""V"形符号。外侧铭文为"尚方作竟真大巧，上有山人不知老，渴饮三（玉）泉"，铭文带外有一周栉齿纹。外区由内向外依次饰锯齿纹、弦纹、复线波折纹和锯齿纹。

标本 M28：1，圆纽，四叶柿蒂纹纽座，四叶间有"长宜子孙"铭文。内区座外为双重方框，方框外侧有八个四叶柿蒂纹乳丁及"T""L""V"形符号。外侧铭文为"汉有善铜出丹阳，和以银锡清且明，左龙右虎主四彭，八子九孙治中央"，铭文带外有一周栉齿纹。外区饰锯齿纹、弦纹，边缘为四神、几何形云纹相间环绕。

四乳草叶纹镜 1 件。

标本 M50：11，圆形铜镜。圆纽座，内区座外为复线方框，框外为四乳丁，乳丁左右饰连叠草叶纹。外区由内向外依次饰一周栉齿纹和锯齿纹。

五乳禽鸟纹镜 1 件。

标本 M79：6，圆形铜镜。圆纽，圆纽座，内区座外饰三道弦纹，其外以五乳丁划分五区，每区各饰一禽鸟。外区饰一周栉齿纹和一周锯齿纹。

昭明连弧铭带镜 1 件。

标本 M85：9，圆纽，圆纽座，内区座外饰凸弦纹，外侧饰内向十二连弧纹，外侧为栉齿纹带。外侧铭文为"内而清而昭而以而光而明而家而光而羌日十月而"，铭文带外侧为一周栉齿纹。

四乳四虺镜 1 件。

标本 M85：11，圆纽，圆纽座，内区座外饰短线纹、栉齿纹，其外为四乳丁，乳丁所分区间各饰一虺纹，外侧为一周栉齿纹。外区素面。

八乳禽兽镜 1 件。

标本 M89：12，圆纽，圆纽座，内区座外饰方框及八个圆点，外饰两周凸弦纹。其外有八乳丁，间饰禽鸟和夔龙图案。外侧为一周短线纹和一周栉齿纹。外区饰两组三角锯齿纹。

铜器 2 件。器形不辨。标本 M41：3、M59：9。

铜钱 共 7 件（组）。多成串随葬，锈蚀严重。少数可辨识，均为五铢钱。"五"字中间两笔呈弧曲形，"铢"字的金字头呈三角形。标本 M41：9、M59：23、M76：10、M89：14、M50：13、M85：10、M85：13。

（三）铁器

出土铁器共 16 件。锈蚀较严重，器身包裹较厚铁锈。器形有铁鼎、铁釜、铁剑、铁刀、铁矛等。

铁鼎 1 件。标本 M38：2。

铁釜 2 件。标本 M41：4、M92：20。

铁剑 5 件。标本 M38：1、M50：12、M79：4、M28：2、M7：1。

铁刀 3 件。标本 M59：19、M89：16、M85：12。

铁矛 2 件。标本 M79：5、M47：1。

铁器 3 件。标本 M59：8、M85：4、M85：14。

（四）其他

玉器 2 件。标本 M80：5、M89：15。

第三节　墓葬分组、分期与年代

一　墓葬分组

根据墓葬形制的变化和随葬器物组合的差异，将 56 座汉墓中的 46 座分成 7 组。

第 1 组：共 17 座。竖穴土坑墓，1 座为刀把形，其余为长方形。随葬器物主要为陶器，基本组合为壶、瓿和罐，2 座墓中随葬鼎和盒，另有罍、杯、卮、熏炉、纺轮、羊角形器、璧、盂和玉器等。鼎为Ⅰ式和Ⅱ式，双耳罐、无耳罐、敞口壶、瓿、A 型熏炉、B 型熏炉、罍、盆均为Ⅰ式。各墓葬的基本组合为：

M29：Ⅰ式敞口壶、Ⅰ式瓿、纺轮。

M42：盒、Ⅰ式瓿。

M44：Ⅰ式罍、Ⅰ式无耳罐、钵。

M45：Ⅰ式瓿、杯。

M49：Ⅰ式瓿、Ⅰ式敞口壶、Ⅰ式无耳罐、Ⅰ式双耳罐、Ⅰ式罍、B 型Ⅰ式熏炉、钵、杯、羊角形器、璧、纺轮、盖。

M51：Ⅰ式敞口壶、Ⅰ式瓿、Ⅰ式无耳罐、Ⅰ式双耳罐、Ⅰ式罍、B 型Ⅰ式熏炉、钵、杯、卮、羊角形器、璧、纺轮。

M56：Ⅰ式敞口壶、Ⅰ式瓿、Ⅰ式无耳罐、B 型Ⅰ式熏炉、Ⅰ式盆、钵、杯、羊角形器、璧、纺轮、盂、器盖。

M60：Ⅰ式敞口壶、Ⅰ式瓿、Ⅰ式无耳罐、Ⅰ式罍、A 型Ⅰ式熏炉、Ⅰ式盆、璧、钵、纺轮。

M62：Ⅰ式敞口壶、Ⅰ式瓿、Ⅰ式无耳罐、Ⅰ式罍、羊角形器。

M72：Ⅰ式鼎、Ⅰ式无耳罐、钵。

M74：Ⅰ式瓿、Ⅰ式无耳罐、Ⅰ式双耳罐、钵。

M77：Ⅰ式敞口壶、Ⅰ式瓿、A 型Ⅰ式熏炉、杯、璧。

M80：Ⅰ式敞口壶、Ⅰ式双耳罐、Ⅰ式罍、钵、玉饰。

M81：Ⅱ式鼎、Ⅰ式敞口壶、盒。

M82：Ⅰ式瓿、Ⅰ式无耳罐、Ⅰ式双耳罐、Ⅰ式罍。

M86：Ⅰ式敞口壶、Ⅰ式瓿。

M90：Ⅰ式敞口壶、Ⅰ式瓿、Ⅰ式无耳罐、Ⅰ式双耳罐、B 型Ⅰ式熏炉、钵、杯、璧。

第 2 组：共 6 座。竖穴土坑墓，其中 2 座为刀把形，4 座为长方形。随葬器物主要为陶器，基本组合为壶、瓿和罐，另有罍、杯、卮、熏炉和璧等。敞口壶为Ⅱ式，瓿为Ⅰ式和Ⅱ式，无耳罐为Ⅱ式，双耳罐为Ⅱ式，罍为Ⅰ式，A 型熏炉为Ⅱ式，B 型熏炉为Ⅰ式，盆为Ⅰ式。各墓葬的基本组合为：

M6：Ⅱ式无耳罐、B 型Ⅰ式熏炉、钵。

M33：Ⅱ式瓿、卮。

M39：Ⅱ式敞口壶、Ⅱ式瓿、Ⅱ式无耳罐、A 型Ⅱ式熏炉、钵、杯、勺、卮、璧。

M52：Ⅱ式瓿、Ⅱ式双耳罐。

M70：Ⅱ式敞口壶、Ⅱ式瓿、Ⅱ式无耳罐、Ⅱ式双耳罐、Ⅰ式盆、钵、纺轮。

M71：Ⅱ式敞口壶、Ⅰ式瓿、Ⅱ式无耳罐、Ⅰ式罍、钵、卮、盖。

第 3 组：共 6 座。竖穴土坑墓，其中 1 座为刀把形，5 座为长方形。随葬器物主要为陶器，基本组合为壶、瓿和罐，另有罍、钵、熏炉、杯、盆、羊角形器和币等。其中敞口壶为Ⅲ式，瓿为Ⅲ式，无耳罐为Ⅲ式，双耳罐为Ⅰ、Ⅱ、Ⅲ式，罍为Ⅱ式，B 型熏炉为Ⅱ式，新出现 C 型Ⅰ式熏炉，盆为Ⅱ式。各墓葬的基本组合为：

M40：Ⅲ式瓿、Ⅰ式双耳罐、钵、币。

M46：Ⅲ式敞口壶、Ⅲ式瓿、Ⅲ式双耳罐、钵。

M61：Ⅲ式敞口壶、Ⅲ式双耳罐、Ⅱ式罍、纺轮。

M75：Ⅲ式敞口壶、Ⅲ式瓿、Ⅲ式无耳罐、Ⅲ式双耳罐、Ⅱ式罍、B 型Ⅱ式熏炉、钵、纺轮

M84：Ⅲ式敞口壶、Ⅲ式瓿、Ⅱ式双耳罐、Ⅲ式双耳罐、B 型Ⅱ式熏炉、钵、杯。

M88：Ⅲ式敞口壶、Ⅲ式瓿、Ⅲ式无耳罐、Ⅲ式双耳罐、C 型Ⅰ式熏炉、Ⅱ式盆、钵、羊角形器、纺轮。

第 4 组：共 8 座。长方形竖穴土坑墓。随葬器物主要为陶器，基本组合为壶、瓿和罐，另有罍、熏炉、麟趾金以及铜镜、铜钱、铁釜、铁剑等。敞口壶为Ⅳ式，新出现Ⅰ式和Ⅱ式盘口壶，瓿为Ⅳ式，双耳罐为Ⅳ式，罍为Ⅲ式，B 型熏炉为Ⅱ式，C 型熏炉为Ⅱ式，新出现较多铜器、铁器及釉陶麟趾金等器物。各墓葬的基本组合为：

M8：壶、Ⅳ式瓿、Ⅲ式罍、星云镜。

M30：Ⅱ式盘口壶。

M38：Ⅳ式敞口壶、Ⅳ式瓿、铁剑、铁鼎。

M41：Ⅳ式敞口壶、Ⅳ式瓿、Ⅲ式罍、B 型Ⅱ式熏炉、纺轮、铜钱、铜器、铁釜。

M53：Ⅳ式敞口壶、Ⅳ式瓿、Ⅳ式双耳罐。

M55：Ⅳ式敞口壶、Ⅰ式盘口壶。

M76：Ⅱ式盘口壶、Ⅳ式敞口壶、Ⅳ式瓿、Ⅳ式双耳罐、铜钱。

M92：Ⅳ式敞口壶、Ⅳ式瓿、Ⅲ式罍、钵、C 型Ⅱ式熏炉、麟趾金、纺轮、铁釜。

第 5 组：共 2 座。竖穴土坑墓，1 座为近方形（M59），1 座为长方形。主要器物组合为釉陶盘口壶和罐，另有麟趾金以及铜钱和铜釜、铁剑。盘口壶为Ⅲ式和Ⅳ式，双耳罐为Ⅴ式。各墓葬的基本组合为：

M54：Ⅲ、Ⅳ式盘口壶、井。

M59：Ⅳ式盘口壶、Ⅴ式双耳罐、麟趾金、虎子、灶、铜釜、铜器、铜钱、铁刀、铁器。

第 6 组：共 5 座。其中长方形竖穴土坑墓 1 座，砖椁墓 5 座。砖椁墓形制不一，M85 墓葬为在生土二层台上顺向平铺，M28 和 M50 为单砖顺向错缝平铺而成，其中 M28 砖壁顶部垒砌放置木顶板的二层台。主要器物组合为釉陶壶和罐，另有铜镜、铜带钩、铁剑、铁矛等。盘口壶为Ⅴ式，双耳罐为Ⅵ式，罍为Ⅳ式。各墓葬的基本组合为：

M28：Ⅴ式盘口壶、Ⅵ式双耳罐、博局镜、铁剑。

M50：壶、Ⅵ式双耳罐、Ⅳ式罍、灶、四乳草叶纹镜、铜钱、铁剑。

M79：Ⅵ式双耳罐、五乳禽鸟纹镜、铁剑、铁矛。

M85：Ⅴ式盘口壶、Ⅳ式罍、灶、四乳四虺纹镜、昭明连弧纹铭带镜、铜钱、铁刀、铁器。

M89：Ⅴ式盘口壶、Ⅵ式双耳罐、灶、八乳禽兽镜、铜钱、铜带钩、铁刀、玉饰。

第7组：共1座。刀把形砖室墓，为M7。

M7：Ⅵ式盘口壶、Ⅶ式双耳罐、Ⅳ式罍、钵、井、釜、灶、尚方八禽博局镜、铁剑。

各组器物组合和型式见图2-57。

二　分期与年代

在46座已分组的两汉墓葬中，具有打破关系的墓葬有：M30打破M33，M38打破M6，M44打破M42，M64打破M84，M79打破M81。随葬铜钱的墓葬有M41、M50、M59、M76、M85、M89，随葬铜镜的墓葬有M7、M8、M28、M50、M79、M85、M89。根据墓葬形制的组合关系和墓葬间打破关系，参考铜钱、铜镜等器物，两汉时期的墓葬可分为五期。

第一期：包括第1组和第2组。

均为竖穴土坑墓。

本期器物基本组合为釉陶壶、瓿、罐，2座墓中随葬釉陶鼎和盒。鼎蹄足较高。盒为圈足，盖顶呈捉手状，其中M81：1和M81：7釉陶盒与上海福泉山M18Ⅰ式盒[1]，江苏盱眙东阳大云山西汉M1：15[2]以及江苏仪征张集团山西汉M1：41、M2：1、M4：1[3]形制相近。壶为长颈高圈足，其中Ⅰ式釉陶壶与仪征张集团山西汉M1：58、M2：6、M4：2以及盱眙东阳大云山西汉M1：01形制相近。瓿耳高于口部且底部多有三瓦足，其中Ⅰ式釉陶瓿与余杭义桥M28：3、M28：8[4]形制相近。本期中第1组墓葬形制、器物特征和组合与余杭七里亭M19、M25[5]相近。故本期年代应为西汉早期，其中第1组M82：4陶罐腹部满饰方格纹、M56：21釉陶盂等器物具有战国晚期的特征。

第二期：第3组。

均为竖穴土坑墓。

本期器物基本组合为釉陶壶、瓿、罐，不见鼎和盒。与第一期比，本期随葬陶罐的数量明显增加，新出现C型平底釉陶熏炉。随葬器物种类减少，不见釉陶卮、釉陶璧和A型釉陶熏炉等器物，釉陶纺轮、釉陶羊角形器和釉陶杯明显减少。

器物形态方面，釉陶壶的圈足矮直，颈部变短。釉陶瓿高度增加，铺首耳顶部已低于口沿，腹部最大径下移。陶罐颈部变长，腹部最大径下移。B型熏炉盖增高，盖面出现三角形孔，蹄足

[1] 王正书：《上海福泉山西汉墓群发掘》，《考古》1988年第8期。
[2] 淮阴市博物馆：《盱眙东阳大云山西汉墓发掘简报》，《东南文化》1993年第3期。
[3] 南京博物院、仪征博物馆筹备办公室：《仪征张集团山西汉墓》，《考古学报》1992年第4期。
[4] 杭州市文物考古所、余杭区博物馆：《余杭义桥汉六朝墓》，文物出版社，2010年。
[5] 杭州市文物考古研究所、余杭博物馆：《杭州余杭汉六朝墓》，文物出版社，2017年。

变矮。其中 M61：11 壶与浙江嵊州剡山 M37：4[1]、浙江安吉上马山 M4：8[2]、江苏苏州虎丘乡汉墓 M13：4[3] 相似。壶、瓿、罐等器物总体形态与上海福泉山第二期墓葬[4]、浙江湖州方家山第三号墩第一期墓葬（M25 和 M27）[5] 和江苏邗江胡场 5 号墓[6] 所出同类器物相近，胡场 5 号墓的纪年为宣帝本始三年（前 71 年）。因此，第二期墓葬的年代应为西汉中期。

第三期：为第 4 组。

均为竖穴土坑墓。

本期器物基本组合仍为釉陶壶、瓿、罐，其中壶的数量明显增多，以敞口壶为主，新出现盘口壶。随葬陶器类别变少，不见盆、杯、卮、羊角形器、璧等小型器物，钵和纺轮明显减少，新出现釉陶麟趾金及星云镜、铜釜、铜钱、铁剑、铁鼎等金属器。

器物形态方面，釉陶壶和釉陶瓿为鼓腹，腹部最大径下移至中部，耳多贴近腹部。部分釉陶壶上腹饰云气纹和三条较粗的弦纹。釉陶盘口壶带有圈足。M41：8 釉陶盘口壶与杭州大观山果园汉墓 M7：19[7] 相似，M92：2 釉陶熏炉与大观山果园汉墓 M7：12[8] 相似。主要随葬器物的形态与浙江龙游东华山 12 号汉墓[9]、湖州方家山第三号墩第二期墓葬（M24、M28）[10] 等随葬器物相近。与江苏仪征胥浦 101 号西汉墓[11] 出土器物对比，本期的Ⅳ式敞口壶与 M101：74 相近，但不见 M101：75 这类弧腹且器身修长的敞口壶，因此本期年代应早于该墓。胥浦 M101 年代为平帝元始五年（5 年），为西汉末期。因此，本期墓葬年代应为不晚于公元 5 年的西汉晚期。

第四期：包括第 5 组和第 6 组。

本期新出现砖椁墓，与竖穴土坑墓并存。砖椁墓墓壁均为单砖顺向错缝平铺叠砌而成，底砖多横向、纵向或交替平铺。其中 M85 墓壁为在生土台上顺向平铺砖而成，M28 砖壁顶部保存有放置木顶板的设施，M73 设有简易的甬道和封门。

本期器物以釉陶盘口壶、旋纹双耳罐为基本组合，另有印纹硬陶罍、釉陶麟趾金和博局镜、昭明连弧纹铭带镜、五乳禽鸟纹镜、四乳草叶纹镜、四乳四虺纹镜、铜带钩、铜釜、铜钱、铁剑、铁矛等金属器。其中铜镜的种类和数量明显增多。不见釉陶敞口壶。

与上一期器物风格差别较大，本期器物的胎和釉质较差，多数脱釉严重。釉陶盘口壶为平底。壶与罐通体饰旋纹，印纹硬陶罍通体饰梳状纹。其中 M54：5 盘口壶与浙江湖州白龙山 M30：3[12] 相似，M54：1 盘口壶与浙江龙游仪冢山 M42：4[13] 相似；M24：1 陶罐与杭州萧山溪头

［1］张恒：《浙江嵊州市剡山汉墓》，《东南文化》2004 年第 2 期。
［2］安吉县博物馆：《浙江安吉县上马山西汉墓的发掘》，《考古》1996 年第 7 期。
［3］苏州博物馆：《苏州虎丘乡汉墓发掘简报》，《东南文化》2003 年第 5 期。
［4］王正书：《上海福泉山西汉墓群发掘》，《考古》1988 年第 8 期。
［5］浙江省文物考古研究所：《浙江湖州市方家山第三号墩汉墓》，《考古》2002 年第 1 期。
［6］扬州博物馆、邗江县图书馆：《江苏邗江胡场五号汉墓》，《文物》1981 年第 11 期。
［7］浙江省文物考古研究所：《杭州大观山果园汉墓发掘简报》，《浙江汉六朝墓报告集》，科学出版社，2012 年。
［8］浙江省文物考古研究所：《杭州大观山果园汉墓发掘简报》，《浙江汉六朝墓报告集》，科学出版社，2012 年。
［9］龙游县文物管理委员会：《浙江龙游县东华山 12 号汉墓》，《考古》1990 年第 4 期。
［10］浙江省文物考古研究所：《浙江湖州市方家山第三号墩汉墓》，《考古》2002 年第 1 期。
［11］扬州博物馆：《江苏仪征胥浦 101 号西汉墓》，《文物》1987 年第 1 期。
［12］浙江省文物考古研究所、湖州市博物馆：《湖州市白龙山汉六朝墓葬发掘报告》，《浙江汉六朝墓报告集》，科学出版社，2012 年。
［13］浙江省文物考古研究所、龙游县博物馆：《龙游仪冢山汉墓发掘简报》，《浙江汉六朝墓报告集》，科学出版社，2012 年。

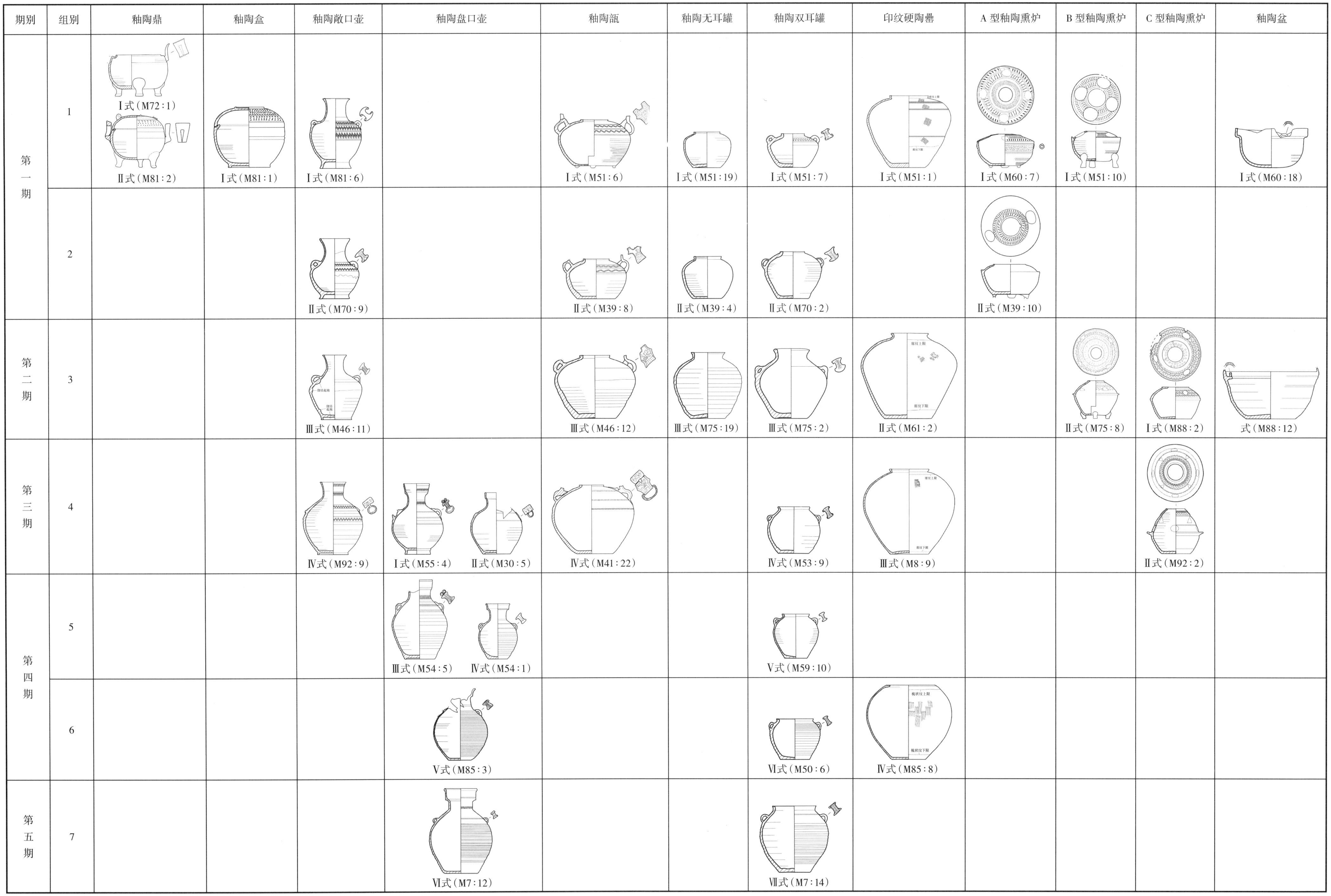

期别	组别	釉陶鼎	釉陶盒	釉陶敞口壶	釉陶盘口壶	釉陶瓿	釉陶无耳罐	釉陶双耳罐	印纹硬陶罍	A 型釉陶熏炉	B 型釉陶熏炉	C 型釉陶熏炉	釉陶盆
第一期	1	I式（M72：1） II式（M81：2）	I式（M81：1）	I式（M81：6）		I式（M51：6）	I式（M51：19）	I式（M51：7）	I式（M51：1）	I式（M60：7）	I式（M51：10）		I式（M60：18）
	2			II式（M70：9）		II式（M39：8）	II式（M39：4）	II式（M70：2）		II式（M39：10）			
第二期	3			III式（M46：11）		III式（M46：12）	III式（M75：19）	III式（M75：2）	II式（M61：2）		II式（M75：8）	I式（M88：2）	式（M88：12）
第三期	4			IV式（M92：9）	I式（M55：4）　II式（M30：5）	IV式（M41：22）		IV式（M53：9）	III式（M8：9）			II式（M92：2）	
第四期	5				III式（M54：5）　IV式（M54：1）			V式（M59：10）					
	6				V式（M85：3）			VI式（M50：6）	IV式（M85：8）				
第五期	7				VI式（M7：12）			VII式（M7：14）					

图 2-57　两汉墓葬出土典型器物型式演变图

黄 M80∶20[1] 相似。因此，本期墓葬年代为新莽至东汉早期，其中第 5 组年代较第 6 组早，可至新莽至东汉初期，第 6 组应为东汉早期。

第五期：为第 7 组。

为刀把形券顶砖室墓。

本期器物以釉陶盘口壶、旋纹双耳罐为基本组合，另有釉陶井、印纹硬陶罍、陶灶、尚方八禽博局镜、铁剑等。

本期中的 M7∶12 釉陶盘口壶与萧山溪头黄 M37∶14[2] 相似，M7∶14 陶罐与浙江上虞蒿坝 M52∶11[3] 相似，因此该期墓葬年代应为东汉中期。

[1] 杭州市文物考古研究所、萧山博物馆：《萧山溪头黄战国汉六朝墓》，文物出版社，2018 年。
[2] 杭州市文物考古研究所、萧山博物馆：《萧山溪头黄战国汉六朝墓》，文物出版社，2018 年。
[3] 吴玉贤：《浙江上虞蒿坝东汉永初三年墓》，《文物》1983 年第 6 期。

第三章　六朝时期墓葬

第一节　墓葬分述

共 21 座。均为砖室墓，保存较好者平面呈长方形、凸字形或刀把形。

M1

M1 位于凤凰山南坡下部东侧，砖室墓，方向 113°。损毁严重，顶部无存，残存部分墓室。墓底距地表 0.56~0.88 米，墓室开口于表土层下。墓室残长 4.5、宽 1.6、残高 0.45 米。（图 3-1；彩版一三五，1）

墓室砌筑方式为先砌墓底，后砌墓壁。墓底平铺一层人字形砖，绝大部分无存；残存墓壁采用五顺一丁法垒砌。墓砖素面，规格为长 30、宽 15、厚 5 厘米。

墓内填土为黄褐色黏土。未见人骨、葬具痕迹。未见随葬品。

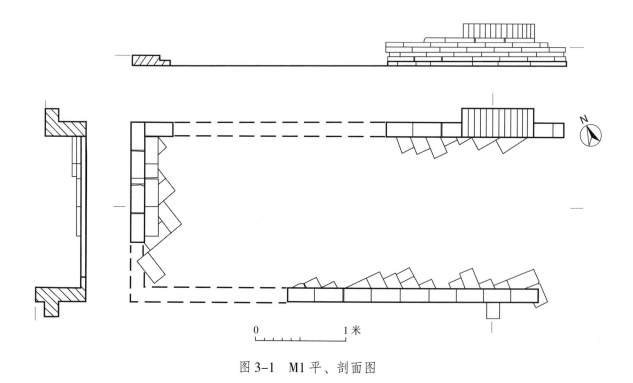

图 3-1　M1 平、剖面图

M2

M2 位于凤凰山南坡下部东侧，砖室墓，方向 101°。损毁严重，顶部无存，残存部分墓底、棺床及墓壁。墓底距地表 0.42~0.8 米，墓室开口于表土层下。墓室残长 4.8、残宽 1.8、残高 0.16 米。墓室后部设棺床，残长 1.44、高 0.16 米。（图 3-2；彩版一三五，2）

墓室砌筑方式为先砌墓底，后砌墓壁。墓底为单砖横向错缝平铺；棺床下层以砖侧砌，上层为单砖横向平铺；残存墓壁为单砖顺向平铺。墓砖素面，规格为长 34、宽 18、厚 5 厘米。

墓内填土为黄褐色黏土。未见人骨、葬具痕迹。未见随葬品。

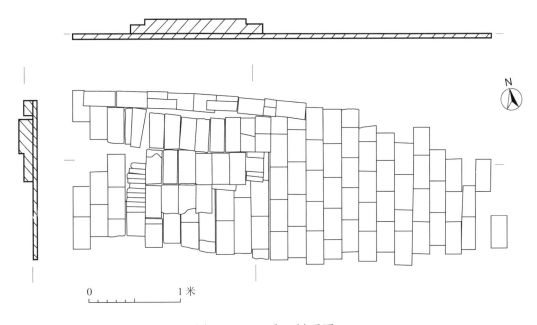

图 3-2　M2 平、剖面图

M5

M5 位于凤凰山南坡中部偏东，凸字形砖室墓，方向 126°。早期被扰，顶部及墓门无存。墓底距地表 1.45~1.65 米，墓室开口于表土层下，打破生土层。墓室长 4.07、宽 1.5、残高 0.65 米。由甬道、墓室和排水沟组成。甬道位于墓室前端正中，长 1.2、宽 0.8、残高 0.8 米。墓室后壁向外弧凸，长 4、宽 1.5、残高 0.65 米。甬道前端正中有一排水沟，单砖顺向覆盖，长 4.2 米。（图 3-3；彩版一三六，1）

墓室砌筑方式为先砌墓底，后砌墓壁。甬道及墓室底部平铺一层人字形砖，中部无存；残存墓壁自下而上为四顺一丁一组，其上为三顺一丁。墓砖素面，规格有三种，分别为长 33、宽 16、厚 4 厘米，长 33、宽 16、厚 4.5 厘米，长 33、宽 18、厚 4 厘米。

未见人骨、葬具痕迹。出土随葬品 1 件，位于墓室东南角，为青瓷盘口壶。

青瓷盘口壶　1 件。

M5：1，残碎。

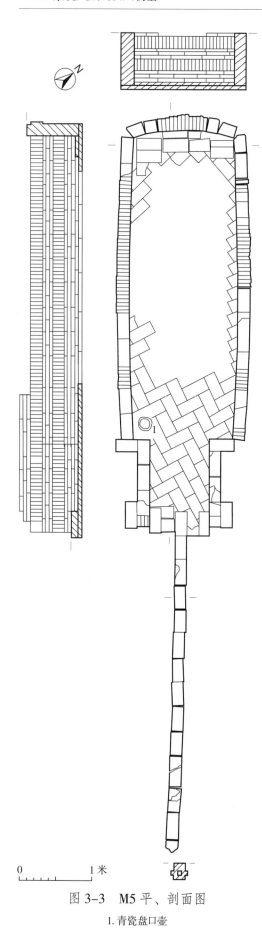

图 3-3　M5 平、剖面图

1. 青瓷盘口壶

M12

M12 位于凤凰山南坡中部略偏西，砖室墓，方向 130°。损毁严重，顶部及墓门无存。墓底距地表 0~0.9 米，墓室开口于表土层下，打破生土层。墓室残长 4.1、宽 0.8、残高 0.56 米。后壁有一方形壁龛。（图 3-4；彩版一三六，2）

墓室砌筑方式为先砌墓底，后砌墓壁。墓底平铺一层人字形砖，南部无存；残存墓壁采用四顺一丁垒砌。墓砖素面，规格为长 32、宽 16、厚 5 厘米。

墓内填土为黄色黏土。未见人骨、葬具痕迹。未见随葬品。

M13

M13 位于凤凰山南坡中部偏西，长方形砖室墓，方向 150°。早期被扰，顶部无存。墓底距地表 1.5~2.4 米，墓室开口于表土层下，打破生土层。墓室长 3.64、宽 0.85、残高 1.24 米。（图 3-5A；彩版一三七，1）

墓室砌筑方式为先砌墓底，后砌墓壁。墓底平铺一层人字形砖，墓壁为单砖顺向错缝平铺叠砌。墓砖素面，规格有两种，为长 32、宽 16、厚 5 厘米和长 33、宽 16、厚 4 厘米。

墓内填土为五花土。未见人骨、葬具痕迹。出土随葬品 4 件，位于东、西两壁的四个壁龛（彩版一三七，2）中，均为青瓷碗。

青瓷碗　4 件。直口微敛，尖唇，斜弧腹，平底微凹。素面。轮制。外壁中上部、口沿及内壁施釉，脱釉严重。

M13：1，灰白胎。口径 8.7、底径 4.4、高 3.7 厘米。（图 3-5B；彩版一三七，3）

M13：2，红褐胎。口径 9.1、底径 4.6、高 4.1 厘米。（图 3-5B；彩版一三七，4）

M13：3，灰白胎。口径 9、底径 4.8、高 3.8 厘米。（图 3-5B；彩版一三七，5）

M13：4，灰白胎。口径 8.6、底径 4.7、高 3.6 厘米。（图 3-5B；彩版一三七，6）

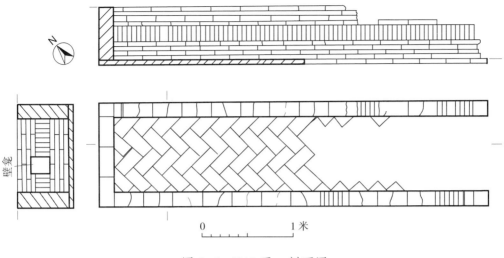

图 3-4 M12 平、剖面图

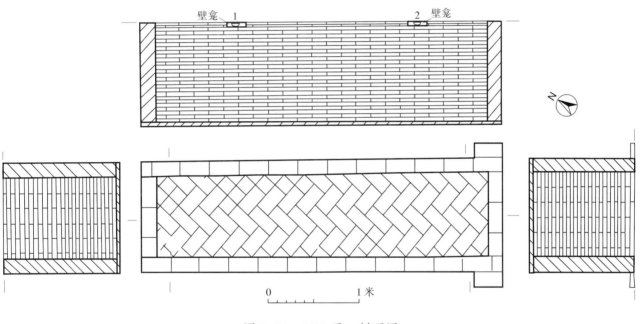

图 3-5A M13 平、剖面图

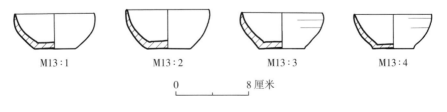

M13：1　　M13：2　　M13：3　　M13：4

0　　　　　8 厘米

图 3-5B M13 出土遗物

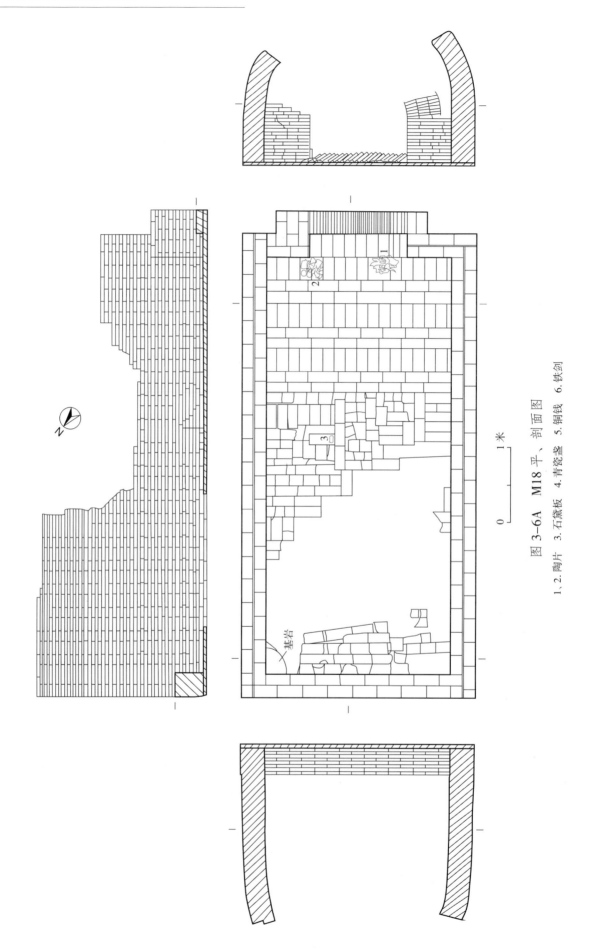

图 3-6A M18 平、剖面图
1、2. 陶片 3. 石黛板 4. 青瓷盏 5. 铜钱 6. 铁剑

M18

M18 位于凤凰山南坡中部，凸字形双室砖室墓，方向 155°。早期被扰，部分券顶及墓壁无存。墓底距地表 2.6~3.6 米，墓室开口于表土层下，打破生土层。墓室长 5.66、宽 2.56、残高 2.32 米。由墓门、甬道、前室和后室组成。墓门位于甬道前端，宽 1.4、残高 1、厚 0.32 米。甬道位于前室前端正中，长 0.48、宽 1.4、残高 1 米。前室长 2.16、宽 2.56、残高 1.44 米，后室长 3.5、宽 2.56、残高 2.32 米。前室与后室间有一隔门，已不存，门厚 0.72 米。（图 3-6A；彩版一三八，1）

墓室砌筑方式为先砌墓底，后砌墓壁。甬道底部为单砖两横两纵平铺，前室底部为单砖两横一纵平铺，后室底部为残砖平铺；墓壁为双层单砖顺向错缝平铺叠砌，局部有横砖连接两壁，券顶亦为双层筑砌；封门砖为人字形叠砌。墓砖侧面饰几何纹（图 3-6B；彩版一三八，2），规格为长 34、宽 16、厚 5 厘米。

墓内填土为五花土。未见人骨、葬具痕迹。出土随葬品 6 件，包括残碎陶片 2 件（堆），位于甬道两侧；石黛板 1 件，位于墓室中部；青瓷盏 1 件、铜钱 1 组、铁剑 1 件，出土于填土中。

青瓷盏 1 件。

M18：4，直口，圆唇，弧腹，平底内凹。除外部器底外，均施青釉，有裂冰纹。口径 6.1、底径 3.4、高 2 厘米。（图 3-6C；彩版一三八，3）

陶片 2 件。

M18：1、M18：2，均残碎。红陶。轮制。

石黛板 1 件。

M18：3，石质，较薄，长方形板状。正面光滑，残留黑色颜料痕迹，背面略显粗糙。长

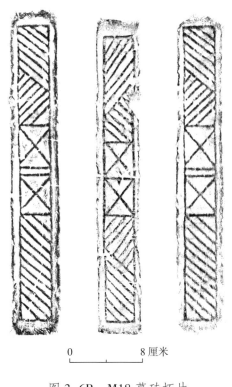

0   8厘米

图 3-6B M18 墓砖拓片

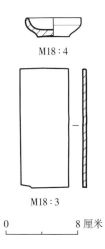

M18：4

M18：3

0   8厘米

图 3-6C M18 出土遗物

12.5、宽 5.3、厚 0.4 厘米。（图 3-6C；彩版一三八，4）

铁剑 1 件。

M18：6，残碎，锈蚀严重。

铜钱 1 组数枚。

M18：5，锈蚀残碎，无法辨识。

M21

M21 位于凤凰山南坡中部偏西，南端与 M17 相距 3.5 米，长方形砖室墓，方向 135°。早期被扰，顶部、墓门及后壁无存。墓底距地表 1.6~2 米，墓室开口于表土层下，打破生土层。墓室长 4.02、宽 1.52、残高 0.96 米。墓室中后部设棺床，长 3.2、高 0.05 米。墓南有排水沟，残长 1.6 米。（图 3-7；彩版一三九，1）

墓室砌筑方式为先砌墓底，后砌墓壁。墓底平铺一层人字形砖，棺床为两横两纵平铺；残存墓壁自下而上为三组三顺一丁。墓砖素面，规格为长 31、宽 15、厚 5 厘米。

墓内填土为五花土。未见人骨、葬具痕迹。出土随葬品 1 件，位于墓室东北部，为青瓷碗。

青瓷碗 1 件。

M21：1，直口微侈，尖唇，折腹，平底微凹。近口部饰两道弦纹。除外部器底外，均施青釉，存在流釉及开片现象。内底有四处支烧痕迹。口径 8.7、底径 5、高 3.2 厘米。（图 3-7；彩版一三九，3）

M22

M22 位于凤凰山南坡中部，南端与 M18 相距 5 米，凸字形砖室墓，方向 150°。早期被扰，顶部无存。墓底距地表 2~2.4 米，墓室开口于表土层下，打破生土层。由墓门、甬道、墓室和排水沟组成。墓门位于甬道前端，宽 1、残高 0.45、厚 0.31 米。甬道位于墓室前端正中，长 1.25、宽 1、残高 0.65 米。墓室呈船形，左、右及后壁略向外弧凸，长 4.65、宽 2.12~2.23、残高 1.4 米。排水沟位于甬道前端正中，长 6 米。（图 3-8；彩版一三九，2）

墓室砌筑方式为先砌墓底，后砌墓壁。封门砖为四顺一丁砌筑；墓底为单砖横向错缝平铺，中后部无存；残存墓壁自下而上为四顺一丁两组、三顺一丁两组，再上为单砖顺向错缝平铺垒砌。墓砖素面，规格有两种，为长 31、宽 14.5、厚 4.5 厘米和长 32、宽 15、厚 4 厘米。

墓内填土为五花土。未见人骨、葬具痕迹。出土随葬品 5 件，位于甬道中部及墓室南端，包括青瓷碗 3 件、青瓷盘口壶 1 件、陶片 1 件。

青瓷碗 3 件。

直口者 2 件。直口微敞，尖唇，斜弧腹。灰白胎。轮制。除外部器底外，均施青釉，脱釉严重。

M22：1，平底微凹。口径 8.8、底径 4.6、高 3.2 厘米。（图 3-8；彩版一三九，4）

M22：4，平底。口径 8.6、底径 4.5、高 3.2 厘米。（图 3-8；彩版一三九，5）

敛口者 1 件。

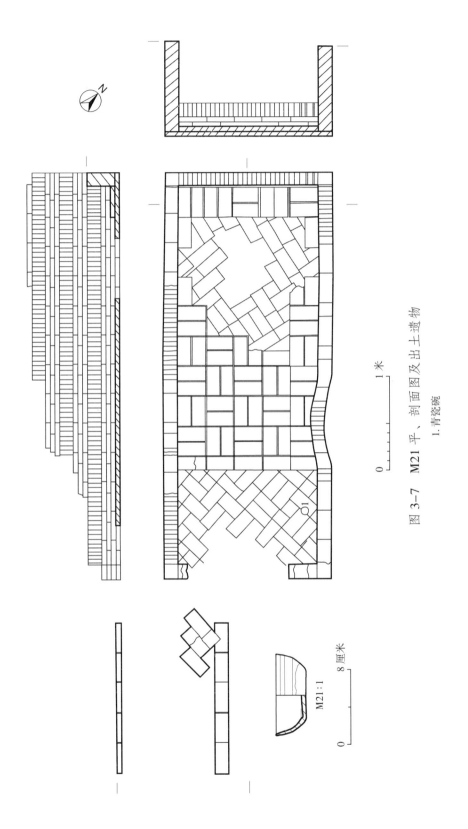

图 3-7 M21 平、剖面图及出土遗物

1. 青瓷碗

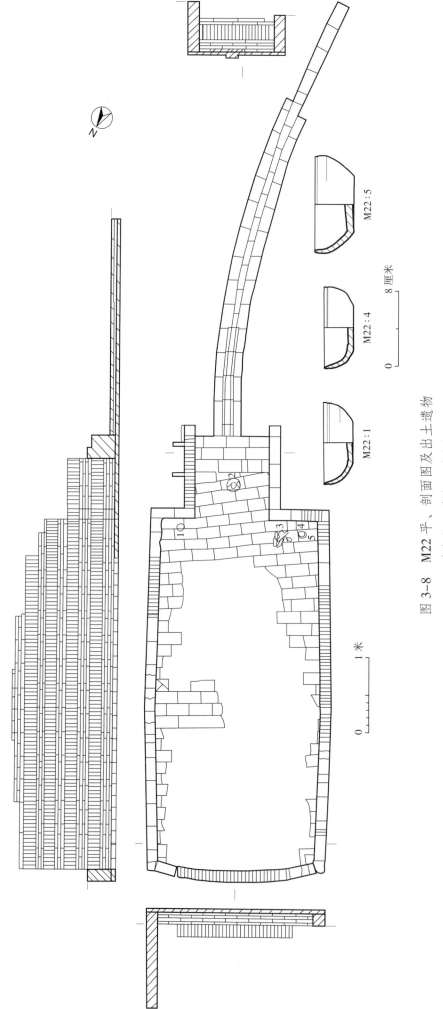

图 3-8 M22 平、剖面图及出土遗物

1、4、5. 青瓷碗 2. 陶片 3. 青瓷盘口壶

M22:5

M22:4

M22:1

0 ____ 8 厘米

0 ____ 1 米

M22：5，圆唇，斜弧腹，平底微凹。灰白胎。轮制。除外部器底外，均施青釉，釉面玻化程度好，有开片现象。内底有三处支烧痕迹。口径 10.1、底径 5.9、高 4.3 厘米。（图 3-8；彩版一三九，6）

青瓷盘口壶 1 件。

M22：3，残碎。

陶片 1 件。

M22：2，残碎。

M23

M23 位于凤凰山南坡中部，刀把形砖室墓，方向 165°。早期被扰，顶部及部分墓门、后壁无存。墓底距地表约 1.6 米，墓室开口于表土层下，打破生土层。由墓门、甬道、墓室和排水沟组成。墓门位于甬道前端，宽 0.84、残高 0.42、厚 0.32 米。甬道位于墓室前端偏东，长 0.86、宽 0.84、残高 0.43 米。墓室呈船形，左、右及后壁向外弧凸，长 3.92~4、宽 1.34~1.56、残高 1.04 米。排水沟位于甬道前端正中，长 2.74 米。（图 3-9；彩版一四〇，1）

墓室砌筑方式为先砌墓底，后砌墓壁。封门砖为六顺一丁砌筑；墓底平铺一层人字形砖，距后壁 2.9 米处有一排单砖横向平铺于底砖之上，是为残存棺床；墓壁自下而上为六顺一丁一组、三顺一丁两组。墓砖素面，规格为长 33、宽 16、厚 5 厘米。

墓内填土为五花土。未见人骨、葬具痕迹。未见随葬品。

M26

M26 位于凤凰山南坡中部偏西，砖室墓，方向 135°。早期被扰，顶部、墓门及部分墓壁无存。墓底距地表约 2 米，墓室开口于表土层下，打破生土层。墓室后壁向外弧凸，残长 4.84、宽 2.16、残高 1.42 米。（图 3-10；彩版一四〇，2）

墓室砌筑方式为先砌墓底，后砌墓壁。封门砖为四顺一丁砌筑；墓底平铺一层人字形砖，大多不存；残存墓壁自下而上为四顺一丁一组、三顺一丁三组。墓砖素面，规格为长 34、宽 17、厚 5 厘米。

墓内填土为五花土。未见人骨、葬具痕迹。出土随葬品 1 件，位于墓室西北角，为陶片 1 件（堆）。

陶片 1 件。

M26：1，残碎。

M32

M32 位于凤凰山南坡中部，凸字形砖室墓，方向 130°。早期被扰，顶部及部分墓壁无存。墓底距地表 2.7~3.4 米，墓室开口于表土层下，打破生土层。由墓门、甬道和墓室组成。墓门位于甬道前端，宽 0.74、高 1.25、厚 0.32 米。甬道位于墓室前端偏西，长 0.96、宽 0.74、高 1.25 米。墓室为长方形，后壁向外弧凸，长 3.8、宽 1.36、残高 0.75 米。（图 3-11；彩版一四

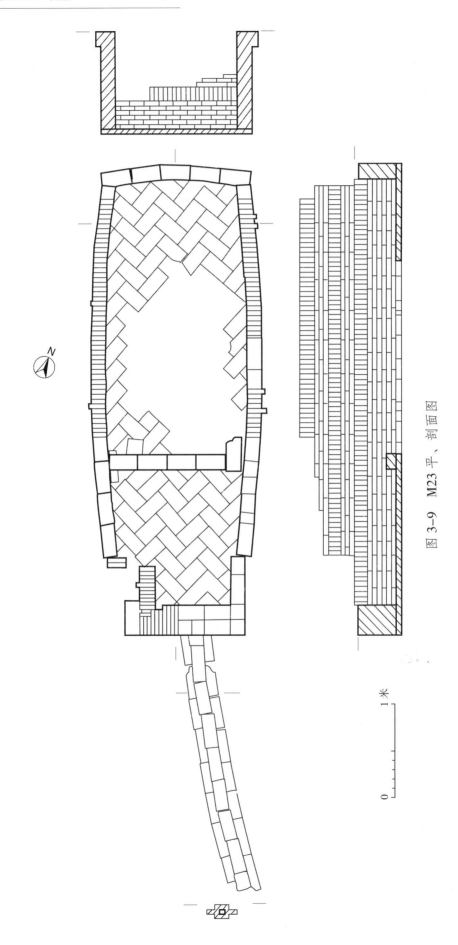

图 3-9 M23 平、剖面图

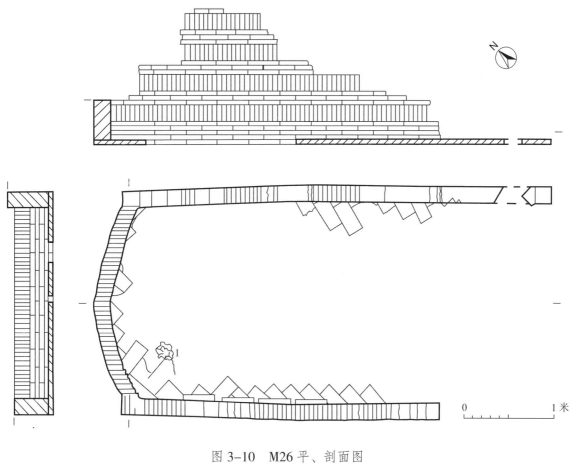

图 3-10　M26 平、剖面图
1. 陶片

○，3）

墓室砌筑方式为先砌墓底，后砌墓壁。封门砖为三顺一丁砌筑；墓底平铺一层人字形砖，残存墓壁自下而上为四顺一丁一组、三顺一丁三组。墓砖素面，规格为长 31.5、宽 14.5、厚 4.5 厘米。

墓内填土为五花土。未见人骨、葬具痕迹。未见随葬品。

M48

M48 位于凤凰山北坡中部，凸字形砖室墓，方向 20°。损毁严重，券顶不存。墓底距地表 1.9~2.3 米，墓室开口于表土层下，打破生土层。由墓门、甬道和墓室组成。墓门位于甬道前端，宽 0.82、残高 0.95、厚 0.16 米。甬道位于墓室前端正中，长 0.95、宽 0.82、高 1.22 米，底至券顶高度为 1.37 米。墓室为长方形，四壁平直，长 4.12、宽 1.5、残高 1.62 米。墓室中后部设棺床，长 3.1、高 0.05 米。（图 3-12；彩版一四○，4）

墓室砌筑方式为先砌墓底，后砌墓壁。封门砖为人字形垒砌；墓底平铺一层人字形砖，棺床采用两横两纵平铺；墓室及甬道壁采用三顺一丁垒砌。墓砖素面，规格为长 30、宽 15、厚 5 厘米。

墓内填土为五花土。未见人骨、葬具痕迹。未见随葬品。

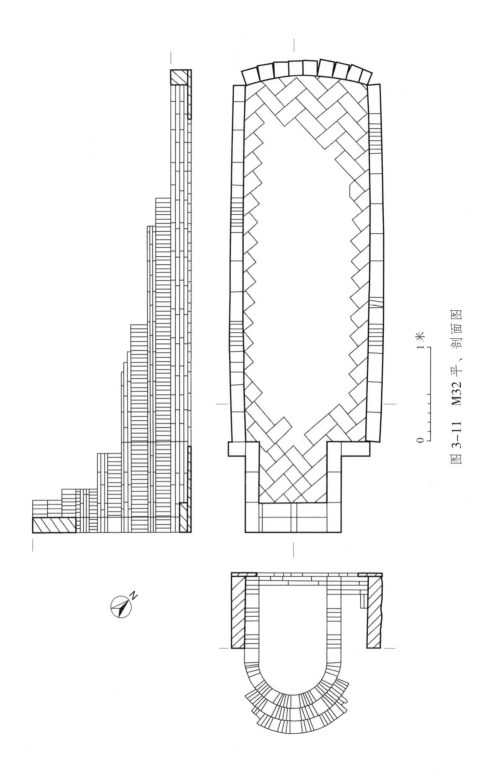

图 3-11　M32 平、剖面图

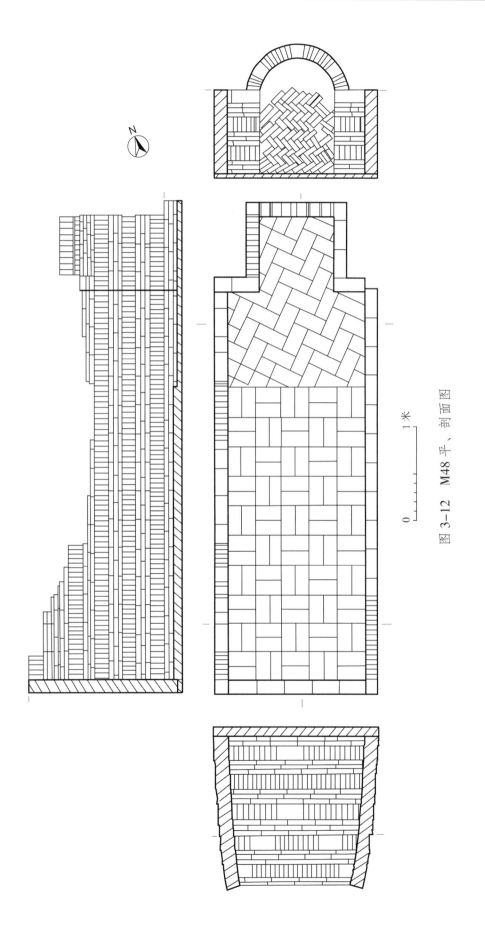

图 3-12　M48 平、剖面图

M57

M57位于凤凰山北坡中部,砖室墓,方向172°。损毁严重,顶部及北半部无存。墓底距地表1.6米,墓室开口于表土层下,打破生土层。墓室中部略宽,残长3.9、宽1.4~1.46、残高1米。(图3-13;彩版一四一,1)

墓室砌筑方式为先砌墓底,后砌墓壁。墓底采用单砖横向错缝平铺,仅剩南端七块砖,其余部分裸露生土;残存墓壁自下而上先五顺一丁,其上采用三顺一丁。墓砖素面,规格为长33、宽15、厚5厘米。

墓内填土为五花土。未见人骨、葬具痕迹。未见随葬品。

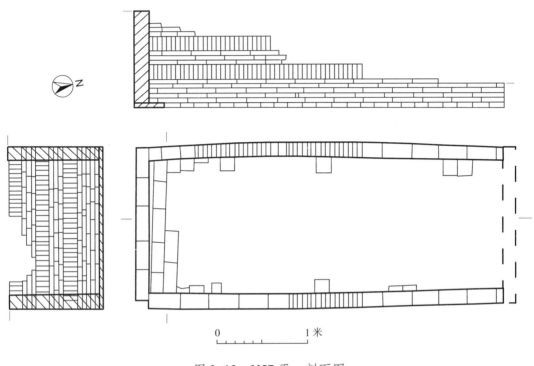

图3-13 M57平、剖面图

M64

M64位于凤凰山北坡中部偏西,砖室墓,方向355°,东部打破M84。损毁严重,顶部及墓室北半部无存。墓底距地表1~1.5米,墓室开口于表土层下,打破生土层。墓室残长4.26、宽1.84、残高0.36米。西北角残留三块青砖,推测为墓门。(图3-14A;彩版一四一,2)

墓室砌筑方式为先砌墓底,后砌墓壁。墓底平铺一层人字形砖,仅存环墓壁一圈,中间裸露生土;残存墓壁自下而上砌一组四顺一丁。部分墓砖侧面有纪年"咸和六年七月四日""咸和七年八月廿四日曹氏墓",部分墓砖侧面、端面饰几何纹和钱纹(图3-14B;彩版一四一,3~7),规格为长34、宽16、厚5厘米。

墓内填土为五花土。未见人骨、葬具痕迹。未见随葬品。

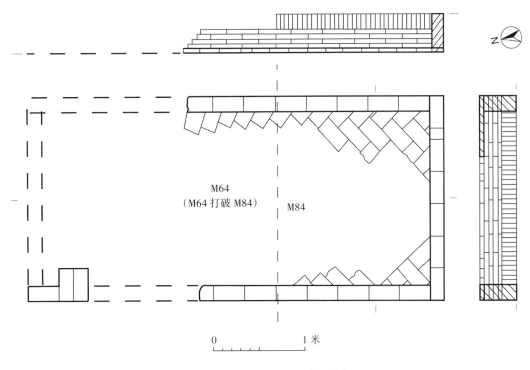

图 3-14A　M64 平、剖面图

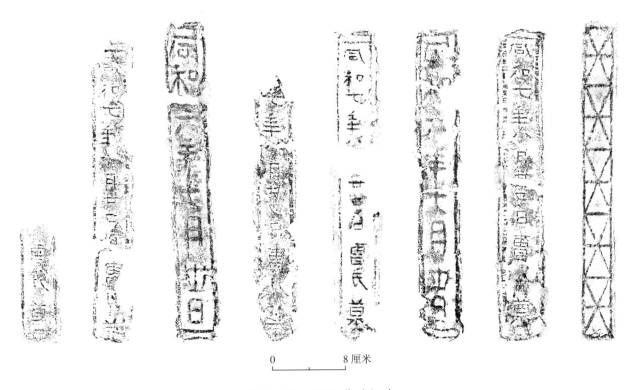

图 3-14B　M64 墓砖拓片

M65

M65 位于凤凰山北坡下部，刀把形砖室墓，方向5°。损毁严重，顶部、墓门及部分墓壁无存。墓底距地表1.1~1.9米，墓室开口于表土层下，打破生土层。由甬道和墓室组成。甬道位于墓室前端西侧，长0.94、宽0.94、残高0.3米。墓室为长方形，长4.24、宽1.6、残高1.18米。墓室中后部设棺床，长2.66、高0.05米。（图3-15A；彩版一四二，1）

墓室砌筑方式为先砌墓底，后砌墓壁。墓底平铺一层人字形砖，棺床为两横两纵平铺；残存墓壁自下而上砌一组三顺一丁。墓砖素面，规格为长34、宽16、厚5厘米。

墓内填土为五花土。未见人骨、葬具痕迹。出土随葬品2件，位于墓室东部，均为青瓷罐。

青瓷罐 2件。直口微侈，圆唇，矮束颈，溜肩，鼓腹，平底微凹。肩部附对称半环耳一对。灰胎。耳为手制，其余部位为轮制。口沿内侧、器身外侧中上部施青釉，玻化程度较好，有开片和流釉现象。

M65：1，肩部饰两组弦纹，弦纹间饰方格纹。口径12.5、腹径19.4、底径9、高16.2厘米。（图3-15B；彩版一四二，2）

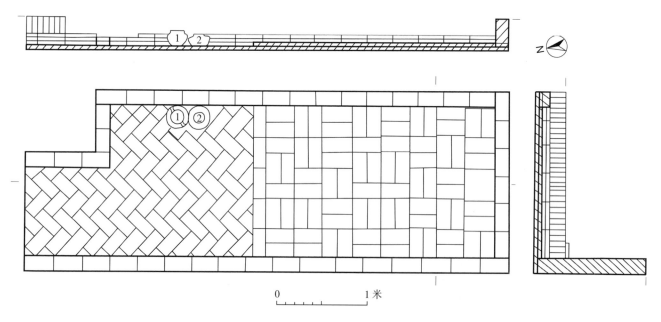

图 3-15A M65 平、剖面图

1、2.青瓷罐

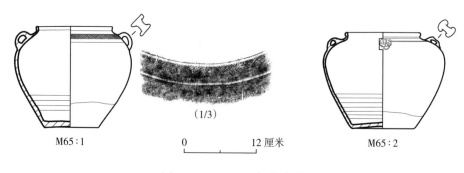

M65：1 （1/3） 0 12厘米 M65：2

图 3-15B M65 出土遗物

M65：2，肩部饰两组弦纹，前后贴塑兽面铺首一对。口径12.4、腹径19.8、底径9.7、高15.4厘米。（图3-15B；彩版一四二，3）

M66

M66位于凤凰山北坡下部，凸字形砖室墓，方向17°。早期被扰，顶部无存。墓底距地表2.1~2.6米，墓室开口于表土层下，打破生土层。由墓门、甬道和墓室组成。墓门位于甬道前端，宽1.08、残高0.16、厚0.36米。甬道位于墓室前端正中，长1.16、宽1.08、残高0.95米。墓室为长方形，长4.8、宽2.1、残高1.8米。墓室东壁设一壁龛。（图3-16；彩版一四三，1）

墓室砌筑方式为先砌墓底，后砌墓壁。封门砖为人字形斜砌，残存一皮；墓底平铺一层人字形砖，绝大部分无存；残存墓壁自下而上砌五组三顺一丁后起拱券。部分墓砖侧面饰几何纹，规格为长36、宽16、厚5厘米。

墓内填土为五花土。未见人骨、葬具痕迹。未见随葬品。

M67

M67位于凤凰山北坡下部偏西，刀把形砖室墓，方向0°。损毁严重，顶部、墓门及部分墓壁无存。墓底距地表1.84米，墓室开口于表土层下，打破生土层。由甬道和墓室组成。甬道位于墓室北端西侧，长0.8、宽0.9、残高0.3米。墓室为长方形，长3.7、宽1.4、残高1.12米。墓室西壁外倾。（图3-17；彩版一四三，2）

墓室砌筑方式为先砌墓壁，后砌墓底。残存墓壁自下而上砌三组三顺一丁；墓底平铺一层人字形砖，前部无存。部分墓砖侧面饰钱纹和几何纹（图3-17；彩版一四三，3），规格有两种，甬道砖长30、宽13、厚3厘米，墓室砖长30、宽13、厚5厘米。

墓内填土为五花土，土质松软，内含砖块。未见人骨、葬具痕迹。未见随葬品。

M68

M68位于凤凰山北坡西部，凸字形砖室墓，方向0°。损毁严重，大部分券顶无存。墓底距地表3米，墓室开口于表土层下，打破生土层。由墓门、甬道和墓室组成。墓门位于甬道北端，宽0.84、残高0.8、厚0.15米，其上残存拱券一道。甬道位于墓室北端正中，长0.92、宽0.84、高1.06米。墓室为长方形，长4、宽1.8、残高1.8米。（图3-18A；彩版一四四，1）

墓室砌筑方式为先砌墓底，后砌墓壁。墓门砖为人字形斜砌；墓底以单砖横纵平铺；墓壁自下而上先砌三组三顺一丁，其上以单砖顺向错缝平铺叠砌，其上起券。部分墓砖侧面饰几何纹（图3-18A；彩版一四四，2），规格为长36、宽15、厚5厘米。

墓内填土为五花土，土质松软，内含砖块。未见人骨、葬具痕迹。出土随葬品5件，位于墓室中部，包括青瓷罐、陶灶、银钗、铜镜、铜钗各1件。

青瓷罐　1件。

M68：2，直口，圆唇，矮颈，弧肩，鼓腹，平底内凹。肩部附横向半环耳四只，耳间贴塑四个兽面铺首。口部外壁、肩部各饰两道弦纹。灰胎。耳为手制，铺首为模制，器身为轮制。施青釉，

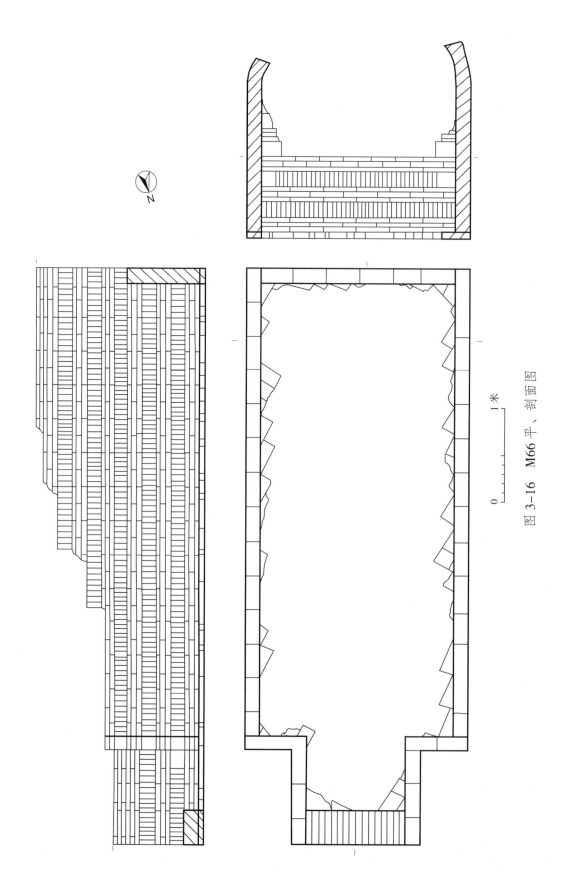

图 3-16 M66 平、剖面图

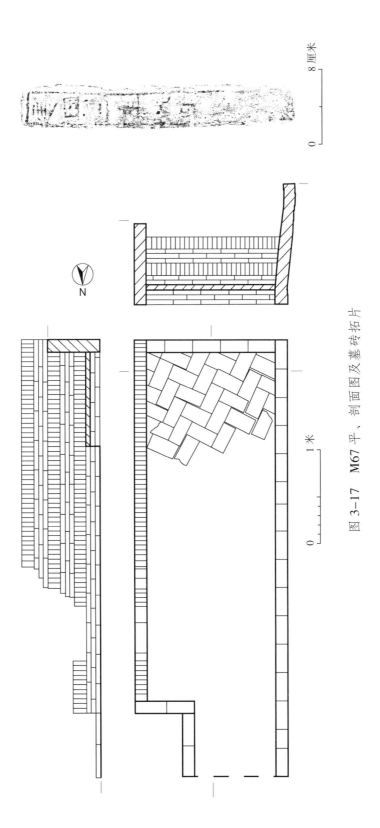

图 3-17　M67 平、剖面图及墓砖拓片

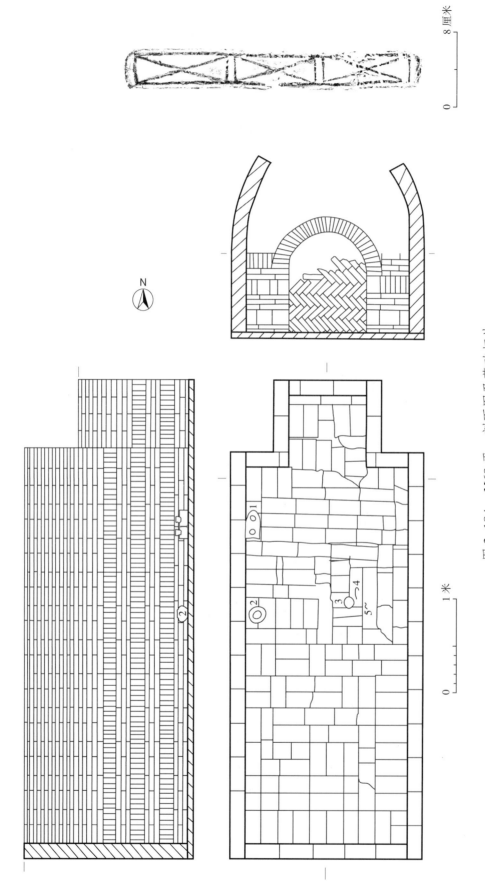

8 厘米

N

1 米

图 3-18A M68 平、剖面图及墓砖拓片
1. 陶灶 2. 青瓷罐 3. 铜镜 4. 银器 5. 铜钗

脱釉。口径 9.3、腹径 16.4、底径 6.6、高 12.3 厘米。（图 3-18B；彩版一四五）

陶灶 1 件。

M68：1，残碎。

银钗 1 件。

M68：4，"U"形。钗首扁平，钗股为圆柱形。两股皆残断，断面呈椭圆形。左股残长
12.8、右股残长 3 厘米。（图 3-18B；彩版一四四，5）

铜钗 1 件。

M68：5，"U"形。钗首扁平，钗股为圆柱形。左股残断，断面呈椭圆形；右股弯折，末端尖锐。
左股残长 1.6、右股长 4 厘米。（彩版一四四，4）

铜镜 1 件。

M68：3，局部残缺。正、背面均闪露青黑色金属光泽，局部有绿锈侵入镜体。圆纽，圆纽座。
外区饰一周锯齿纹。直径 9、高 0.8 厘米。（图 3-18B；彩版一四四，3）

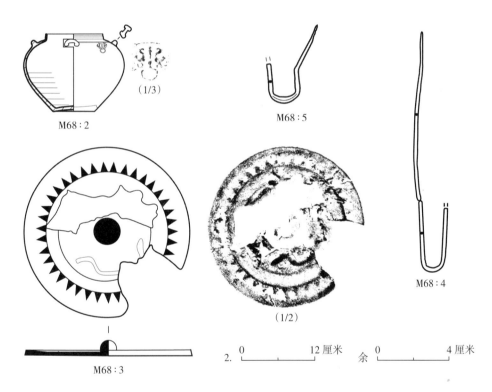

图 3-18B M68 出土遗物

M69

M69 位于凤凰山北坡西部，砖室墓，方向 12°。损毁严重，顶部及墓室北半部无存。墓底距
地表 1.55~1.85 米，墓室开口于表土层下，打破生土层。墓室残长 1.64、宽 1.36、残高 0.68 米。

墓室砌筑方式为先砌墓底，后砌墓壁。墓底平铺一层人字形砖，残存墓壁自下而上为四顺
一丁和三顺一丁各一组。墓砖素面，规格为长 32、宽 16、厚 4.5 厘米。（图 3-19；彩版一四
三，4）

墓内填土为五花土，土质松软，内含大量砖块。未见人骨、葬具痕迹。未见随葬品。

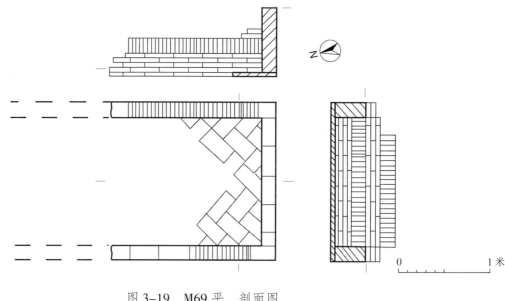

图 3-19 M69 平、剖面图

M78

M78 位于凤凰山北坡下部偏西，刀把形砖室墓，方向 41°。早期被扰，顶部无存。墓底距地表 1.6~2.6 米，墓室开口于表土层下，打破生土层。由墓门、甬道和墓室组成。墓门位于甬道前端，封门砖已被扰无存。甬道位于墓室前端东侧，长 1、宽 0.98、残高 1.1 米。墓室长 4.3、宽 1.6、残高 1.5 米。（图 3-20A；彩版一四六，1）

墓室砌筑方式为先砌墓底，后砌墓壁。墓底平铺人字形砖，仅存环壁一圈，中部裸露生土。残存两侧墓壁自下而上为三顺一丁三组，五顺一丁一组；后壁均为三顺一丁。部分墓砖侧面模印反书文字"闻人顺"并饰几何纹，一块砖上有纪年"永和五年……"（图 3-20B；彩版一四六，2~6），规格为长 31.5、宽 15、厚 5 厘米。

墓内填土为五花土，内含砖块及植物根系。未见人骨、葬具痕迹。未见随葬品。

M91

M91 位于凤凰山北坡西端，长方形砖室墓，方向 348°。早期被扰，顶部无存。墓底距地表 1 米，墓室开口于表土层下，打破生土层。墓室长 1.9、宽 0.5、残高 0.3~0.35 米。（图 3-21A；彩版一四七，1）

墓室砌筑方式为先砌墓底，后砌墓壁。墓底纵向错缝平铺残断砖，墓壁以残断砖错缝平铺叠砌。

墓内填土为黄灰色，土质疏松。未见人骨、葬具痕迹。出土随葬品 4 件，位于墓室北壁及东壁下，包括釉陶罐 1 件、釉陶钵 2 件，铜钱 1 组。

釉陶罐 1 件。

M91:1，侈口，圆唇，束颈，鼓肩，斜弧腹，平底微凹。口部饰一道弦纹。肩部附对称半环耳一对。夹砂红胎。轮制。脱釉。口径 17.1、腹径 21.3、底径 9.6、高 13.2 厘米。（图 3-21B；

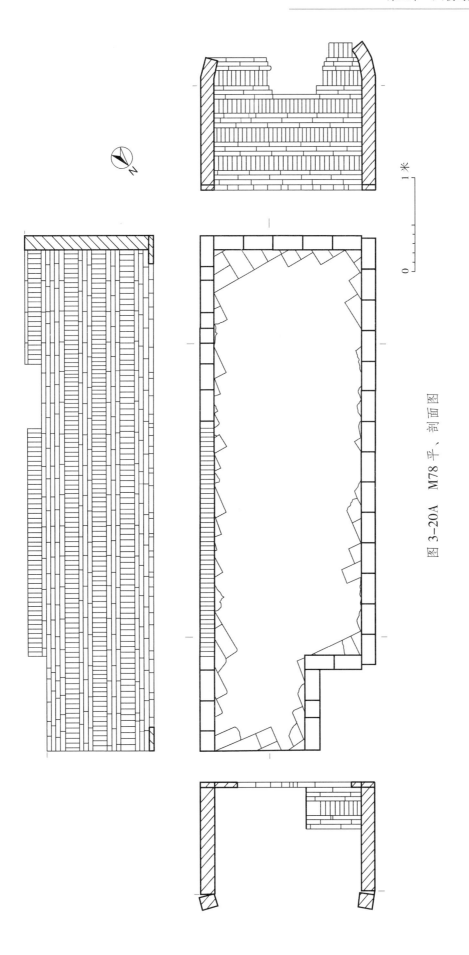

图 3-20A　M78 平、剖面图

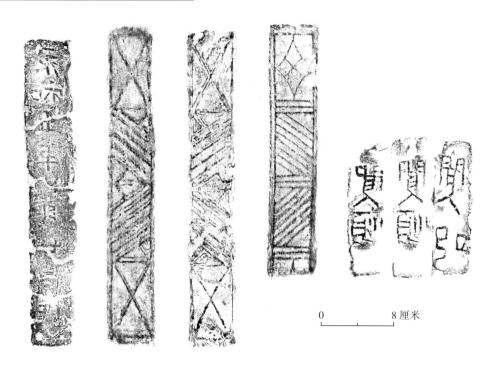

图 3-20B M78 墓砖拓片

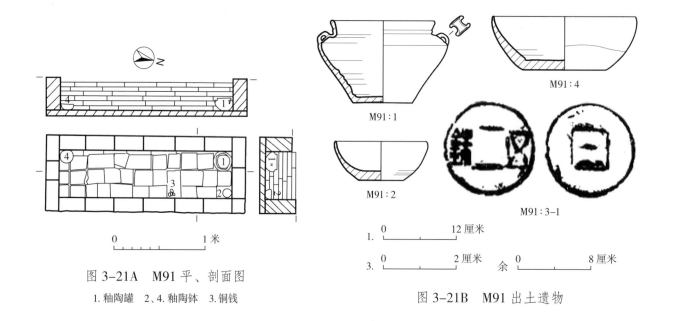

图 3-21A M91 平、剖面图

1.釉陶罐 2、4.釉陶钵 3.铜钱

图 3-21B M91 出土遗物

彩版一四七，2）

釉陶钵 2件。尖圆唇，斜弧腹，平底。轮制。脱釉。

M91：2，直口微敛，夹砂灰胎。口径9.8、底径4.9、高4.2厘米。（图3-21B；彩版一四七，3）

M91：4，直口微敛。夹砂红胎。口径15.6、底径9、高5.6厘米。（图3-21B；彩版一四七，4）

铜钱 1组数枚。多锈蚀残碎，部分粘连。

M91：3-1，钱正面无内郭，背面有内郭，正面篆文"五铢"二字，字体略宽。直径2.5厘米。（图3-21B；彩版一四七，5）

第二节　墓葬年代

两晋及南朝时期墓葬被后期扰乱影响大，墓葬顶部及墓壁破坏严重，随葬品多数已不见。主要通过纪年文字以及墓葬形制和残存器物来判定墓葬年代。

M91：1 双耳罐与安吉三官乡六朝初年墓出土的 Ⅱ 式红陶大口罐相似，M91：4 钵与余杭东西大道 M25：5 钵相似，因此该墓年代应为三国时期。

M64 墓砖侧面模印有"咸和七年八月廿四日曹氏墓"等字，"咸和"为东晋成帝司马衍年号，咸和七年为公元 332 年，该墓年代为东晋时期。

M78 墓砖侧面模印有"永和五年"字样，使用"永和"年号的有东汉汉顺帝刘保和东晋晋穆帝司马聃。根据墓葬形制排除前者，因此该墓年代应为东晋时期，"永和五年"为公元 349 年。

M68：2 青瓷罐与江苏苏州狮子山四号墓[1]和南京狮子山一号墓双耳罐[2]相似，M18：4 青瓷盏与浙江嵊州西晋墓 M5 青瓷碗[3]相似，因此 M18 和 M68 的年代应为西晋时期。M65 出土青瓷罐与浙江嵊州东晋时期 M66[4]、江苏南京上湖西晋晚期 M1：15 青瓷罐[5]相似，且 M65：1 青瓷罐饰弦纹和方格纹，因此该墓年代应为西晋末到东晋早期。M13 出土青瓷碗与浙江金华古方 M2 碗[6]、湖州白龙山 M14 碗[7]相似，M21：1 青瓷碗与浙江嵊州东晋时期 M14 碟[8]、三门横山 M14 碗[9]相似，因此 M13 和 M21 年代应为东晋时期。M22 两侧壁及后壁向外弧凸，M22：4 青瓷碗与浙江诸暨牌头诸牌水 M2：6 青瓷碗[10]相似，因此该墓年代应为南朝早期。

未发现随葬品的墓葬中，M5、M23、M26、M32 呈凸字形或刀把形，墓壁多三顺一丁砌筑，侧壁及后壁弧凸，墓葬年代应为南朝时期。M1、M2、M12、M48、M57、M64、M66、M67、M69 和 M78 年代应为两晋时期。

[1] 吴县文物管理委员会：《江苏吴县狮子山四号西晋墓》，《考古》1983 年第 8 期。

[2] 南京市博物馆：《南京狮子山、江宁索墅西晋墓》，《考古》1987 年第 7 期。

[3] 嵊县文管会：《浙江嵊县六朝墓》，《考古》1988 年第 9 期。

[4] 嵊县文管会：《浙江嵊县六朝墓》，《考古》1988 年第 9 期。

[5] 南京市博物馆、南京市江宁区博物馆：《南京江宁上湖孙吴、西晋墓》，《文物》2007 年第 1 期。

[6] 金华地区文管会：《浙江金华古方六朝墓》，《考古》1984 年第 9 期。

[7] 浙江省文物考古研究所、湖州市博物馆：《湖州市白龙山汉六朝墓葬发掘报告》，《浙江汉六朝墓报告集》，科学出版社，2012 年。

[8] 嵊县文管会：《浙江嵊县六朝墓》，《考古》1988 年第 9 期。

[9] 浙江省文物考古研究所、三门县博物馆：《三门横山汉六朝古墓葬》，《浙江汉六朝墓报告集》，科学出版社，2012 年。

[10] 浙江省文物考古研究所、诸暨市博物馆：《浙江诸暨牌头六朝墓的发掘》，《东南文化》2006 年第 3 期。

第四章　结　语

　　余杭凤凰山墓地，时代自西汉早期一直延续至明代，墓葬类型丰富，墓葬分布密集，多座墓葬存在打破关系，说明该地在古代为重要的埋葬地。本次发现的墓葬土坑墓长度在 5 米以内，砖室墓不超过 4.8 米，为中小型墓葬，根据墓葬规模和随葬器物等因素分析，该处墓地应为平民墓地。

　　墓地内两汉时期墓葬集中于山顶及海拔较高位置，以东西向居多；其他时期墓葬则分布于下面的山腰处，主要为南北向。

　　凤凰山墓地发现西汉早期墓葬 23 座，出土器物类型丰富，有鼎、盒、壶、瓿、罍、罐、钵、熏炉、杯、羊角形器、璧、纺轮、盂和玉器等，为研究西汉早期随葬器物组合的规律提供了重要材料。

　　砖椁墓处于土坑墓向砖室墓转变的过渡状态，主要见于新莽至东汉早期，流行时间较短。本次发掘发现砖椁墓 6 座，形制不一，M73 带短甬道和封门，其他为长方形；M85 墓壁为在生土二层台上加单层砖，M28 发现放置木顶板的设施，体现出这一时期砖椁墓形态多样化的特征。

　　发现的 A、B 和 C 型熏炉总体形态相似，此类熏炉具有一定的地域性，主要发现于余杭西部的老余杭（今余杭街道）一带。

　　发现多座隋唐时期合葬墓，为研究这一时期墓葬形制的变化提供了材料。M9 唐墓出土一枚铜镜，素面，乌黑明亮，叩击有金属声，应为合金制作。

　　凤凰山墓地发现的墓葬为研究不同时期随葬器物的形制、组合及演变，进而为研究墓葬的年代序列及区域间文化面貌差异等提供了重要材料。

附录

隋、唐、明墓

一　墓葬分述

M3

M3 位于凤凰山南坡东部，砖室墓，方向
180°。损毁严重，顶部及南半部无存。墓底距地表
0~1.2 米，墓室开口于表土层下。墓室残长 1.68、
宽 0.68、残高 0.26 米。（图 F-1；彩版一四八，1）

墓室砌筑方式为先砌墓底，后砌墓壁。底部以
方砖平铺，墓壁为单砖顺向错缝平铺叠砌。墓砖素
面，底砖规格为长 34、宽 34、厚 5 厘米，壁砖规
格为长 28、宽 12、厚 4 厘米。

墓内填土为五花土，包含砖块及植物根系。未
见人骨、葬具痕迹。未见随葬品。

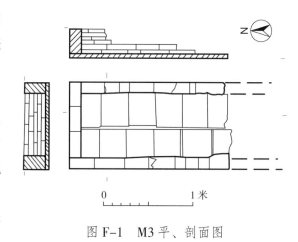

图 F-1　M3 平、剖面图

M4

M4 位于凤凰山南坡中部偏东，长方形三室砖室墓，方向 145°。损毁严重，顶部不存。墓底
距地表 1.1 米，墓室开口于表土层下，打破生土层。墓室总体长 2.9、宽 2.86、残高 0.82 米，由左、中、
右三室组成。左室长 2.84、宽 0.76、残高 0.82 米。中室长 2.84、宽 0.75、残高 0.82 米。右室长
2.52、宽 0.72、残高 0.82 米。墓门位于右室，宽 0.72、厚 0.32、残高 0.52 米（图 F-2；彩版一四
八，2）

墓室砌筑方式为先砌墓底，后砌墓壁。封门砖为人字形垒砌；墓底平铺一层人字形砖，南部
无存；墓壁自下而上先砌两组三顺一丁，其上以单砖顺向错缝平铺叠砌，三室后壁各设壁龛一个。
墓砖素面，规格为长 32、宽 16、厚 4 厘米。

墓内填土为黄褐色黏土。未见人骨、葬具痕迹。出土随葬品 1 件，位于中室西南角，为青瓷碗。

青瓷碗　1 件。

M4：1，口部微敛，上腹外鼓，下腹弧收，矮饼足，平底。灰白胎。轮制。外壁上腹部及内
壁施青黄釉，有开片现象。口径 8.5、足径 3.6、高 4.1 厘米。（图 F-2；彩版一四八，3）

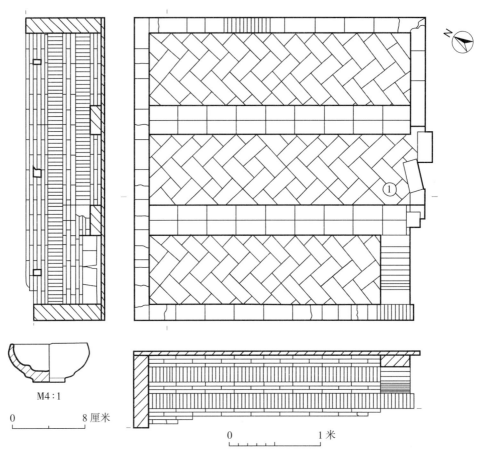

图 F-2　M4 平、剖面图及出土遗物

1.青瓷碗

M9

M9 位于凤凰山南坡中部偏东，长方形砖室墓，方向 330°。早期被扰，顶部无存。墓底距地表 1.3~1.5 米，墓室开口于表土层下，打破生土层。墓室长 2.86 米、宽 0.9 米、残高 0.94 米。（图 F-3A；彩版一四九，1）

墓室砌筑方式为先砌墓底，后砌墓壁。墓门采用三顺一丁垒砌；墓底平铺一层人字形砖；墓壁自下而上砌三组三顺一丁，其上用楔形砖起拱。墓砖素面，规格有三种，分别为长 29、宽 13.5、厚 3.5 厘米，长 28、宽 13.5、厚 2.5 厘米和长 28、宽 13.5、厚 3.5 厘米。

墓内填土为黄褐色黏土。未见人骨、葬具痕迹。出土随葬品 2 件，位于墓室北半部，包括铜镜和铜钱各 1 件。

铜镜　1 件。

M9:2，宽弦纹素镜。正、背面均闪露青黑色金属光泽，局部有绿锈侵入镜体。圆形铜镜，镜面微弧。圆钮，圆钮座，外缘有一周凹面形带，宽约 1 厘米。直径 10.8、高 1.4 厘米。（图 F-3B；彩版一四九，2）

铜钱　1 组数枚。多锈蚀残碎，部分粘连。

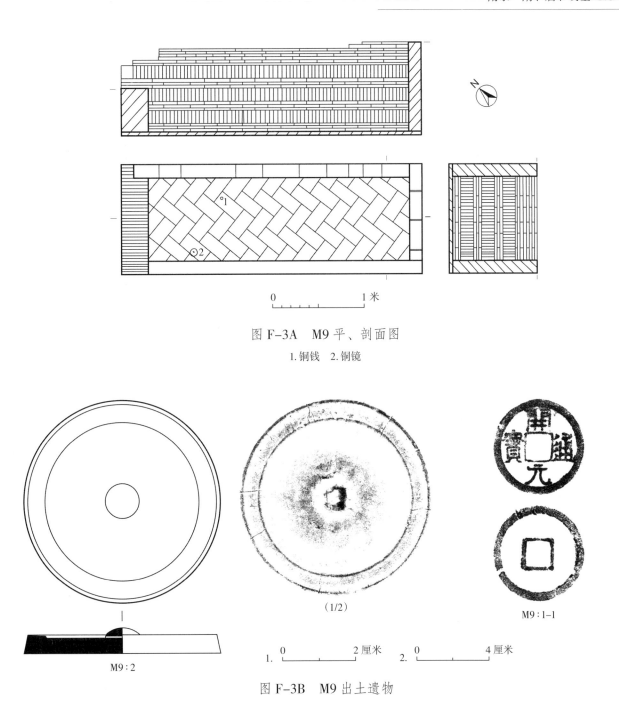

图 F-3A　M9 平、剖面图

1.铜钱　2.铜镜

（1/2）

M9:1-1

M9:2

1. 0　　　　2厘米　　2. 0　　　　4厘米

图 F-3B　M9 出土遗物

M9:1-1，钱正、背面均有内郭。正面篆文"开元通宝"四字，字体略宽。直径 2.5 厘米。（图 F-3B）

M11

M11 位于凤凰山南坡西部，长方形砖室墓，方向 150°。损毁严重，部分墓壁及顶部不存。墓底距地表 0~0.9 米，墓室开口于表土层下，打破生土层。墓室长 2.04、宽 0.84、残高 0.33 米。（图 F-4；彩版一五〇，1）

封门砖下部为单砖侧立，上部为顺向平铺；无铺地砖，墓壁为单砖顺向错缝平铺叠砌。部分

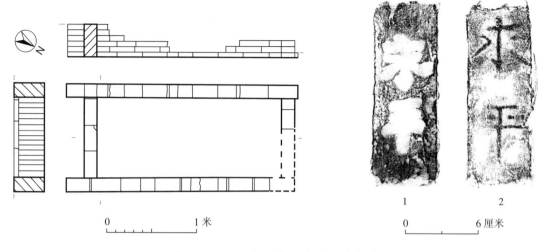

图 F-4　M11 平、剖面图及墓砖拓片

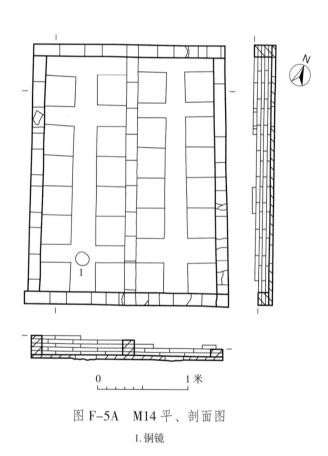

图 F-5A　M14 平、剖面图
1. 铜镜

墓砖侧面模印"永平"字样（图 F-4；彩版一五〇，2），规格为长 28、宽 14、厚 5 厘米。

墓内填土为黄褐色黏土。未见人骨、葬具痕迹。未见随葬品。

M14

M14 位于凤凰山南坡中部，长方形双室砖室墓，方向 160°。顶部及部分墓壁不存。墓底距地表 0.5~1 米，墓室开口于表土层下，打破生土层。由左、右两室组成，两室共用中壁和一个券顶。左室长 2.5、宽 0.89~0.92、残高 0.22 米，右室长 2.5、宽 0.83~0.92、残高 0.22 米。（图 F-5A；彩版一五一，1）

墓室砌筑方式为先砌墓底，后砌墓壁。墓底以方砖对缝平铺，中间裸露生土；墓壁为单砖顺向错缝平铺叠砌。墓砖素面，方砖规格为长 32、宽 32、厚 4 厘米，条砖规格为长 27、宽 13、厚 4 厘米。

墓内填土为五花土。未见人骨、葬具痕迹。

出土随葬品 1 件，位于左室南端，为铜镜。

铜镜　1 件。

M14：1，湖州镜。下部镜把已断裂无存，正、背面均闪露青黑色金属光泽，局部有绿锈侵入镜体。圆形铜镜，镜面微弧。镜背宽素缘，中部有一图饰凸出底面，下部有一小圆丘，上有铭文"湖州薛益吾"。直径 14.2、高 0.5 厘米。（图 F-5B；彩版一五一，2）

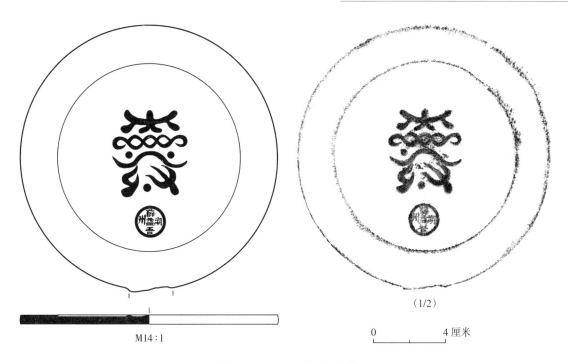

图 F-5B　M14 出土遗物

M17

M17 位于凤凰山南坡中部，中字形多室砖室墓，方向 147°。早期被扰，墓门及大部分券顶、墓壁无存。墓底距地表 0~1.6 米，墓室开口于表土层下，打破生土层。由甬道、前室和后室组成。甬道位于前室南端正中，长 0.72、宽 1.12、残高 0.05 米。前室为横长方形，长 0.86、宽 1.44、残高 0.05 米。后室居北部正中，为长方形，长 2.5、宽 0.93、残高 1 米。后室东、西壁各有壁龛三个，后壁有壁龛三个，壁龛上尖下方。（图 F-6；彩版一五二，1）

墓室砌筑方式为先砌墓底，后砌墓壁。墓底平铺一层人字形砖，中部裸露生土；墓壁由下而上为三顺一丁、四顺一丁、三顺一丁各一组，其上以条砖和楔形砖起券。墓砖素面，条砖规格为长 30、宽 15、厚 4 厘米，楔形砖规格为长 30、宽 15、厚 3~4 厘米。

墓内填土为五花土和黄褐色黏土。未见人骨、葬具痕迹。未见随葬品。

M19

M19 位于凤凰山南坡西部，北端与 M15 相距 3.5 米，长方形砖室墓，方向 155°。早期被扰，顶部无存。墓底距地表 1.5~2.1 米，墓室开口于表土层下，打破生土层。墓室长 3.12、宽 0.75、残高 0.96 米。（图 F-7；彩版一五二，2）

墓室砌筑方式为先砌墓底，后砌墓壁。墓底平铺一层人字形砖，中部无存；墓壁自下而上为两组三顺一丁，其上以单砖顺向错缝平铺叠砌，东、西两壁各砌一壁龛，后用楔形砖起拱。墓砖素面，长条砖规格为长 30、宽 14、厚 4 厘米，楔形砖规格为长 30、宽 14、厚 3~4 厘米。

墓内填土为五花土。未见人骨、葬具痕迹。出土随葬品 4 件，位于墓室东壁下近中部，包括陶罐 2 件、陶钵和陶片各 1 件。

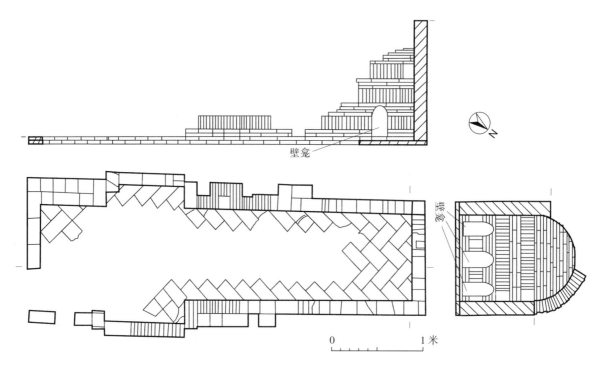

壁龛

0   1米

图 F-6　M17 平、剖面图

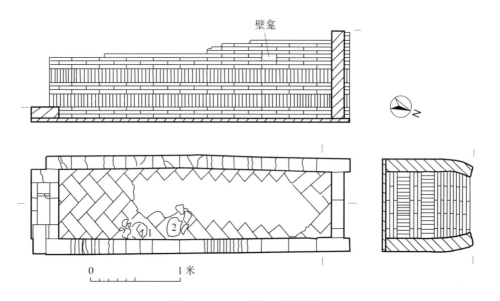

壁龛

0   1米

图 F-7　M19 平、剖面图

1、2.陶罐

陶罐　2 件。

M19：1、M19：2，均残碎。

陶钵　1 件。

M19：3，残碎。

陶片　1 件。

M19：4，残碎。

M27

M27 位于凤凰山南坡中部，长方形双室砖室墓，方向 150°。早期被扰，顶部及部分墓壁无存。墓底距地表 1.4~1.6 米，墓室开口于表土层下，打破生土层。由左、右两室级成，两室共用中壁，北壁向外弧凸，左室长 2.88、宽 0.69、残高 0.79 米，右室长 2.88、宽 0.68、残高 0.79 米。（图F-8；彩版一五三，1）

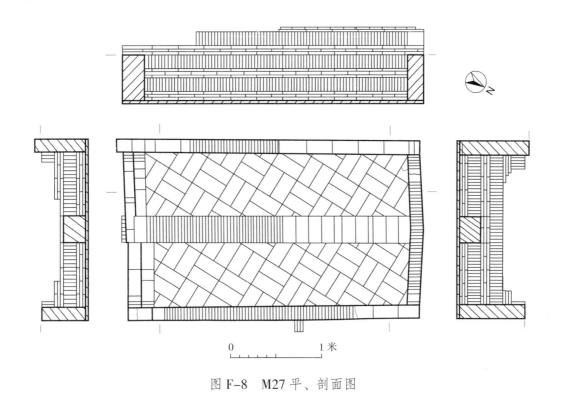

图 F-8　M27 平、剖面图

墓室砌筑方式为先砌墓底，后砌墓壁。墓底平铺一层人字形砖，墓壁采用三顺一丁法垒砌。墓砖素面，规格为长 28、宽 13.5、厚 3 厘米。

墓内填土为五花土。未见人骨、葬具痕迹。未见随葬品。

M31

M31 位于凤凰山南坡中部，长方形双室砖室墓，方向 161°。早期被扰，顶部及墓室南半部无存。墓底距地表 1.2~1.6 米，墓室开口于表土层下，打破生土层。由左、右两室组成，两室共用中壁，左室长 2.94、宽 0.7、残高 0.86 米，右室长 29.4、宽 0.7、残高 0.86 米。（图 F-9；彩版一五三，2）

墓室砌筑方式为先砌墓底，后砌墓壁。墓底平铺一层人字形砖；墓壁采用三顺一丁垒砌，其上以楔形砖起券。墓砖素面，规格为长 28、宽 13.5、厚 3 厘米。

墓内填土为五花土。未见人骨、葬具痕迹。出土随葬品 1 件，位于右室，为铜钱 1 组。

铜钱　1 组数枚。

M31：1，锈蚀残碎，无法辨识。

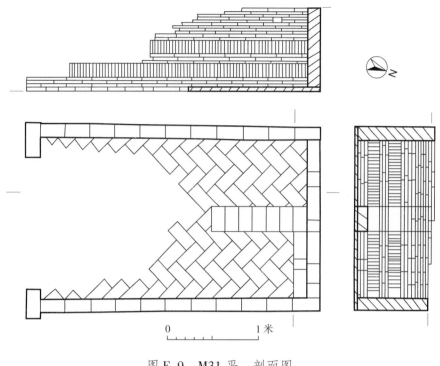

图 F-9　M31 平、剖面图

M34

M34 位于凤凰山南坡西部，东侧紧临 M35，长方形砖室墓，方向 130°。墓葬保存较完整。墓底距地表 1.2~1.4 米，墓室开口于表土层下，打破生土层。墓室长 2.38~2.4、宽 0.6~0.7、残高 0.72 米。（图 F-10A；彩版一五四；彩版一五五，1）

墓室砌筑方式为先砌墓壁，后砌墓底。墓壁为单砖顺向错缝平铺叠砌，距墓底 0.6 米后用楔形砖起拱；墓底以单砖沿四壁顺铺，中部裸露生土。墓砖素面，条砖规格为长 28、宽 15、厚 5 厘米，楔形砖规格为长 28、宽 15、厚 3.5~4.5 厘米。

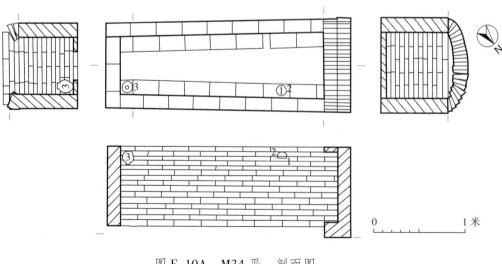

图 F-10A　M34 平、剖面图

1、2.青花瓷碗　3.粗瓷罐

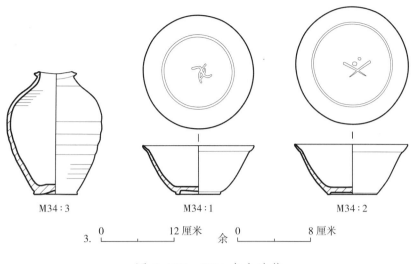

M34:3   M34:1   M34:2

3. 0 ———— 12厘米   余 0 ———— 8厘米

图 F-10B　M34 出土遗物

墓内填土为黄色黏土。未见人骨、葬具痕迹。出土随葬品 3 件，包括陶罐 1 件、青花瓷碗 2 件。

青花瓷碗　2 件。侈口，弧腹。外壁上、下各绘一道弦纹，弦纹间绘花卉纹。灰白胎。器表施透明釉，釉光亮闪青，施釉不及底。

M34:1，尖圆唇，圈足微外撇，底心微凸。内壁腹部绘双弦纹，底部绘一图案。口径 12.2、底径 4.9、高 5.2 厘米。（图 F-10B；彩版一五六，1）

M34:2，尖唇，平底，假圈足。内壁腹部绘双弦纹，底部绘"X"形图案。口径 12.5、底径 5.4、高 5.3 厘米。（图 F-10B；彩版一五六，2）

粗瓷罐　1 件

M34:3，直口微侈，尖圆唇，矮束颈，鼓肩，深弧腹，平底内凹。红褐胎。轮制。通体施青釉，釉面脱落。口径 7、腹径 15.8、底径 7.2、高 19.4 厘米。（图 F-10B；彩版一五五，2）

M35

M35 位于凤凰山南坡西部，西侧紧临 M34，东侧紧临 M36，长方形砖室墓，方向 136°，向下打破 M58。墓葬保存较完整。墓底距地表 1.8~2.35 米，墓室开口于表土层下，打破生土层。墓室长 2.1、宽 0.7、残高 0.66 米。（图 F-11A；彩版一五四；彩版一五五，3）

墓室砌筑方式为先砌墓壁，后砌墓底。墓门先单砖顺向错缝平铺叠砌六层，再铺一组丁砖，上又顺向平铺一层单砖；墓壁为单砖顺向错缝平铺叠砌；顶部盖石板，共三块，大小不等，厚约 15 厘米。墓砖素面，规格有两种，为长 30、宽 15、厚 4 厘米和长 31、宽 17、厚 6 厘米。

墓内填土为黄色黏土。未见人骨、葬具痕迹。出土随葬品 3 件，包括青花瓷碗和青花瓷碟各 1 件，铜钱 1 组。

青花瓷碗　1 件。

M35:1，侈口，尖唇，弧腹，底心微凸，圈足。外壁及内底绘花卉纹。灰白胎。器表施透明釉，釉光亮闪青，施釉不及底。口径 14.2、底径 4.7、高 5.6 厘米。（图 F-11B；彩版一五七，1）

青花瓷碟　1 件。

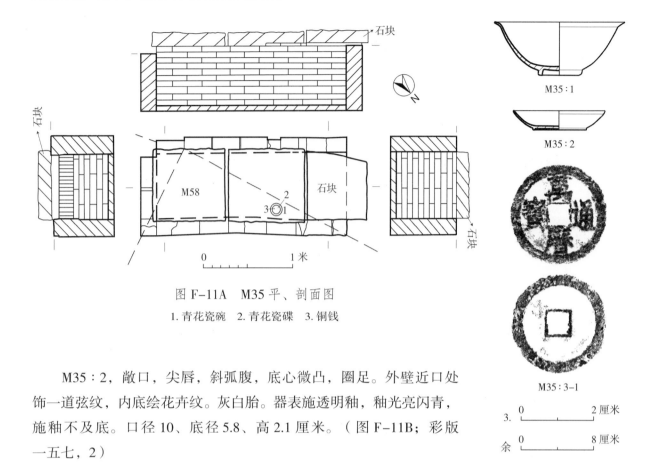

图 F-11A　M35 平、剖面图

1. 青花瓷碗　2. 青花瓷碟　3. 铜钱

图 F-11B　M35 出土遗物

M35：2，敞口，尖唇，斜弧腹，底心微凸，圈足。外壁近口处饰一道弦纹，内底绘花卉纹。灰白胎。器表施透明釉，釉光亮闪青，施釉不及底。口径 10、底径 5.8、高 2.1 厘米。（图 F-11B；彩版一五七，2）

铜钱　1 组数枚。多锈蚀残碎，部分粘连。

M35：3-1，钱正、背面均有内郭。正面篆文"万历通宝"四字，字体略宽。直径 2.5 厘米。（图 F-11B；彩一五五，4）

M36

M36 位于凤凰山南坡西部，长方形砖室墓，方向 140°，向下打破 M58。早期被扰，顶部大多无存。墓底距地表 1.6~2.4 米，墓室开口于表土层下，打破生土层。墓室长 2.28、宽 0.62~0.76、残高 0.8 米。（图 F-12；彩版一五四；彩版一五八，1）

墓室砌筑方式为先砌墓壁，后砌墓底。墓壁为单砖顺向错缝平铺叠砌，距墓底 0.54 米后起券，后壁平砖与券拱间用丁砖以人字形叠砌；墓底用 6 块方砖分三组平铺。墓砖素面，方砖规格为长 30、宽 30、厚 5 厘米，条砖规格为长 30、宽 15、厚 5 厘米和长 25~27、宽 13、厚 2.5~3.5 厘米。

墓内填土为五花土。未见人骨、葬具痕迹。出土随葬品 3 件，包括青花瓷碗和青花瓷碟各 1 件、粗瓷罐 1 件。

青花瓷碗　1 件。

M36：1，侈口，尖唇，弧腹，底心微凸，圈足。内底绘花卉纹。灰白胎。器表施透明釉，釉光亮闪青，施釉不及底。口径 12.7、底径 5.2、高 5.7 厘米。（图 F-12；彩版一五九，1）

青花瓷碟　1 件。

M36：2，敞口，尖圆唇，弧腹，平底，圈足。外壁口沿及内壁近底处各饰一道弦纹。灰白胎。

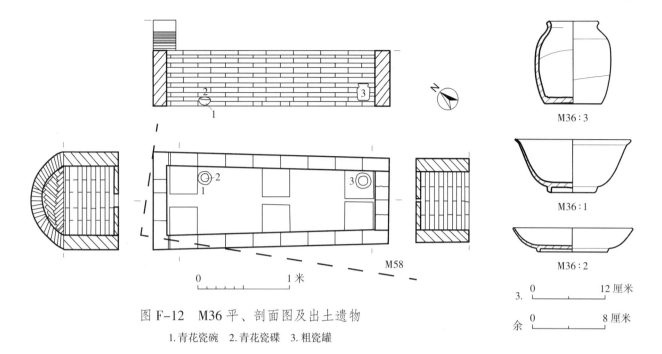

图 F-12 M36平、剖面图及出土遗物

1.青花瓷碗 2.青花瓷碟 3.粗瓷罐

器表施透明釉，釉光亮闪青，施釉不及底。口径 13.1、底径 7.7、高 2.5 厘米。（图 F-12；彩版一五九，2）

粗瓷罐 1件。

M36：3，侈口，圆唇，矮束颈，折肩，深弧腹，平底微凹。夹砂灰黑胎。轮制。器身部分施釉，有流釉现象，脱釉严重。口径 8.6、腹径 12.4、底径 9.2、高 13.1 厘米。（图 F-12；彩版一五九，3）

M37

M37 位于凤凰山南坡西部，长方形砖室墓，方向 155°。早期被扰，顶部及墓门无存。墓底距地表 1.6~2 米，墓室开口于表土层下，打破生土层。墓室长 2.2、宽 0.62~0.76、残高 0.18 米。（图 F-13；彩版一五八，2）

墓室砌筑方式为先砌墓壁，后砌墓底。墓壁为单砖顺向错缝平铺叠砌，墓底南部平铺 2 块方砖。墓砖素面，方砖规格为长 32、宽 32、厚 2 厘米，条砖规格为长 27~28、宽 14、厚 3 厘米。

墓内填土为五花土。未见人骨、葬具痕迹。未见随葬品。

M58

M58 位于凤凰山南坡西部，长方形双室砖室墓，方向 160°，被 M35、M36 打破。损毁严重，券顶及墓门不存。墓底距地表 2.8 米，墓室开口于表土层下，打破生土层。由左、右两室组成，左室长 3.34、宽 0.76、残高 1.12 米，右室长 3.34、

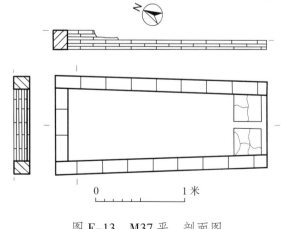

图 F-13 M37平、剖面图

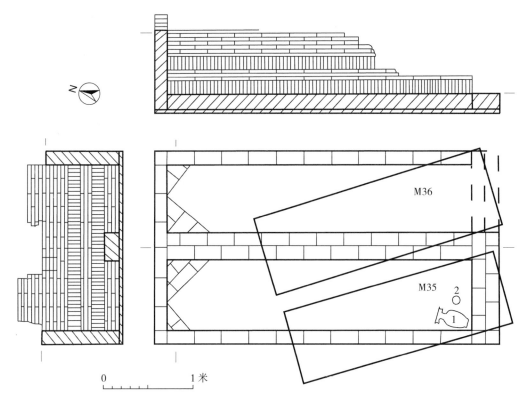

图 F-14A　M58 平、剖面图

1.青瓷盘口壶　2.青瓷碗

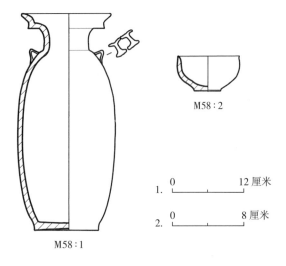

图 F-14B　M58 出土遗物

宽 0.74、残高 1 米。（图 F-14A；彩版一六〇，1）

墓室砌筑方式为先砌墓底，后砌墓壁。墓底平铺一层人字形砖，多不存；残存墓壁自下而上砌四顺一丁一组、三顺一丁一组，其上以单砖顺向错缝平铺叠砌。墓砖素面，规格为长 30、宽 14、厚 4 厘米。

墓内填土为五花土，土质较松软。未见人骨、葬具痕迹。出土随葬品 2 件，位于左室西南角，包括青瓷盘口壶和青瓷碗各 1 件。

青瓷盘口壶　1 件。

M58：1，盘口外侈较大，沿宽而深，尖圆唇，束颈较直，溜肩，橄榄形腹，平底微凹，形体修长。肩部附对称双系一组。胎质较粗，红褐色胎。外壁口沿至上腹部及口沿内壁均施黄绿釉。口径 14.7、腹径 16.0、底径 10.6、高 34.4 厘米。（图 F-14B；彩版一六〇，2）

青瓷碗　1 件。

M58：2，侈口，弧腹，假圈足，平底。灰胎。通体施绿釉。口径 6.8、底径 3.1、高 3.8 厘米。（图 F-14B；彩版一六〇，3）

二　墓葬年代

共发现隋至明代墓葬 14 座，另有一座年代不详。

M58 为双室合葬墓，墓壁为三顺一丁方式砌筑，出土青瓷盘口壶和碗与浙江衢州隋代 M6、M21[1] 及浙江江山隋墓[2] 出土盘口壶、碗形制相似，该墓年代应为隋代。M4、M27、M31 均为合葬墓，形制与 M58 相似，应为同时期墓葬。

M9 随葬开元通宝，年代应为唐代。M19 形制和砖砌法与 M9 相似，M17 后壁及两侧壁各有 3 个壁龛，因此两座墓葬应为唐墓。

M3、M11、M14、M34、M35、M36、M37 形制相似，墓壁砖顺向平铺，墓底铺方砖，其中 M34、M35 和 M36 随葬青花瓷碗和万历通宝钱币，年代应均为明代。

M15 破坏严重，形制与年代不详。

[1] 衢州市文物馆：《浙江衢州市隋唐墓清理简报》，《考古》1985 年 5 期。

[2] 江山县文物管理委员会：《浙江江山隋唐墓清理简报》，《考古学集刊（3）》，中国社会科学出版社，1983 年。

附表一　土坑墓墓葬登记表

墓号	时代	墓向/度	墓葬形制	墓坑尺寸/米			墓道尺寸/米			随葬品		
				长	宽	深	长	宽	深	陶/釉陶器	金属器	其他
M6	西汉早期	252	长方形	3.3	1.3	0.25				II式无耳罐1、残无耳罐1、残印纹硬陶罐1、钵1、B型I式熏炉1、陶片1		
M8	西汉晚期	61	长方形	4	1.9~2	0.4				IV式敞口壶5、IV式瓿1、III式印纹硬陶罐1、残印纹硬陶器1	星云纹铜镜1	
M29	西汉早期	42	长方形	3.3	1.7~1.9	0.55				I式敞口壶1、I式瓿1、纺轮3		
M30	西汉晚期	75	长方形	2.7	1.5	0.4				II式盘1、残壶6		
M33	西汉早期	60	长方形	2.7	1.5~1.6	0.4				II式瓿1、卮1		
M38	西汉晚期	61	长方形	3.4	1.6~1.78	0.4				IV式双耳罐1、IV式瓿1、IV式敞口壶6、残壶1、IV式瓿1	铁鼎1、铁剑1	
M39	西汉早期	253	刀把形	4.2	1.64~2.4	0.4				II式敞口壶1、II式印纹硬陶罐1、残罐3、II式瓿2、卮1、钵2、杯1、勺1、A型II式熏炉1、璧1		
M40	西汉中期	236	长方形	4.4	2.1	1.3				残壶1、I式双耳罐2、III式瓿1、钵3、币2		
M41	西汉晚期	63	长方形	4.1	2.6	0.7~1				IV式敞口壶10、IV式瓿2、III式印纹硬陶罐2、B型II式熏炉1、纺轮4	铁釜1、铜器1、铜钱1组	
M42	西汉早期	60	长方形	2.7	1.2	0.4				盒1、I式瓿1		
M43	不明	90	长方形	1.94	0.6~1	0.3				I式瓿1		
M44	西汉早期	62	长方形	3.35	2	0.4~1				I式无耳罐1、印纹硬陶罐1、钵1		
M45	西汉早期	314	长方形	2.3	1.04~1.14	0.48				I式瓿1、杯1		
M46	西汉中期	73	长方形	3.4	1.7	1				III式敞口壶1、III式双耳罐5、残印纹硬陶罐1、I式瓿2、残盆1、钵2		
M49	西汉早期	42	长方形	3.9	1.3~1.55	0.6~1				I式敞口壶1、I式双耳罐3、器盖1、B型I式瓿2、I式瓿2、残印纹硬陶罐2、钵3、杯1、羊角形器3、纺轮3、璧3、羊角形器3		
M51	西汉早期	63	长方形	3.9	1.8	0.7				I式敞口壶1、I式无耳罐3、I式瓿2、I式双耳罐3、残印纹硬陶罐1、卮1、钵2、杯1、B型I式熏炉1、璧3、羊角形器3、纺轮3		
M52	西汉早期	236	长方形	3.74	1.86	0.8				II式敞口壶5、II式瓿1		
M53	西汉晚期	70	长方形	3.4	1.7	0.7				IV式敞口壶2、残壶6、IV式双耳罐1、IV式瓿1、残陶器2		

续附表一

墓号	时代	墓葬形制	墓坑尺寸/米			墓道尺寸/米			随葬品		
			长	宽	深	长	宽	深	陶/釉陶器	金属器	其他
M54	新莽至东汉初期	长方形	3.6	1.6	1.6				Ⅲ式盘口壶1、Ⅳ式盘口壶3、陶井1		
M55	西汉晚期	长方形	3.6	1.7	0.8				Ⅳ式盘口壶4、Ⅰ式盘口壶1		
M56	西汉早期	长方形	4.8	2.1	1				Ⅰ式敞口壶1、Ⅰ式无耳罐3、残罐1、Ⅰ式瓿3、Ⅰ式印纹硬陶罍2、Ⅰ式盂1、盏2、杯2、器盖1、B型Ⅰ式残熏炉2、璧3、羊角形器2、纺轮3		
M59	新莽至东汉初期	近方形	3.8	3.5	0.8				Ⅳ式盘口壶2、残盘口壶2、残罐2、Ⅴ式双耳罐2、残罐1、残印纹硬陶壶3、虎子1、璧形器2、璧形器3	铜釜2、铜器1、铜钱1组、铁器1、铁刀1	
M60	西汉早期	刀把形	4.8	2.4	0.8	2.3	1.2	0.12~0.48	Ⅰ式敞口壶1、残壶1、Ⅰ式无耳罐1、残罐1、残印纹硬陶罍2、Ⅰ式瓿1、Ⅰ式盂1、钵2、纺轮2、璧1、Ⅰ式瓿4、钵3、A型Ⅰ式残熏炉		
M61	西汉中期	长方形	3.5	1.8	1.5				Ⅲ式敞口壶1、Ⅲ式双耳罐5、Ⅱ式印纹硬陶罍1、残印纹硬陶罍1、纺轮3		
M62	西汉早期	长方形	3.6	1.6	1.2				Ⅰ式敞口壶1、Ⅰ式无耳罐1、Ⅰ式双耳罐1、Ⅰ式印纹硬陶罍1、羊角形器3		
M70	西汉早期	刀把形	4.5	2.52	1.55	2.6	1.6	1~1.55	鼎1、Ⅱ式敞口壶1、Ⅰ式盂1、钵4、纺轮1、瓿2、Ⅱ式无耳罐4、Ⅱ式双耳罐3、Ⅱ式印纹硬陶罍1		
M71	西汉早期	长方形	4	1.6~1.84	0.8				Ⅱ式敞口壶1、Ⅱ式无耳罐1、Ⅱ式无耳罐2、Ⅰ式印纹硬陶罍1、瓿1、钵2、器盖1		
M72	西汉早期	长方形	3.56	1.4	0.8				Ⅰ式鼎1、Ⅰ式敞口壶3、残印纹硬陶罍2、钵2		
M74	西汉早期	长方形	3.7	1.6	0.8				Ⅰ式无耳罐2、Ⅰ式双耳罐1、Ⅰ式瓿1、钵3		
M75	西汉中期	刀把形	2.8	2.75	0.8	1.1	0.8	0.6~0.8	Ⅲ式敞口壶1、Ⅲ式双耳罐3、残印纹硬陶罍3、钵3、B型Ⅱ式黑釉炉、Ⅲ式无耳罐6、残罐1、Ⅲ式双耳罐6、残壶1、纺轮3		
M76	西汉晚期	长方形	3.4	1.5	0.4				Ⅳ式敞口壶4、Ⅱ式盘口壶1、Ⅳ式瓶1	铜钱1组	
M77	西汉早期	长方形	3.3	2.2	0.3				Ⅰ式敞口壶1、Ⅱ式瓿2、杯1、Ⅰ式瓿1、Ⅱ式黑釉炉1		
M80	西汉早期	长方形	5	1.5	0.2				Ⅰ式敞口壶1、残罐1、Ⅰ式印纹硬陶罍2、钵3、Ⅰ式瓿1、残印纹硬陶罍1、Ⅰ式黑釉炉1、璧1		玉饰1
M81	西汉早期	长方形	4	1.8	0.6				Ⅱ式鼎1、盒2、Ⅰ式敞口壶2		

续附表一

墓号	时代	墓向/度	墓葬形制	墓坑尺寸/米			墓道尺寸/米			随葬品		
				长	宽	深	长	宽	深	陶/釉陶器	金属器	其他
M82	西汉早期	53	长方形	4.8	1.7~2	0.5				I式无耳罐3、I式双耳罐1、II式瓿1、I式印纹硬陶罍2		
M83	不明	250	长方形	4	2.1	1.2						
M84	西汉中期	256	长方形	3.6	1.4	0.4				III式敞口壶1、III式双耳罐4、II式双耳罐1、III式瓿1、残瓿1、II式印纹硬陶罍1、残印纹硬陶罍1、钵3、杯1、B型II式熏炉1		
M86	西汉早期	63	长方形	3.3	1.8	0.32				I式敞口壶1、I式瓿1		
M88	西汉中期	63	长方形	4.3	2.2	0.3				III式敞口壶1、III式无耳罐6、III式双耳罐3、III式瓿2、残印纹硬陶罍1、II式盆1、钵3、C型I式熏炉1、羊角形器2、残陶器1、纺轮1		
M89	东汉早期	254	长方形	4	2.9	1.3				V式盘2、残壶3、VI式双耳罐3、残罐2、残印纹硬陶罍1、陶灶1	铜带钩1、八乳禽兽纹铜镜1、铜钱1组、铁刀1	玉饰1
M90	西汉早期	77	长方形	4.5	1.9	0.92				I式无耳罐1、I式瓿2、残印纹硬陶罍2、钵4、杯1、B型I式熏炉1、璧3		
M92	西汉晚期	59	长方形	4.2	2.5	1				IV式敞口壶9、IV式瓿2、III式印纹硬陶罍2、钵3、C型II式熏炉1、残印纹硬陶罍1、纺轮1、麟趾金1	铁釜1	

注：随葬品一栏中未注明质地者均为（高温）釉陶器。

附表二　砖椁、砖室墓墓葬登记表

墓号	时代	方向/度	墓葬平面形状	甬道尺寸/米			墓室尺寸/米			墓砖砌筑方式			长方形砖尺寸(长×宽×厚)/厘米	随葬品	
				长	宽	高	长	宽	高	封门砖	墓壁砖	底砖		陶瓷器/石器	金属器
M1	两晋	113	不明				残长4.5	1.6	0.45		五顺一丁	人字形	30×15×5		
M2	两晋	101	不明				残长4.8	残宽1.8	0.2			横向错缝平铺	34×18×5		
M3	明	180	不明				残长1.68	0.68	0.26		顺向错缝平铺叠砌	对缝平铺	28×12×4 34×34×5		
M4左室							2.84	0.76	0.82	人字形	三顺一丁	人字形	32×16×4		
M4中室	隋	145	长方形				2.84	0.75	0.82	人字形	三顺一丁	人字形	32×16×4	青瓷碗1	
M4右室							2.52	0.72	0.82	人字形	三顺一丁	人字形	32×16×4		
M5	南朝	126	凸字形	1.2	0.8	0.8	4	1.5	0.65	三顺一丁	四顺一丁、三顺一丁	人字形	33×16×4 33×16×4.5 33×18×4	青瓷盘口壶1	
M7	东汉中期	160	刀把形	0.5	0.92	1.16	3.58	1.65	1.64	顺向错缝平铺叠砌	顺向错缝平铺叠砌	一纵一横交错平铺	34×17×5	VI式双耳盘口罐2、残罐1，IV式印纹硬陶罍2，钵1、井2、灶1，陶釜1，VII式盘口壶2	铁剑1，尚方八禽博局纹铜镜1
M9	唐	330	长方形				2.86	0.9	0.94	三顺一丁	三顺一丁	人字形	29×13.5×3.5 28×13.5×3.5 28×13.5×2.5		宽弦纹素面铜镜1，铜钱1组
M10	东汉	146	凸字形	0.52	0.86	0.3	3.08	1.16	1.1	顺向错缝平铺叠砌	顺向错缝平铺叠砌	人字形	34×16×5		
M11	明	150	长方形				2.04	0.84	0.33	丁顺相间	顺向错缝平铺叠砌	人字形	28×14×5		
M12	两晋	130	不明				残长4.1	0.8	0.56	错缝平铺叠砌	四顺一丁	人字形	32×16×5		
M13	东晋	150	长方形				3.64	0.85	1.24	顺向错缝平铺叠砌	顺向错缝平铺叠砌	人字形	32×16×5 33×16×4	青瓷碗4	

续附表二

墓号	时代	方向/度	墓葬平面形状	甬道尺寸/米			墓室尺寸/米			墓砖砌筑方式			长方形砖尺寸（长×宽×厚）/厘米	随葬品	
				长	宽	高	长	宽	高	封门砖	墓室砖	底砖		陶瓷器/石器	金属器
M14 左室	明	160	长方形	不详			2.5	0.89~0.92	0.22	不详	顺向错缝平铺叠砌	对缝平铺	27×13×4 / 32×32×4		
M14 右室			长方形		0.8		2.5	0.83~0.92	0.22	不详	顺向错缝平铺叠砌	对缝平铺	27×13×5 / 32×32×4		湖州镜 1
M15	不明	70	凸字形	不详			2.88	1.2	0.1	不详	不详	不详	30×15×5		
M16	东汉	155	长方形				4.04	1.87	1.75	顺向错缝平铺叠砌	顺向错缝平铺叠砌	错缝平铺	35×16×5		
M17	唐	147	凸字形	0.72	1.12	0.05	3.36	0.93~1.44	1.38	不详	三顺一丁、四顺一丁	人字形	30×15×4 / 30×15×3~4		
M18	西晋	155	凸字形	0.48	1.4	1	5.66	2.56	2.32	人字形	顺向错缝平铺叠砌	两横一纵平铺	34×16×5	陶片 2、青瓷盏 1、石黛板 1	铜钱 1 组，铁剑 1
M19	唐	155	长方形		1.1		3.12	0.75	0.96	三顺一丁	三顺一丁	人字形	30×14×3/4	陶罐 2、陶钵 1、陶片 1	
M20	东汉	166	凸字形	0.72	1.1	0.2	4.5	1.95	1.2	不详	横向错缝平铺叠砌	横向错缝平铺	34×15×5		
M21	东晋	135	长方形				4.02	1.52	0.96	不详	三顺一丁	人字形	31×15×5	青瓷碗 1	
M22	南朝	150	凸字形	1.25	1	0.65	4.65	2.12~2.23	1.4	四顺一丁	四顺一丁、三顺一丁错缝平铺垒砌	横向错缝平铺	31×14.5×4.5 / 32×15×4	青瓷碗 3、青瓷盘口壶 1、陶片 1	
M23	南朝	165	刀把形	0.86	0.84	0.43	3.92~4	1.34~1.56	1.04	六顺一丁	六顺一丁、三顺一丁	人字形	33×16×5		
M24	东汉	74	不明				残长 2.56	1.25	0.56	不详	顺向错缝平铺叠砌	纵横相同平铺	32×16×5	罐 1	
M25	东汉	155	长方形				3.9	1.14	0.9	顺向错缝平铺叠砌	顺向错缝平铺叠砌	纵横平铺	35×15×5 / 34×15×5 / 36×17.5×5		
M26	南朝	135	不明				残长 4.84	2.16	1.42	不详	四顺一丁、三顺一丁	人字形	34×17×5	陶片 1	

续附表二

墓号	时代	方向/度	墓葬平面形状	甬道尺寸/米			墓室尺寸/米			墓砖砌筑方式			长方形砖尺寸（长×宽×厚）/厘米	随葬品	
				长	宽	高	长	宽	高	封门砖	墓壁砖	底砖		陶瓷器/石器	金属器
M27左室	隋	150	长方形				2.88	0.69	0.79	三顺一丁	三顺一丁	人字形	28×13.5×3		
M27右室							2.88	0.68	0.79	三顺一丁	三顺一丁	人字形	28×13.5×3		
M28	东汉早期	158	长方形				3.68	2.45	1.24		顺向错缝平铺叠砌	一纵一横交错平铺	29×14×5	V式盘口壶1、残壶1、VI式双耳罐2、残罐1、残印纹硬陶罍1、陶片1	博局纹铜镜1、铁剑1
M31左室	隋	161	长方形				2.94	0.7	0.86	三顺一丁	三顺一丁	人字形	28×13.5×3		
M31右室							2.94	0.7	0.86	三顺一丁	三顺一丁	人字形	28×13.5×3		铜钱1组
M32	南朝	130	凸字形	0.96	0.74	1.25	3.8	1.36	0.75	三顺一丁	四顺一丁、三顺一丁	人字形	31.5×14.5×4.5		
M34	明	130	长方形				2.38~2.4	0.6~0.7	0.72	顺向错缝平铺叠砌	顺向错缝平铺叠砌	对缝平铺	28×15×5 28×15×3.5~4.5	青花瓷碗2、粗瓷罐1	
M35	明	136	长方形				2.1	0.7	0.66	六顺一丁、顺向平铺	顺向错缝平铺叠砌	不详	31×17×6 30×15×4	青花瓷碗1、青花瓷碟1	
M36	明	140	长方形				2.28	0.62~0.76	0.8	顺向错缝平铺叠砌	顺向错缝平铺叠砌	对缝平铺	30×30×5 30×15×5 25~27×13×2.5~3.5	青花瓷碗1、青花瓷碟1、粗瓷罐1	铜钱1组
M37	明	155	长方形				2.2	0.62~0.76	0.18	不详	顺向错缝平铺叠砌	对缝平铺	32×32×2 27~28×14×3		
M47	东汉早期	50	长方形				3.04~3.36	0.95~1.3	0.8~1.2	顺向错缝平铺叠砌	顺向错缝平铺叠砌	四横一纵平铺	34×16×5		铁矛1
M48	两晋	20	凸字形	0.95	0.82	1.22	4.12	1.5	1.62	人字形	三顺一丁	人字形	30×15×5		

续附表二

墓号	时代	方向/度	墓葬平面形状	甬道尺寸/米			墓室尺寸/米			墓砖砌筑方式			长方形砖尺寸（长×宽×厚）/厘米	随葬品	
				长	宽	高	长	宽	高	封门砖	墓壁砖	底砖		陶瓷器/石器	金属器
M50	东汉早期	150	长方形				3	1.1	0.8		顺向错缝平铺叠砌	纵向对缝平铺	34×15×5	残壶3、VI式双耳罐2、残罐3、IV式印纹硬陶罐1、陶灶1、陶器1	铁剑1、四乳草叶纹铜镜1、铜钱1组
M57	两晋	172	不明	不详	不详	不详	3.9	1.4~1.46	1		五顺一丁、三顺一丁	横向错缝平铺	33×15×5		
M58 左室	隋	160	长方形				3.34	0.76	1.12	四顺一丁	四顺一丁、三顺一丁	人字形	30×14×4	青瓷盘口壶1、青瓷碗1	
M58 右室							3.34	0.74	1	四顺一丁	四顺一丁、三顺一丁	人字形	30×14×4		
M63	东汉早期	252	不明				残长3.4	0.7~0.78	0.3		顺向错缝平铺叠砌	人字形	31×15×5		
M64	两晋	355	不明				4.26	1.84	0.36		四顺一丁	人字形	34×16×5		
M65	两晋末—东晋早期	5	刀把形	0.94	0.94	0.3	4.24	1.6	1.18	不详	三顺一丁	人字形	34×16×5	青瓷罐2	
M66	两晋	17	凸字形	1.16	1.08	0.95	4.8	2.1	1.8	人字形，残存一皮	三顺一丁	人字形	36×16×5		
M67	两晋	0	刀把形	0.8	0.9	0.3	3.7	1.4	1.12	不详	三顺一丁	人字形	30×13×3 30×13×5		
M68	西晋	0	凸字形	0.92	0.84	1.06	4	1.8	1.8	人字形	三顺一丁、顺向错缝平铺叠砌	横纵平铺	36×15×5	青瓷罐1、陶灶1	银钗1、铜钗1、铜镜1
M69	两晋	12	不明				残长1.64	1.36	0.68	错缝顺向叠砌外弧	四顺一丁、三顺一丁	人字形	32×16×4.5		
M73	东汉早期	44	长方形	0.32	1.2	0.3	3.55	1.7	0.6		顺向错缝平铺叠砌	横向错缝平铺	33×16×5		
M78	两晋	41	刀把形	1	0.98	1.1	4.3	1.6	1.5	不详	三顺一丁、五顺一丁	人字形	31.5×15×5		

续附表二

墓号	时代	方向/度	墓葬平面形状	甬道尺寸/米			墓室尺寸/米			墓砖砌筑方式			长方形砖尺寸（长×宽×厚）/厘米	随葬品	
				长	宽	高	长	宽	高	封门砖	墓壁砖	底砖		陶瓷器/石器	金属器
M79	东汉早期	10	长方形				3.22	0.9~1.1	0.6		顺向错缝平铺叠砌	横向错缝平铺	35×15×5	VI式盘口双耳罐3	铁剑1，五乳禽鸟纹铜镜1
M85	东汉早期	136	长方形				3.5~4.1	2.14~2.7	0.9~1.1		土壁上顺向平铺单层砖	两横两纵对缝平铺	38×16×6	V式盘口壶1、残壶2、IV式印纹硬陶罐1、残印纹硬陶罐1、陶灶1、陶片1	铁刀1、铁器2、昭明连弧纹铭带铜镜1、四乳四螭纹铜镜1、铜钱2组
M87	东汉	54	不明				3.5~4	1.92~2.3	0.42		顺向错缝平铺叠砌	残砖纵向错缝平铺	34×16×6		
M91	三国	348	长方形				1.9	0.5	0.3~0.35		残砖错缝平铺叠砌	残砖纵向错缝平铺	32×16×5	罐1、钵2	铜钱1组

注：随葬品一栏中未注明质地者均为（高温）釉陶器。

后 记

回想余杭凤凰山古墓葬的发掘和整理工作令人印象深刻。由于是配合基建的考古发掘项目，时间紧迫，加之现场临近居民区，挖掘出的土无法就近倾倒，而梅雨季节的到来更是雪上加霜，新发掘出来的松土混合雨水，令整个工地变得泥泞不堪，尤其是在上下山坡时，一不留神就会滑倒……就是在这样的狼狈中，2018 年 5 月至 7 月，全部墓葬发掘完毕。

发掘过程中，我们完成了田野考古需要的各类文字记录、表格、图纸和电子数据等资料，为后期的整理和研究奠定了基础。受整理场地限制，该批墓葬发掘出土的器物被辗转运到萧山区考古工作站进行整理。由于人员少、任务多，单位无法安排专门人员进行整理，为此我们利用高校寒暑假时间，聘请考古专业的学生来支援整理工作。先后有岳江伟、邓梅格、崔明旻、王珏、赵妍、史长秋、韦立慧、吴慧、张洵、潘雨娟、娄莉等 11 位吉林大学的研究生前来帮助整理。在整理过程中，部分同学刚刚进入工作状态就面临开学返校的情况，不同人员的学习背景和能力水平参差不齐，所熟悉和掌握的绘图软件也不一致，为保持报告数据和绘图效果的一致性，我们进行了大量的前期沟通和培训工作。这些学生也不负所望，完成了从器物的拼对到器物线图和墓葬线图绘制等大量的基础性工作。

2019 年 12 月，开始报告编写工作，至 2020 年 5 月完成。

本次发掘的项目负责人是李坤，其他参与人员有彭颂恩、李英位和贾来根。

本报告由李坤执笔撰写，器物照片拍摄由何国伟完成，出土金属器的修复由李迎完成。

南开大学历史学院考古学与博物馆学系王音老师为本报告翻译了英文提要。

杭州市园林文物局为报告的编写和出版提供了政策和资金保障。

余杭区文化和广电旅游体育局及余杭博物馆的领导和同人，在前期的项目对接和发掘过程中多次到现场进行沟通协调。

杭州市文物考古研究所唐俊杰所长、房友强书记多次到现场予以指导，并为报告编写出版提出了意见和建议。

谨向上述单位和个人表示衷心感谢。

杭州市文物考古研究所　李坤

2020 年 5 月 29 日

The Han and Six Dynasties Tombs of Fenghuangshan in Yuhang

(Abstract)

Yuhang Fenghuangshan cemetery is located in Yuhang subdistrict of the western Yuhang district, about 1km west away from Nanhu scenic spot of Yuhang. From May to July of 2018, in order to cooperate with the capital construction project, Hangzhou Municipal Institute of Cultural Relics and Archaeology conducted the archaeological excavation on Fenghuangshan hill with the approval of the State Bureau of Cultural Relics. A total of 92 tombs and more than 500 artifacts (groups) in different periods were found.

The tombs were of various types and covered a long time, which dated back from the early Western Han Dynasty to the Ming Dynasty, while mainly belonging to the Han and Six Dynasties.

There are 56 tombs of the Western Han and Eastern Han Dynasties, including earthen pit tombs, brick-out-coffined tombs and brick-chambered tombs, which are the main types of Han tombs in Zhejiang area. According to the shape of tombs along with the type and combination of unearthed artifacts, the Han tombs can be divided into five stages: the early Western Han Dynasty, the middle Western Han Dynasty, the late Western Han Dynasty, Wangmang period to the early Eastern Han Dynasty, and the middle Eastern Han Dynasty.

The early Western Han tombs were all vertical earthen pit tombs, and the unearthed artifacts were of large quantity and relatively complete combination. The basic artifacts combination composed of ewers, *bu*-vessels and pots, along with *ding*-tripods, *he*-boxes, *bu*-vessels, *lei*-vessels, alms bowls, censers, cups, horn-shaped artifacts, *bi*-discs, spinning wheels, *yu*-jars and jade articles.

In the middle Western Han Dynasty, the number of pottery pots increased significantly, and the C-type glazed pottery censers with flat bottom appeared.

In the late Western Han Dynasty, the basic combination still composed of ewers, *bu*-vessels and pots, while the number of ewers increased significantly, which were mainly open-mouthed ones, and plate-mouthed ewers appeared. The type of buried pottery decreased, and small artifacts such as alms bowls, basins, cups, *zhi*-cups, horn-shaped artifacts, spinning wheels and *bi*-discs disappeared, while metal artifacts such as *Linzhi*-gold, mirrors with the star-and-cloud pattern, bronze *fu*-cauldrons, *Wuzhu* coins, iron swords and iron machetes appeared.

From Wangmang period to the early Eastern Han Dynasty, various types of brick-out-coffined tombs appeared, coexisting with vertical earthen pit tombs. Brick-out-coffined tombs were in a transitional situation from earthen pits to brick-chambered tombs, which existed for quite a short time, mainly from Wangmang period to the early Eastern Han Dynasty. The brick-out-coffined tombs found in this excavation were of various shapes. The wall of M85 was a layer of bricks added to the raw soil second-tier platform, facilities for placing the wooden roof were found in M28, and M73 had a short aisle and a sealed door, while the others were rectangular ones, reflecting the diversification characteristic of the brick-out-coffined tombs in this stage. The style of artifacts in this period was quite different from that in the previous period. The body and glaze of artifacts in this period were poor, and most of the glaze had fallen off.

Most of the tombs in the middle Eastern Han Dynasty were convex-shaped brick-chambered tombs with vaulted roofs. During the Six Dynasties, the tombs were mostly convex-shaped and knife-handle-shaped, and the tomb wall bricks were mostly laid in *Shunding* structure (bricks laid horizontally alternating with ones laid vertically).

There were 21 tombs belonging to the Six Dynasties, including rectangular, convex-shaped and knife-handle-shaped brick-chambered tombs with vaulted roofs, mostly composing of sealed doors, aisles and tomb chambers. The tomb walls were mostly in *Shunding* structure, and some bricks were stamped with characters and patterns. Tomb floor bricks were mostly tiled in the herringbone shape. The tombs were stolen seriously in early time, with quite a small number of artifacts unearthed, which were mainly celadon.

Fenghuangshan cemetery was an important burial place in ancient times, where tombs were densely distributed. The length of the earthen pit tombs found in this excavation was around 5m, while that of the brick-chambered tombs was no more than 4.8m, meaning they were all small and medium-sized tombs. According to the analysis of factors such as the tomb scale and the burial objects, this should be a civilian cemetery. In the cemetery, the Han tombs were mainly distributed on the mountain top and at a relatively high altitude, and mostly in the east-west direction, while the tombs of other periods were distributed on the hillside below, and mainly in the north-south direction.

The tombs found in Fenghuangshan cemetery provide important materials for studying the combination, shape and evolution of burial objects in different periods, and then for studying the chronological sequence of tombs as well as the differences of regional cultural features. The report discloses in detail the information of the tombs and unearthed relics, and mainly analyzes tomb shapes and typical artifacts through the archaeological typology method. On this basis, it studies the grouping, staging and chronology of the tombs, analyzes the cultural features and change trend in different periods, and makes a preliminary discussion on the evolution of burial culture.

1. M6（西南—东北）

2. 釉陶罐（M6：4）

3. 釉陶钵（M6：6）

彩版二　M6及其出土釉陶罐、钵

1. M8（西北—东南）

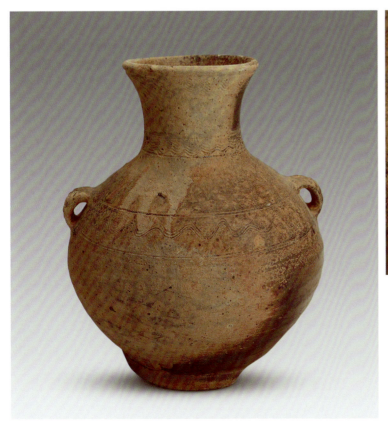

2. 釉陶壶（M8：8）

彩版三　M8及其出土釉陶壶

1. 釉陶瓿（M8：1）

2. 印纹硬陶罍（M8：9）

彩版四　M8出土釉陶瓿、印纹硬陶罍

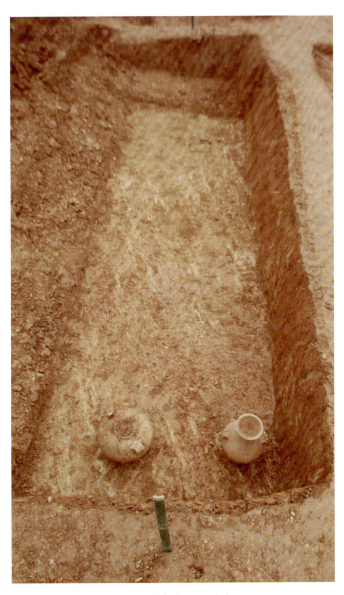

1. M29（东北—西南）

2. 釉陶壶（M29：2）

3. 釉陶瓿（M29：1）

彩版五　M29及其出土釉陶壶、瓿

1. M29:3

2. M29:4

3. M29:5

彩版六　M29出土釉陶纺轮

彩版七　M30（东北—西南）

1. M30：1

2. M30：2

3. M30：3

彩版八　M30出土釉陶壶

1. M33（东北—西南）

2. 釉陶瓿（M33：2）

3. 釉陶卮（M33：1）

彩版九　M33及其出土釉陶瓿、卮

1. M38（西北—东南）

2. 釉陶壶（M38∶4）

3. 釉陶壶（M38∶5）

彩版一〇　M38及其出土釉陶壶

1. M38：6

3. M38：8

2. M38：7

彩版一一　　M38出土釉陶壶

1. 釉陶壶（M38：9）   2. 釉陶瓿（M38：11）

3. 釉陶罐（M38：10）   4. 铁鼎（M38：2）

彩版一二　M38出土釉陶壶、瓿、罐及铁鼎

1. M39（西南—东北）

2. 釉陶壶（M39：12）

3. 釉陶罐（M39：4）

4. 釉陶卮（M39：9）

彩版一三　M39及其出土釉陶壶、罐、卮

1. M39：8

2. M39：14

彩版一四　M39出土釉陶瓿

1. 釉陶钵（M39:2）

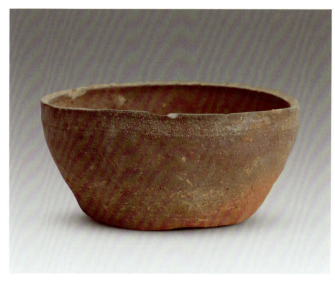

2. 釉陶钵（M39:6）

3. 釉陶杯（M39:11）

4. 釉陶勺（M39:3）

5. 釉陶熏炉（M39:10）

6. 釉陶璧（M39:13）

彩版一五　M39出土釉陶钵、杯、勺、熏炉、璧

1. M40（西南—东北）

2. 釉陶壶（M40：1）

3. 釉陶罐（M40：6）

4. 釉陶罐（M40：7）

彩版一六　M40及其出土釉陶壶、罐

1. 釉陶瓿（M40∶2）

2. 釉陶钵（M40∶3）

3. 釉陶钵（M40∶4）

4. 釉陶钵（M40∶5）

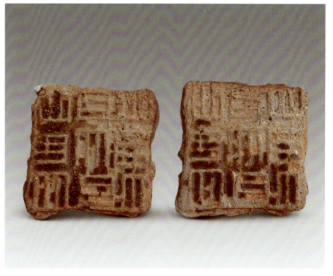

5. 釉陶币（M40∶8）

彩版一七　M40出土釉陶瓿、钵、币

1. M41（西南—东北）

2. 釉陶壶（M41：5）

彩版一八　M41及其出土釉陶壶

1. M41：6

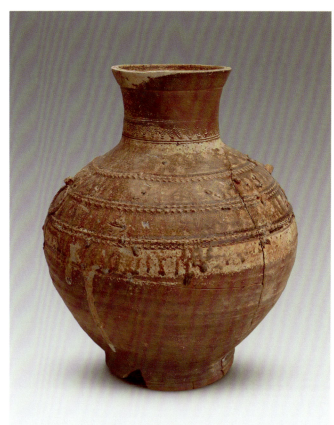

2. M41：7

3. M41：8

4. M41：9

彩版一九　M41出土釉陶壶

1. M41：10

2. M41：11

3. M41：12

彩版二〇　M41出土釉陶壶

1. 釉陶壶（M41：15）

2. 釉陶壶（M41：16）

3. 印纹硬陶罍（M41：13）

彩版二一　M41出土釉陶壶、印纹硬陶罍

1. M41：2

2. M41：22

彩版二二　M41出土釉陶瓿

1. 釉陶熏炉（M41：1）

2. 釉陶纺轮（M41：17）

3. 釉陶纺轮（M41：18）

4. 釉陶纺轮（M41：20）

5. 釉陶纺轮（M41：21）

6. 铁釜（M41：4）

7. 铜钱（M41：19-1）

彩版二三　M41出土釉陶熏炉、纺轮及铁釜、铜钱

1. M42与M44关系
（西南—东北）

2. 釉陶盒（M42：2）

3. 釉陶瓿（M42：1）

彩版二四　M42及其出土釉陶盒、瓿

1. 釉陶罐（M44：2）

2. 釉陶钵（M44：3）

3. 印纹硬陶罍（M44：1）

彩版二五　M44出土釉陶罐、钵及印纹硬陶罍

1. M45（西南—东北）

2. 釉陶瓿（M45：1）

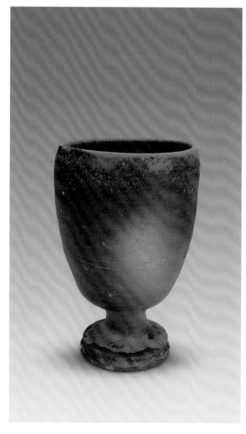

3. 釉陶杯（M45：2）

彩版二六　M45及其出土釉陶瓿、杯

1. M46（东南—西北）

2. 釉陶壶（M46∶11）

3. 釉陶钵（M46∶9）

4. 釉陶钵（M46∶10）

彩版二七　M46及其出土釉陶壶、钵

1. M46：2

3. M46：5

2. M46：3

4. M46：6

5. M46：7

彩版二八　M46出土釉陶罐

1. M46：8

2. M46：12

彩版二九　M46出土釉陶瓿

1. M49（东北—西南）

3. 釉陶壶（M49：24）

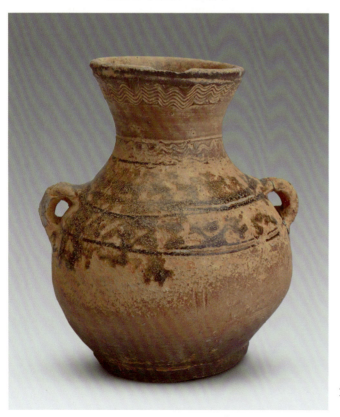

2. 釉陶壶（M49：1）

彩版三〇　M49及其出土釉陶壶

1. M49：4

2. M49：8

4. M49：3

3. M49：9

彩版三一　M49出土釉陶罐

1. M49：10

2. M49：21

彩版三二　M49出土釉陶瓿

1. M49：2

2. M49：7

彩版三三　M49出土印纹硬陶罍

1. 釉陶钵（M49：5-1）

2. 釉陶钵（M49：6）

4. 釉陶熏炉（M49：23）

3. 釉陶杯（M49：22）　　5. 釉陶纺轮（M49：11）　　6. 釉陶纺轮（M49：12）　　7. 釉陶纺轮（M49：13）

彩版三四　M49出土釉陶钵、杯、熏炉、纺轮

1. 釉陶璧（M49：17）

4. 釉陶羊角形器（M49：14、M49：15、M49：16）

2. 釉陶璧（M49：18）

5. 釉陶羊角形器（M49：16）

3. 釉陶璧（M49：19）

彩版三五　M49出土釉陶璧、羊角形器

1. M51（东北—西南）

2. 釉陶壶（M51：12）

3. 釉陶卮（M51：11）

4. 釉陶钵（M51：5-2）

彩版三六　M51及其出土釉陶壶、卮、钵

1. M51：2

2. M51：4

4. M51：19

3. M51：7

彩版三七　M51出土釉陶罐

1. M51：6

2. M51：8

彩版三八　M51出土釉陶瓿

1. 印纹硬陶罍（M51∶1）

2. 釉陶杯（M51∶9）

3. 釉陶熏炉（M51∶10）

4. 釉陶纺轮（M51∶20-1、M51∶20-2、M51∶20-3）

彩版三九　M51出土印纹硬陶罍及釉陶杯、熏炉、纺轮

1. 釉陶璧（M51：13）

2. 釉陶璧（M51：14）

3. 釉陶璧（M51：15）

4. 釉陶羊角形器（M51：16）

5. 釉陶羊角形器（M51：17）

6. 釉陶羊角形器（M51：18）

彩版四〇　M51出土釉陶璧、羊角形器

1. M52（西南—东北）

2. 釉陶瓿（M52∶1）

彩版四一　M52及其出土釉陶瓿

1. M52：2

2. M52：4

3. M52：5

4. M52：6

5. M52：3

彩版四二　M52出土釉陶罐

1. M53（南—北）

2. 釉陶罐（M53:9）

3. 釉陶瓿（M53:11）

彩版四三　M53及其出土釉陶罐、瓿

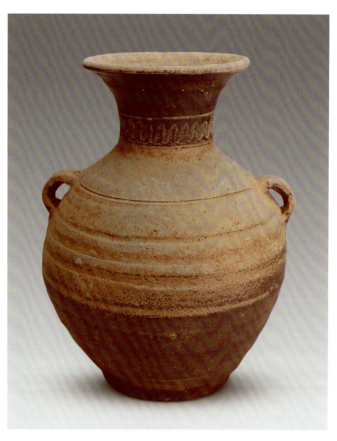

1. M53：1

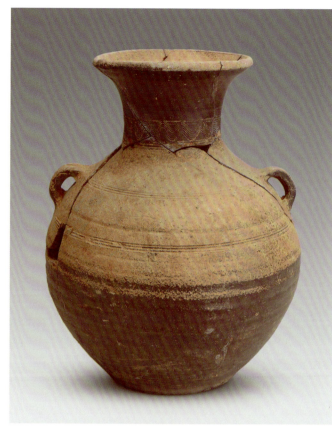

2. M53：2

3. M53：7

彩版四四　M53出土釉陶壶

2. M53：5

M53：5   M53：12

1. M53：4

3. M53：12

彩版四五　　M53出土釉陶壶

1. M54（西南—东北）

2. 釉陶壶（M54：1）

3. 釉陶壶（M54：2）

彩版四六　M54及其出土釉陶壶

1. M54：3

2. M54：5

彩版四七　M54出土釉陶壶

1. M55（东北—西南）

2. 釉陶壶（M55：1）

3. 釉陶壶（M55：2）

4. 釉陶壶（M55：3）

彩版四八　M55及其出土釉陶壶

1. M55：5

2. M55：4

彩版四九　M55出土釉陶壶

1. M56（东北—西南）

2. 釉陶壶（M56：5）

3. 釉陶罐（M56：14）

4. 釉陶罐（M56：15）

5. 釉陶罐（M56：16）

彩版五〇　M56及其出土釉陶壶、罐

1. M56：3

2. M56：12

彩版五一　　M56出土釉陶瓿

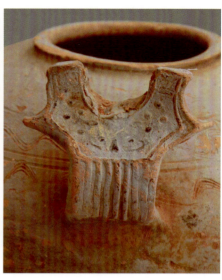

1. 釉陶瓿（M56：18）

2. 釉陶盆（M56：13）

彩版五二　M56出土釉陶瓿、盆

1. 釉陶盂（M56：21）

2. 釉陶钵（M56：20）

3. 釉陶钵（M56：24）

4. 釉陶杯（M56：11）

5. 釉陶器盖（M56：4）

6. 釉陶纺轮（M56：25）

彩版五三　M56出土釉陶盂、钵、杯、器盖、纺轮

1. 釉陶璧（M56∶6）

2. 釉陶璧（M56∶7）

3. 釉陶璧（M56∶8）

4. 釉陶羊角形器（M56∶1）

5. 釉陶羊角形器（M56∶1、2）

彩版五四　M56出土釉陶璧、羊角形器

1. M59（西北—东南）

2. 铜釜（M59：4）

3. 铜釜（M59：6）

彩版五五　M59及其出土铜釜

1. 釉陶壶（M59：7）

2. 釉陶壶（M59：16）

3. 釉陶壶（M59：5）

4. 釉陶虎子（M59：3）

彩版五六　M59出土釉陶壶、虎子

1. 釉陶罐（M59：10）

2. 釉陶罐（M59：13）

3. 釉陶璧形器（M59：18）

4. 釉陶璧形器（M59：20）

5. 釉陶麟趾金（M59：21）

6. 釉陶麟趾金（M59：22）

7. 釉陶麟趾金（M59：24）

彩版五七　M59出土釉陶罐、璧形器、麟趾金

1. M60（西南—东北）

3. 釉陶壶（M60：1）

2. 釉陶纺轮（M60：9）

彩版五八　M60及其出土釉陶壶、纺轮

1. 釉陶罐（M60：10）

2. 釉陶盆（M60：18）

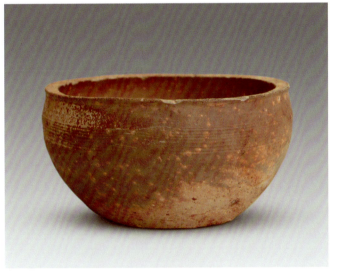

3. 釉陶钵（M60：15）

4. 釉陶钵（M60：16）

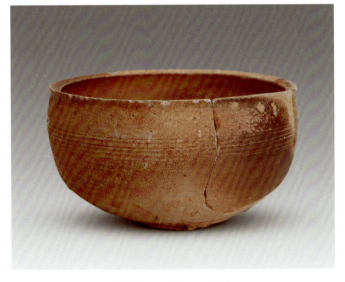

5. 釉陶钵（M60：17）

6. 釉陶钵（M60：17）

彩版五九　　M60出土釉陶罐、盆、钵

1. M60：2

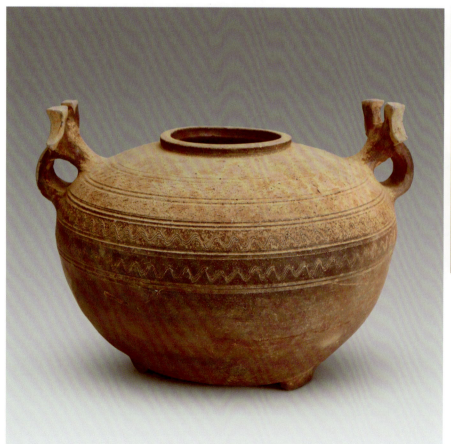

2. M60：3

彩版六〇　　M60出土釉陶瓿

1. M60：6

2. M60：8

彩版六一　M60出土釉陶瓿

1. M60：13

2. M60：14

彩版六二　　M60出土印纹硬陶罍

2. 釉陶璧（M60：4）

1. 釉陶熏炉（M60：7）

3. 釉陶璧（M60：5）

彩版六三　M60出土釉陶熏炉、璧

1. M61（西南—东北）

2. 釉陶壶（M61：11）

3. 印纹硬陶罍（M61：2）

4. 釉陶纺轮（M61：8）

5. 釉陶纺轮（M61：9）

6. 釉陶纺轮（M61：10）

彩版六四　M61及其出土釉陶壶、纺轮及印纹硬陶罍

1. M61：1

3. M61：4

M61：1

M61：3

4. M61：5

2. M61：3

5. M61：6

彩版六五　M61出土釉陶罐

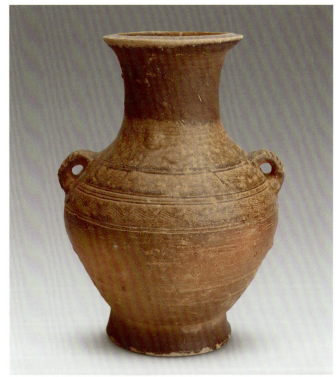

1. M62（东北—西南）

2. 釉陶壶（M62：4）

3. 釉陶羊角形器（M62：5）　　　　4. 釉陶羊角形器（M62：6）　　　　5. 釉陶羊角形器（M62：7）

彩版六六　　M62及其出土釉陶壶、羊角形器

1. 釉陶罐（M62：1）

2. 印纹硬陶罍（M62：3）

3. 釉陶瓿（M62：2）

彩版六七　M62出土釉陶罐、瓿及印纹硬陶罍

1. M70（东北—西南）

2. 釉陶鼎（M70：10）

3. 釉陶壶（M70：9）

彩版六八　M70及其出土釉陶鼎、壶

1. M70：2

2. M70：6

3. M70：1

4. M70：4

彩版六九　M70出土釉陶罐

1. 釉陶罐（M70：17）

4. 釉陶钵（M70：12）

2. 釉陶罐（M70：7）

5. 釉陶钵（M70：14）

6. 釉陶钵（M70：15）

3. 釉陶罐（M70：8）

7. 釉陶纺轮（M70：5）

彩版七〇　M70出土釉陶罐、钵、纺轮

1. M70：11

2. M70：16

彩版七一　M70出土釉陶瓿

1. M71（东—西）

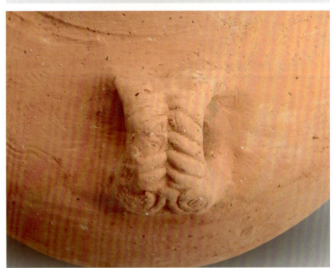

2. 釉陶壶（M71：8）

3. 釉陶钵（M71：2）

4. 釉陶钵（M71：7）

彩版七二　M71及其出土釉陶壶、钵

1. 釉陶罐（M71：4）

2. 印纹硬陶罍（M71：3）

3. 釉陶卮（M71：6）

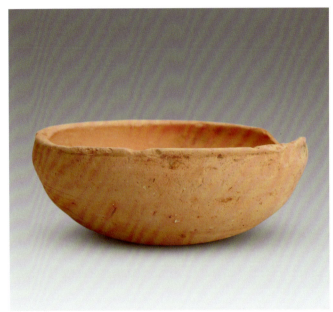

4. 釉陶器盖（M71：1）

彩版七三　M71出土釉陶罐、卮、器盖及印纹硬陶罍

1. M71：5

2. M71：9

彩版七四　M71出土釉陶瓿

1. M72（西—东）

2. 釉陶鼎（M72：1）

3. 釉陶钵（M72：5）

4. 釉陶钵（M72：6）

彩版七五　M72及其出土釉陶鼎、钵

1. 72：3

2. M72：4

3. M72：7

彩版七六　M72出土釉陶罐

1. M74（西南—东北）

3. 釉陶罐（M74：5）

2. 釉陶罐（M74：1）

4. 釉陶罐（M74：7）

彩版七七　M74及其出土釉陶罐

2. 釉陶钵（M74∶2）

1. 釉陶瓿（M74∶6）

3. 釉陶钵（M74∶3）

4. 釉陶钵（M74∶4）

彩版七八　M74出土釉陶瓿、钵

1. M75（西北—东南）

2. 釉陶壶（M75：6）

彩版七九　M75及其出土釉陶壶

1. M75：12

2. M75：17

3. M75：18

4. M75：19

5. M75：22

6. M75：9

彩版八〇　M75出土釉陶罐

1. M75：2

2. M75：4

3. M75：5

彩版八一　M75出土釉陶罐

1. M75：13

M75：13

M75：20

3. M75：3

2. M75：20

彩版八二　　M75出土釉陶罐

1. M75：1

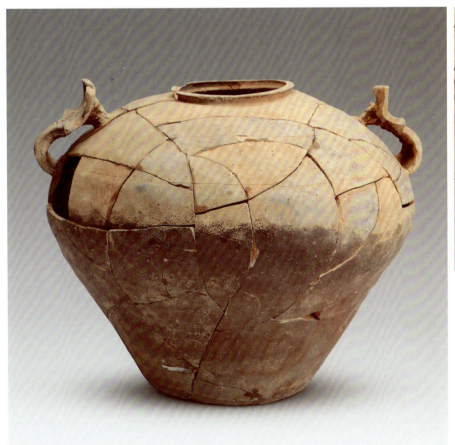

2. M75：10

彩版八三　M75出土釉陶瓿

1. 釉陶钵（M75：11）

2. 釉陶钵（M75：15）

4. 釉陶熏炉（M75：8）

3. 釉陶钵（M75：16）

5. 釉陶纺轮（M75：24、M75：25、M75：26）

彩版八四　M75出土釉陶钵、熏炉、纺轮

1. M76（南—北）

M76：1

M76：2

2. 釉陶壶（M76：1）

3. 釉陶壶（M76：2）

彩版八五　M76及其出土釉陶壶

1. M76：3

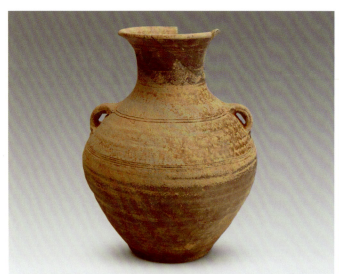

2. M76：6

3. M76：4

彩版八六　M76出土釉陶壶

1. 釉陶罐（M76：5）

3. 釉陶瓿（M76：9）

2. 釉陶罐（M76：7）

彩版八七　M76出土釉陶罐、瓿

1. M77（东北—西南）

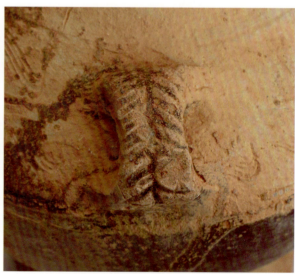

2. 釉陶壶（M77:3）

彩版八八　M77及其出土釉陶壶

1. M77：1

2. M77：2

彩版八九　M77出土釉陶瓿

1. 釉陶杯（M77：4）

2. 釉陶熏炉（M77：5）

3. 釉陶璧（M77：6）

彩版九〇　M77出土釉陶杯、熏炉、璧

1. M80（西南—东北）　　　　　　　　　　　2. 釉陶壶（M80：4）

3. 玉饰（M80：5）

彩版九一　M80及其出土釉陶壶、玉饰

1. 印纹硬陶罍（M80：2）

2. 釉陶钵（M80：6）

3. 釉陶钵（M80：7）

4. 釉陶钵（M80：8）

彩版九二　M80出土印纹硬陶罍、釉陶钵

1. M81（东北—西南）

2. 釉陶鼎（M81：2）

3. 釉陶鼎（M81：4）

彩版九三　M81及其出土釉陶鼎

1. 釉陶盒（M81：1）

2. 釉陶盒（M81：7）

3. 釉陶壶（M81：3）

4. 釉陶壶（M81：6）

彩版九四　M81出土釉陶盒、壶

1. M82（西南—东北）

2. 釉陶罐（M82：1）

3. 釉陶罐（M82：2）

4. 釉陶罐（M82：3）

彩版九五　M82及其出土釉陶罐

1. 陶罐（M82：4）

2. 釉陶瓿（M82：7）

彩版九六　M82出土陶罐、釉陶瓿

1. M82：5

2. M82：6

彩版九七　M82出土印纹硬陶罍

1. M84（东—西）

2. 釉陶壶（M84：5）

3. 釉陶钵（M84：13）

4. 釉陶钵（M84：14）

5. 釉陶钵（M84：15）

彩版九八　M84及其出土釉陶壶、钵

1. M84：7

2. M84：9

4. M84：10

3. M84：8

5. M84：11

彩版九九　M84出土釉陶罐

1. 釉陶瓿（M84：4）

2. 釉陶杯（M84：2）

3. 釉陶熏炉（M84：3）

彩版一〇〇　M84出土釉陶瓿、杯、熏炉

M84：12

彩版一〇一　M84出土印纹硬陶罍

1. M86（西南—东北）

2. 釉陶壶（M86：1）

3. 釉陶瓿（M86：2）

彩版一〇二　M86及其出土釉陶壶、瓿

1. M88（东北—西南）

2. 釉陶壶（M88：3）

3. 釉陶壶（M88：17）

彩版一〇三　M88及其出土釉陶壶

1. M88：4

2. M88：10

3. M88：6

4. M88：7

5. M88：8

6. M88：11

彩版一〇四　M88出土釉陶罐

1. 釉陶罐（M88：18）

2. 釉陶罐（M88：9）

3. 釉陶罐（M88：15）

4. 釉陶钵（M88：13）

5. 釉陶钵（88：22）

6. 釉陶钵（M88：23）

彩版一〇五　M88出土釉陶罐、钵

1. 釉陶瓿（M88：1）

3. 釉陶盆（M88：12）

4. 釉陶熏炉（M88：2）

2. 釉陶瓿（M88：5）

彩版一〇六　M88出土釉陶瓿、盆、熏炉

1. 釉陶羊角形器（M88∶20）　　　　　　2. 釉陶羊角形器（M88∶21）

3. 釉陶纺轮（M88∶14）

彩版一〇七　　M88出土釉陶羊角形器、纺轮

1. M89（南—北）

2. 玉饰（M89：15）

3. 铁刀（M89：16）

彩版一〇八　M89及其出土玉饰、铁刀

1. M89：3

2. M89：11

3. M89：8

4. M89：9

彩版一〇九　M89出土釉陶壶

1. M89：2

2. M89：7

3. M89：17

彩版一一〇　M89出土釉陶罐

1. 铜带钩（M89∶13）

2. 铜镜（M89∶12）

彩版一一一　M89出土铜带钩、镜

1. M90（东—西）

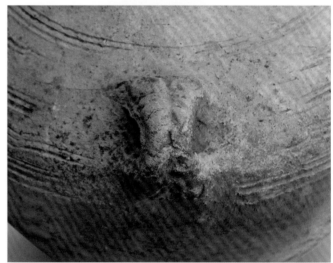

2. 釉陶壶（M90：9）

3. 釉陶罐（M90：8）

4. 釉陶罐（M90：15）

彩版一一二　M90及其出土釉陶壶、罐

1. M90：6

2. M90：14

彩版一一三　M90出土釉陶瓿

1. 釉陶钵（M90：7）

2. 釉陶钵（M90：10）

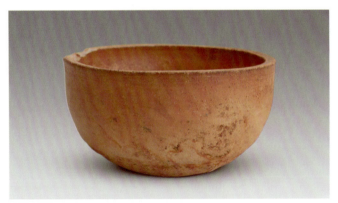

3. 釉陶钵（M90：11）

4. 釉陶钵（M90：16）

5. 釉陶杯（M90：1）

6. 釉陶熏炉（M90：2）

彩版一一四　M90出土釉陶钵、杯、熏炉

1. M90：3

2. M90：4

3. M90：5

彩版一一五　M90出土釉陶璧

1. M92（西南—东北）

2. 釉陶壶（M92：3）　　　　　　　　　　　3. 釉陶壶（M92：6）

彩版一一六　M92及其出土釉陶壶

1. M92：7

2. M92：8

3. M92：9

彩版一一七　M92出土釉陶壶

1. M92：10

2. M92：11

3. M92：17

彩版一一八　M92出土釉陶壶

1. 釉陶壶（M92：4）

2. 釉陶瓿（M92：1）

3. 釉陶瓿（M92：5）

彩版一一九　M92出土釉陶壶、瓿

1. 印纹硬陶罍（M92：16）

2. 釉陶熏炉（M92：2）

彩版一二〇　M92出土印纹硬陶罍、釉陶熏炉

1. 釉陶钵（M92：12）

4. 釉陶麟趾金（M92：14）

2. 釉陶钵（M92：13）

3. 釉陶钵（M92：15）

5. 釉陶纺轮（M92：19）

彩版一二一　M92出土釉陶钵、麟趾金、纺轮

1. M28（北—南）

2. 墓砖（M28：临1）

4. 釉陶罐（M28：6）

3. 釉陶壶（M28：8）

5. 釉陶罐（M28：7）

彩版一二二　M28及其墓砖并出土釉陶壶、罐

2. 墓砖（M47：临1）

1. M47（西南–东北）

3. M50（东南—西北）

4. 铜镜（M50：11）

5. 铜钱（M50：13–1）

彩版一二三　　M47及其墓砖、M50及其出土铜镜和铜钱

1. 釉陶壶（M50：3）

2. 釉陶罐（M50：6）

3. 釉陶罐（M50：7）

4. 印纹硬陶罍（M50：10）

彩版一二四　M50出土釉陶壶、罐及印纹硬陶罍

1. M73（东北—西南）

2. 墓砖（M73：临1）

3. M79（东北—西南）

4. 墓砖（M79：临1）

彩版一二五　M73、M79及其墓砖

1. 釉陶罐（M79：1）

2. 釉陶罐（M79：2）

3. 釉陶罐（M79：3）

4. 铜镜（M79：6）

5. 铁矛（M79：5）

彩版一二六　M79出土釉陶罐、铜镜、铁矛

1. M85（西北一东南）

2. 铜钱（M85：10-1）

4. 铜镜（M85：9）

5. 铜镜（M85：11）

3. 铜钱（M85：13-1）

6. 铁刀（M85：12）

彩版一二七　M85及其出土铜钱、铜镜、铁刀

1. 釉陶壶（M85:3）

2. 釉陶壶（M85:6）

3. 印纹硬陶罍（M85:8）

彩版一二八　M85出土釉陶壶、印纹硬陶罍

1. M7（西北—东南）

2. 墓砖（M7：临1）

3. 铜镜（M7：3）

4. 铁剑（M7：1）

彩版一二九　M7及其墓砖并出土铜镜、铁剑

1. 釉陶壶（M7∶12）

2. 釉陶井（M7∶6）

3. 釉陶井（M7∶7）

4. 釉陶灶（M7∶9）

彩版一三〇　M7出土釉陶壶、井、灶

1. 釉陶罐（M7：4）

2. 釉陶罐（M7：10）

3. 釉陶罐（M7：14）

4. 印纹硬陶罍（M7：11）

5. 印纹硬陶罍（M7：13）

彩版一三一　M7出土釉陶罐、印纹硬陶罍

1. M10（西北—东南）

2. M16（西北—东南）

3. 墓砖（M16：临1）

4. M20（西北—东南）

5. 墓砖（M20：临1）

彩版一三二　M10、M16、M20及M16、M20墓砖

1. M24（西南—东北）

4. M25（西北—东南）

2. 墓砖（M24：临2）

5. 墓砖（M25：临1）

3. 釉陶罐（M24：1）

6. 墓砖（M25：临3）

彩版一三三　M24、M25及其墓砖并M24出土釉陶罐

1. M63（西南—东北）

2. M87（西南—东北）

3. 墓砖（M87：临1）

4. 墓砖（M87：临1）

彩版一三四　M63、M87及其墓砖

1. M1（西南—东北）

2. M2（西北—东南）

彩版一三五　M1、M2

1. M5（西北—东南）

2. M12（东南—西北）

1. M13（东—西）

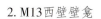

2. M13西壁壁龛

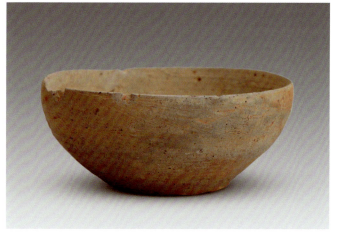

3. 青瓷碗（M13：1）

4. 青瓷碗（M13：2）

5. 青瓷碗（M13：3）

6. 青瓷碗（M13：4）

彩版一三七　M13及其出土青瓷碗

1. M18（东南—西北）

2. 墓砖（M18：临2）

3. 青瓷盏（M18：4）

4. 石黛板（M18：3）

彩版一三八　M18及其墓砖并出土青瓷盏、石黛板

1. M21（西北—东南）

2. M22（东北—西南）

3. 青瓷碗（M21：1）

4. 青瓷碗（M22：1）

5. 青瓷碗（M22：4）

6. 青瓷碗（M22：5）

彩版一三九　M21、M22及其出土青瓷碗

1. M23（东南—西北）

2. M26（西北—东南）

3. M32（西北—东南）

4. M48（西南—东北）

彩版一四〇　M23、M26、M32、M48

1. M57（北—南）

2. M64（北—南）

3. 墓砖（M64：临1）

4. 墓砖（M64：临2）

5. 墓砖（M64：临3）

6. 墓砖（M64：临4）

7. 墓砖（M64：临6）

彩版一四一　M57、M64及M64墓砖

1. M65（北—南）

2. 青瓷罐（M65：1）

3. 青瓷罐（M65：2）

彩版一四二　M65及其出土青瓷罐

1. M66（西南—东北）

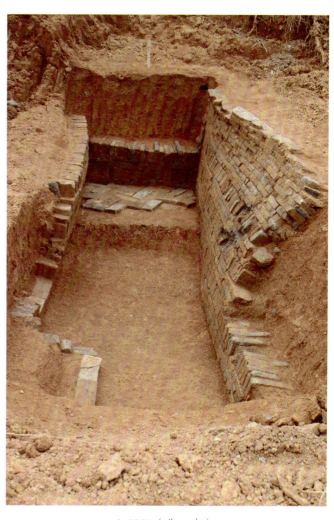

2. M67（北—南）

3. 墓砖（M67：临1）

4. M69（北—南）

彩版一四三　　M66、M67、M69及M67墓砖

1. M68（北—南）

2. 墓砖（M68：临1）

4. 铜钗（M68：5）

3. 铜镜（M68：3）

5. 银钗（M68：4）

彩版一四四　M68及其墓砖并出土铜镜、钗及银钗

M68：2

彩版一四五　M68出土青瓷罐

2. 南壁砖模印文字

1. M78（东北—西南）

3. 墓砖（M78：临6）

4. 墓砖（M78：临3）

5. 墓砖（M78：临5）

6. 墓砖（M78：临7）

彩版一四六　M78及其墓砖

1. M91（南—北）

2. 釉陶罐（M91：1）

3. 釉陶钵（M91：2）

4. 釉陶钵（M91：4）

5. 铜钱（M91：3-1）

彩版一四七　　M91及其出土釉陶罐、钵及铜钱

1. M3（东南—西北）

2. M4（西北—东南）

3. 青瓷碗（M4：1）

彩版一四八　M3、M4及M4出土青瓷碗

1. M9（西北—东南）

2. 铜镜（M9：2）

彩版一四九　M9及其出土铜镜

1. M11（西北—东南）

2. 墓砖（M11：临1）

彩版一五〇　M11及其墓砖

1. M14（西北—东南）

2. 铜镜（M14：1）

彩版一五一　M14及其出土铜镜

1. M17（东南—西北）

2. M19（东南—西北）

1. M27（东南—西北）

2. M31（东南—西北）

彩版一五三　M27、M31

彩版一五四　M34、M35、M36（东南—西北）

1. M34（东南—西北）

3. M35（西北—东南）

2. 粗瓷罐（M34：3）

4. 铜钱（M35：3-1）

彩版一五五　M34、M35及其出土粗瓷罐、铜钱

1. M34：1　　　　　　　　　　　　　　2. M34：2

1. 青花瓷碗（M35：1）　　　　　　　　　2. 青花瓷碟（M35：2）

1. M36（东南—西北）

2. M37（东南—西北）

1. 青花瓷碗（M36：1）

2. 青花瓷碟（M36：2）

3. 粗瓷罐（M36：3）

彩版一五九　M36出土青花瓷碗、碟及粗瓷罐

1. M58（东南—西北）

2. 青瓷盘口壶（M58：1）

3. 青瓷碗（M58：2）

彩版一六〇　M58及其出土青瓷盘口壶、碗